Howard Murphet: Komm und sieh!

Howard Murphet

Komm und sieh!

Sathya Sai Vereinigung e.V., Dietzenbach

Titel der revidierten amerikanischen Ausgabe „Walking the Path with Sai Baba“, erschienen bei Samuel Weiser, Inc., 1993. (Ursprünglicher Titel des englischen Originals „Invitation to Glory“, 1983). Übersetzung aus dem Amerikanischen von Christa Schmidt.
Umschlaggestaltung: Hartmut Balzer

Die Deutsche Bibliothek – CIP-Einheitsaufnahme
Murphet, Howard:
Komm und sieh / Howard Murphet. [Übers. aus dem Amerik. von Christa Schmidt]. 1. Aufl. – Dietzenbach : Sathya Sai Vereinigung, 1997
ISBN 3-924739-91-9

1. Auflage, 1997

Sathya Sai Vereinigung e.V., Buchzentrum, Grenzstr. 43, D-63128 Dietzenbach
Herstellung: Richarz Publikations-Service GmbH, D-53757 Sankt Augustin

Inhalt

Auf der Erde wird sie wandeln,
verkörpert und klar,
die lebendige Wahrheit über euch.

Shrī Aurobindo, „A God's Labour"

Jerusalem, lass Seine Herrlichkeit
um den Atem kreisen.
Er ist da; Er ist da;
Er ist wieder da.

– aus einem Lied über Sai Baba von Dennis Gersten

1. Sai Baba und Du

„DU BIST GOTT", habe ich Sai Baba zu Leuten, die ihn nach seiner Göttlichkeit fragten, sagen hören. Bei einer solchen Aussage schaut der Fragesteller ungläubig oder verdattert drein, oder sein Gesicht bleibt unbewegt, als ob die Aussage – zwar akademisch akzeptabel – wenig mit der Realität zu tun hat. Dennoch ist dies die fundamentale, spirituelle Wahrheit über unsere menschliche Identität, die Baba uns einschärfen will.

Die Samen dieser Wahrheit wurden vor langer Zeit in der Weisheit der Upanishaden gesät, und wurden über die Jahrhunderte von vielen großen Weltlehrern, einschließlich Jesus, gedüngt, der gesagt hat: „Ich bin in meinem Vater, und ihr in mir, und Ich in euch." (Joh. 14:20)

Aber wir sind geneigt, dies zu ignorieren oder derartige Bemerkungen spiritueller Führer zu vertuschen. Da wir unsere eigenen Fehler und Schwächen kennen, erscheint es zweifellos töricht, wenn nicht gar blasphemisch, uns selbst als göttlich zu betrachten. Auf diese Weise machen wir Jahre und Generationen hindurch weiter, völlig in den vergänglichen Traum versunken – wie uns gesagt wird –, ohne dessen gewahr zu sein, dass wir träumen oder dass es einen Träumer jenseits des Traumes gibt.

Aber wenn wir einmal als Arbeitshypothese annehmen, dass wir menschliche Wesen auf irgendeine nicht verständliche Weise Teile Gottes – göttliche Strahlen vielleicht, die Sein Bild in vielen Spiegeln widerspiegeln, oder Samen, die vom Göttlichen Baum in den Erdboden gefallen sind – sind, wenn das so wäre, worin unterscheiden wir uns dann von denjenigen, die wir als Messias, göttliche Boten oder Avatare verehren?

Ein amerikanischer Schriftsteller bemerkte einmal gegenüber Sai Baba: „Wenn wir das sind, was du sagst, dann sind wir alle Avatare, göttliche Herabkunft in die Materie." Einige Devotees, die mit im Raum saßen, waren über diese scheinbar anmaßende Beobachtung verärgert. In einer Hinsicht ist sie jedoch wahr, andererseits ist sie es nicht. Der grundlegende Unterschied ist folgender: Der Avatar ist sich seiner Herkunft gewahr und weiß um seine göttliche Identität. Wir hingegen sind uns unserer Herkunft nicht gewahr und befinden uns in völliger Unwissenheit über unsere Identität.

Dies ist der tödliche Irrtum oder das Gefühl des Getrenntseins, die Erbsünde, in die wir geboren werden. Swami erklärte das, indem er sanft darauf hinwies, dass der einzige Unterschied zwischen ihm und uns in der Tatsache liegt, dass er weiß, wer er ist, während wir, obwohl wir grundsätzlich dasselbe sind, es nicht wissen. Buddha gab vor langer Zeit seinen Fragestellern eine ähnliche Erklärung. Aber er benutzte das Wort Buddha, was „der Erleuchtete" bedeutet, statt das Wort Gott.

Gemäß hinduistischem Gedankengut ist die Herabkunft auf die Erde ein häufiges Ereignis – im Sinne der Avatarschaft eines Erleuchteten. Sie sind als Heilige, Propheten, Gottmenschen usw. bekannt. Jeder ist – bis zu einem gewissen Grad – seiner Identität mit Gott gewahr. Die hinduistischen Schriften erklären, dass diese Strahlen des Göttlichen in ihrer Intensität variieren, und somit in Bezug auf ihre Einwirkung auf das Schicksal aller Wesen hier auf der Erde.

Jeder jedoch hat seine wichtige Arbeit zu tun, mit der er die Menschheit zur Wahrheit führt. Der nicht inkarnierte Philosoph, bekannt als Seth,[1] nennt sie „Sprecher" und unterstützt die Behauptungen in den Büchern der Antike, dass sie regelmäßig während der legendären und vergessenen Zeitalter der Vergangenheit zu uns gekommen sind.

Innerhalb dieser Galaxie selbst-bewusster Lehrer erscheint von Zeit zu Zeit ein strahlender Stern, der als bedeutender Avatar bekannt wird. Er ist ein evolutionärer Avatar, der im richtigen Augenblick kommt, um der Menschheit in ihrer Evolution einen Ruck nach vorn zu geben. Dieser Augenblick fällt mit einer Situation zusammen, in der die rückwärts ziehenden Kräfte anscheinend die Oberhand bekommen und die Menschheit dazu bestimmt zu sein scheint, total zerstört zu werden. Der Voll-Avatar hilft uns durch die große Krise, indem er den Menschen befähigt, aus seinem Leid zu lernen und mit einem neuen Abschnitt zu beginnen. Es scheint, dass nur die direkte Hand Gottes das menschliche Schiff vor den Felsenklippen der Zerstörung bewahren und in neues sicheres Fahrwasser steuern kann.

Einige Menschen – wovon es viele gibt – glauben nicht, dass ein Avatar Gottes notwendig oder überhaupt möglich ist. Sie glauben,

1 in Roberts, Jane: Gespräche mit Seth

dass Gott von seinem erhöhten, transzendenten Standort aus – was auch immer das bedeuten mag – den dunklen Kräften, welche dem göttlichen Plan entgegenwirken, Einhalt gebieten kann, die Dinge wieder ins Lot und uns auf den rechten Kurs bringen kann.

Alle Dinge sind dem allmächtigen Gott natürlich möglich, und Seine Wege und Methoden sind jenseits unseres Verständnisses. Nichtsdestoweniger glauben viele, die seit Urzeiten bis heute tief in die Metaphysik dieses bedeutenden Themas eingedrungen sind, dass bedeutende, allmächtige Avatare ein Charakteristikum des kosmischen Schauspiels sind. Sai Baba drückt es einfach aus, wenn er sagt: „Du musst in den Teich hinabtauchen, wenn du einen Ertrinkenden retten willst." Der Dichter und Weise Aurobindo von Pondicherry schrieb über die Notwendigkeit von Avataren:

„Er, der den Himmel herabholt für uns,
muss selbst herabsteigen in den Lehm
und die Last der Erdennatur tragen
und den schmerzlichen Weg betreten."[2]

Wenn wir diese schwierigen metaphysischen Konzepte beiseite lassen, zeigt uns unsere Erfahrung, dass von Zeit zu Zeit tatsächlich jemand auf der Erde erscheint, der mehr zu sein scheint als menschlich – jemand, dessen übermenschliche Kräfte und erhabene Natur all denen deutlich offenbart wird, die Zeit mit ihm verbringen. Solche großen Wesen haben auf die Menschen ihrer Zeit einen gewaltigen Einfluss, wobei sie von den einen außerordentlich geliebt und von den anderen außerordentlich gehasst werden. Auf diese Weise werden sie natürlich umstrittene Gestalten. Jesus Christus war eine solche; Sai Baba ist eine andere.

Aber viel Wasser ist in zweitausend Jahren unter der Brücke der Zeit hindurchgeflossen, seit der Messias Gottes ans Kreuz genagelt wurde. Es ist höchste Zeit, dass wir zu einem besseren Verständnis Gottes und der Natur und des Menschen kommen.

Wir können damit anfangen, indem wir aufhören, die „Naturgesetze" als etwas Feststehendes, Unwiderrufliches und Allumfassendes zu betrachten. Wir sollten sie als das ansehen, was sie sind –

2 Sri Aurobindo, aus dem Gedicht: „A God's Labour, in The Hidden Manner, Pondicherry

unser Versuch, den Naturphänomenen, denen wir begegnen, eine systematische, kohärente Erklärung zu geben. Aber weil wir weiter forschen und bisher noch nicht die Tiefe der Natur erforscht haben, können unsere Gesetze nicht mehr als Teilerklärungen sein. Sowie wir tiefer in die Atomphysik eindringen und weiter in die Galaxien des Kosmos hinausgehen, werden neue Erklärungen benötigt und neue Naturgesetze formuliert, welche oft die alten widerrufen. Es finden Überarbeitungen, Berichtigungen und manchmal die völlige Umkehrung der Erklärungen seit Beginn der Wissenschaft statt, und dies wird sich fortsetzen, bis die tiefsten Geheimnisse der Natur offengelegt sind. Und im Rahmen der gegenwärtigen Möglichkeiten unseres Erdenbewusstseins wird das nie sein.

Die Erforschung der scheinbar endlosen Teilbarkeit des Atoms hat den menschlichen Geist jenseits seiner selbst geführt, zu Vorstellungen und Konzepten, welche nicht mehr rational sind. Sogar die Grundaxiome des logischen Denkens müssen aufgegeben werden. Es sieht aus, als ob mögliche Erklärungen die paradoxe Logik mystischer Einsichten erfordern. Demnach scheinen die neuen, umfassenderen Naturgesetze, die formuliert werden müssen, einigen der alten Gesetze zu widersprechen – wie Wunder das zu tun scheinen.

Der Heilige Augustinus verstand, was viele Menschen heute noch nicht verstehen. Er schrieb: „Wunder geschehen nicht im Widerspruch zur Natur, sondern nur im Widerspruch zu den den Menschen geläufigen Naturgesetzen.“[3]

Ob ihr die Wunder aus früheren Zeiten – von Krishna, Buddha, Christus – akzeptiert oder nicht, es bleibt die Tatsache, dass nun seit fünf Jahrzehnten die Wunder von Sai Baba geschehen, die von lebenden Menschen gesehen werden. Sie sind bezeugt, erfahren und von Tausenden intelligenten, vertrauenswürdigen Männern und Frauen aus vielen Ländern bestätigt worden.

Zufällig kam ich dadurch, dass ich die Wunder von Sai Baba erlebte und mich von ihrer unleugbaren Authentizität überzeugte, dazu, an die Wunder aus alten Zeiten zu glauben und mit neuen Augen auf diese wunderbare, sich ständig wandelnde, niemals gleichbleibende Erscheinung, die wir Natur nennen, zu schauen. Da begriff ich, dass das Zeitalter der Wunder nicht etwas ist, was vergangen ist. Es ist jetzt; es war immer; es wird immer sein.

3 Happold, F.C. Mysticism, N.Y., 1963

Es kann uns helfen, die Realität der Wunder zu verstehen und zu akzeptieren, wenn wir sie in Bezug auf uns selbst sehen, denn es gibt eine sehr reale Beziehung. Wenn wir Sai Babas geheimnisvolle Kräfte, seine Weisheit und Liebe beobachten und erfahren, mögen wir spüren, dass zwischen ihm und uns ein großer Ozean liegt. In der Tat gibt es diesen Ozean, und sein Name ist „Unwissenheit". Baba kann fortfahren, uns immer wieder zu sagen, dass wir mit ihm eins sind, derselbe wie er, Teil der höchsten Göttlichkeit, aber dennoch können wir den Graben der Unwissenheit nicht überqueren. Denn wenn wir das Boot finden könnten, um über dieses große Wasser zu segeln, und sehen könnten, wie das Licht am entfernten Ufer heraufdämmert, würden wir bedeutende Dinge erkennen, für immer frei sein.

Das Wichtigste, dessen wir gewiss wären – nicht durch Schlussfolgerung, nicht dadurch, dass es gesagt wird, sondern durch direktes intuitives Wissen –, wäre, dass wir, wie es Swami wiederholt, in der Tat mit Gott, mit allem Leben, mit dem ganzen Universum eins sind. Zwei wichtige Dinge würden sich aus diesem sicheren Wissen ergeben. Erstens wären wir von der Knechtschaft der Wünsche und dem Sehnen der Sinne befreit, und zweitens würden wir von der selbstlosen Liebe, die ein bleibendes Attribut des Göttlichen ist, durchflutet. Solchermaßen über und jenseits dem egozentrischen, fleischlichen Verlangen der Natur stehend, würden wir feststellen, dass wir Macht über die Natur haben. Macht, die vom gewöhnlichen menschlichen Standpunkt aus als wunderbar erscheint.

Der Zwilling dieser göttlichen Macht – zur gleichen Zeit von derselben Mutter geboren – ist, wie gesagt, göttliche Liebe. Diese wird uns davor bewahren, unsere neu erworbene Macht in irgendeiner Weise anzuwenden, die zerstörerisch und schädlich für andere Menschen ist.

Für unser Verständnis ist es indes hilfreich, uns vor Augen zu halten, dass es unterschiedliche Grade dieser außerordentlichen Kräfte gibt, wobei einige sich schon manifestieren, bevor das volle Licht der Weisheit am fernen Ufer des Ozeans der Unwissenheit heraufdämmert.

Es mag sein, dass wir sogar dann, wenn wir beim Tod die beengenden Fesseln des Körpers abwerfen und uns in einem der feinstofflichen Zwischenbereiche wiederfinden, überrascht sind, wenn wir feststellen, dass wir bestimmte „wunderbare" Kräfte besitzen. Dies wurde in einigen alten Schriften über das Nach-Tod-Stadium gelehrt. Zum Beispiel drückt das Tibetische Totenbuch es wie folgt aus:

„Ihr seid tatsächlich mit der Kraft der Wundertätigkeit (der Macht, Form, Größe und Anzahl zu verändern; als einer oder viele zu erscheinen; willentlich zu erscheinen oder zu verschwinden) ausgestattet. ... Ihr könnt unmittelbar an jedem Ort erscheinen, an dem ihr es wünscht. Ihr habt die Macht, dort binnen der Zeitspanne zu erscheinen, die ein Mensch benötigt, seine Hand zu beugen oder vorzustrecken. ... Nicht eine (dieser Kräfte) gibt es, die du nicht ausführen könntest, wenn du es willst.“[4]

Unterschiedliche Herangehensweisen der modernen psychischen Forschung unterstützen die Lehren der antiken Texte und bestätigen, dass diese und andere Kräfte, wie Telepathie und Hellsicht, für die körperlose Seele auf gewissen nachtodlichen Seinsebenen normal sind.

Diese psychischen Fähigkeiten sind uns zu eigen, während wir noch im fleischlichen Körper gefangen sind. Sie bekunden gelegentlich ihre Gegenwart als Hellsichtigkeit, Telepathie, Präkognition oder auf irgendeine andere Art und Weise. Für die meisten Menschen ist die Begegnung hiermit wie das schnelle Öffnen und wieder Schließen einer Türe. Aber bei einigen Wenigen bleiben eine oder mehrere der psychischen Fähigkeiten in teilweise manifestiertem Zustand für eine gewisse Zeitspanne oder sogar für das ganze Leben aktiv. Das sind die Hellseher, Schicksalsverkünder usw..

Aber solche Kräfte sind Teilmanifestationen, fehlerhaft und unvollständig im Vergleich mit den uns innewohnenden göttlichen Kräften. Sie sind eine Zwischenstation auf halbem Weg zwischen der menschlichen und der göttlichen Natur. Dennoch veranschaulichen sie die Tatsache, dass wir in uns die Samen göttlicher Eigenschaften beherbergen.

Patanjali und andere große Weise, die die Yogaphilosophie erläutern, lehren, dass viele der uns innewohnenden „wunderbaren“ Kräfte durch richtige Übung, Techniken der Selbstkontrolle und Selbstdisziplin sich entwickeln und – während wir noch im physischen Körper leben – von unserem Willen kontrolliert werden

4 Das Tibetische Totenbuch, Oxford, 1960, p. 159

können. Ein wesentlicher Teil des Yogatrainings besteht darin, den Charakter des Schülers zu bilden, damit er die sich manifestierenden Yogakräfte nicht in falscher Weise anwendet. Ferner bestehen Ziel und Zweck dieses intensiven Yoga – bekannt als Rajayoga (königlicher Yoga) – darin, die Einheit mit Gott zu erlangen. Die Kräfte, die sich entlang des Weges manifestieren, sind niemals das Ziel. Wenn der Schüler sie als solche behandelt, hat er sein Ziel verfehlt.

Wenn wir diese tiefgehende Psychologie – unsere latenten Kräfte und unsere göttliche Bestimmung – verstehen, die Bhagavān Sai Baba lehrt, werden wir nicht das Gefühl haben, dass es etwas Unheimliches, weit Hergeholtes oder Unfaßbares bei der Flut der Sai-Wunder gibt. Wir können erkennen, dass Swami uns zeigt, was Gott ist, und deshalb was wir sind. Er zeigt uns, was wir potentiell sind und was wir tatsächlich werden, wenn wir die Fesseln von Zeit und Raum abwerfen und seinem heiligen Weg folgen.

Wir können, wenn wir wollen, unser wahres Selbst in ihm widergespiegelt sehen; sehen, dass er in der Tat das wahre Selbst eines jeden von uns ist. Swami liebt es – wie alle großen Lehrer –, durch Parabeln und Allegorien bedeutende Wahrheiten auf unterschiedlichen Ebenen für unterschiedliche Ebenen zu offenbaren. Alle Menschen gewinnen auf diese Weise etwas. Ich selbst sehe seine Wunder als Parabeln in Aktion an, denn sie teilen uns viel plastischer mit, was wir sind und was wir werden.

In Worten sagt er: „In euch befindet sich der mächtige Ozean göttlichen Nektars.“ Aus diesem inneren Ozean werden die Freude, die Liebe und die Schöpferkraft, die er ständig aufzeigt, hervorkommen. Wenn wir die Sai-Parabeln, die uns sowohl durch Handlung als auch mit Worten übermittelt werden, näher anschauen, können wir schneller lernen, unsere Schritte vom schmerzlichen Weg der Erde abzuwenden und zum Weg göttlicher Freude hinzulenken.

2. Geistheilen und Göttliche Heilung

„BEDENKE, DU WURDEST ganz gemacht: sündige nicht mehr" (Joh. 8:11), sagte Jesus zu dem Mann, den er soeben geheilt hatte. Diese rätselhafte Bemerkung enthält den Schlüssel zu den tiefsten Ebenen der Heilkunst.

Wenn der Körper krank ist, liegt die Ursache jenseits des Körpers. Die medizinische Forschung fand heraus, dass selbst die gewöhnliche Erkältung ihren Ursprung im Geist hat. Viren sind daran beteiligt, ja, aber es ist eine gewisse negative geistige Haltung, die es einem Virus erlaubt, einzudringen und aktiv zu werden, so dass ein aus dem Gleichgewicht geratener, kranker Zustand daraus resultiert. Die medizinische Lehrmeinung ordnet heute mehr und mehr Beschwerden der Kategorie der psychosomatischen Krankheiten zu. Aber der Behauptung, dass jede Krankheit ihren Ursprung in mentalen und emotionalen Bedingungen hat, wird sie sicherlich nicht zustimmen. Dennoch wird sich herausstellen, dass dem so ist.

Die Mehrzahl der Krankheiten spricht auf eine Behandlung durch die moderne medizinische Wissenschaft an. Doch es gibt noch viele, die nicht darauf ansprechen. Was ist dann – wenn überhaupt – die Heilung? Es gibt natürlich andere Therapien, die ausprobiert werden können, und in der Praxis haben sich viele als erfolgreich erwiesen, wo die orthodoxe Medizin versagt hat. Dennoch zögern die Ärzte, dem zuzustimmen und bemühen sich, das lukrative Geschäft des Heilens ausschließlich für sich zu behalten.

In Bezug auf diese Haltung gibt es unter einzelnen Ärzten jedoch bemerkenswerte Ausnahmen. Einige schließen sich Gruppen an, die ganzheitliches Heilen mit dem Ziel anstreben, die ganze Person – Körper, Geist und Seele – zu behandeln. Andere verfolgen die wissenschaftliche Erforschung von Therapien, die der Berufsstand im Allgemeinen mit großem Misstrauen behandelt.

Eine dieser Therapien ist das Geistheilen. Diese Behandlungsmethode wird seit sehr langer Zeit in vielen Teilen der Welt praktiziert. Während der letzten Jahrzehnte jedoch hat sie sich auf zwei Gebiete konzentriert – die Philippinen und Brasilien. Forscher haben beide Orte besucht; Forschungsteams aus Ärzten und Wissenschaftlern jedoch haben überwiegend die Philippinen besucht. Ihre Befunde haben ziemlich viel Publizität erlangt; aber dem ernst zu nehmenden Urteil einiger Mitglieder des Forschungsteams zufolge waren die meisten Veröffentlichungen unausgewogen und haben zu falschen Eindrücken geführt. Sie haben den Schwindel hervorgehoben und dadurch den Eindruck erweckt, dass alle Heilungsphänomene auf den Philippinen vorgetäuscht sind. Die Forscher haben jedoch neben einigen Fälschungen auch eine beachtliche Menge echter Phänomene und einige erfolgreiche Heilungen entdeckt. Ferner brachte die Forschung einige interessante Fakten über die Methoden und Motivationen der Heiler und der Kräfte, die durch sie wirken, zutage.

Durch persönlichen Kontakt mit einigen Patienten, die von den Philippinen zurückgekehrt waren (manche waren geheilt, manchen war geholfen worden, manchen nicht), angeregt, beschlossen meine Frau und ich, selbst einen Blick auf die Szene zu werfen. Durch Beobachtungen an Ort und Stelle würden wir besser in der Lage sein zu verstehen, wie die Situation wirklich aussah. Fragen, auf die wir Antworten suchten, waren etwa: War alles Schwindel oder waren einige Heiler echt und in ihren übersinnlichen Anstrengungen erfolgreich? Welches war die Kraft, die hinter ihnen stand? Haben Menschen, die von der westlichen Medizin aufgegeben worden sind, auf den Philippinen überhaupt eine Aussicht auf Heilung?

Wir planten einen Besuch bei dem großen Göttlichen Heiler in Indien und beschlossen, auf dem Weg dorthin Halt auf den Philippinen zu machen und zu versuchen, einige Erfahrungen aus erster Hand zu sammeln und Informationen über die dortigen Geistheilungen zu erhalten. So geschah es, dass wir mit einer Namensliste von Heilern sowie mit vagen Angaben über deren Aufenthaltsort in Manila landeten. Wir hatten nicht genügend Zeit, um die gesamte Szene zu untersuchen, hofften aber, dass es uns gelingen würde, einige Heiler bei der Arbeit zu beobachten. Dadurch wären wir in der Lage, zu einer – zumindest für uns zufriedenstellenden – Schlussfolgerung zu kommen, die vielleicht für andere von Interesse sein könnte.

In der „Chirurgie" des ersten von uns besuchten Heilers fanden wir uns mit einer wartenden Menge von ungefähr zwanzig Patienten in einer Art Kapelle wieder. Es war ein ziemlich schmuddeliger Ort, diese Kapelle, im grauen Licht des frühen Morgens. Außerdem herrschte dort die unbeschreiblich modrige Atmosphäre, die man in einigen spirituellen Zentren vorfindet. Ich habe lange versucht, den

Grund für diese typisch spiritistische Atmosphäre zu analysieren, und kann sie mir nur so erklären, dass sie durch die Gegenwart von nicht fortgeschrittenen, erdverhafteten Geistern entsteht. Jedenfalls wies diese Atmosphäre das Heilzentrum als spiritistisch aus. Das verurteilte es in unseren Augen nicht, sondern deutete lediglich auf seine Ausrichtung hin.

Als der Heiler, ein gefälliger Mensch, erfuhr, dass wir als Beobachter gekommen waren, lud er uns in sein Operationszimmer ein. Dort befand sich ein Patient, dessen Haut er öffnen wollte. Der Heiler nahm meinen Zeigefinger und hielt ihn mit seiner Hand in ungefähr 45 Zentimeter Entfernung von der bloßen Haut des Patienten. Er machte in der Luft eine blitzschnelle Bewegung nach unten, so als ob mein Finger ein Messer sei. Dort, wo er die Schneidebewegung gemacht hatte, erschien ein Kratzer von einigen Zentimetern Länge.

Ich hatte gehört, dass dieses psychokinetische Phänomen von manchen der Heiler angewandt wird, und war erfreut, Zeuge davon zu sein. Aber ich war enttäuscht darüber, dass die entstandene Öffnung nicht mehr als ein tiefer Kratzer war. Das schien jedoch alles zu sein, was der Heiler brauchte. Er saugte Blut aus der Öffnung ab und entnahm aus dem Blut etwas, das wie kurze Fäden faserartigen Materials aussah und zeigte es dem Patienten.

Bei einem anderen Patienten, einem aus dem Westen, der ausgestreckt auf dem Operationstisch lag, öffnete der Geistheiler die Haut nicht, sondern begann, etwas, was kleinen Fleischstückchen glich, im Bereich der Genitalorgane des Mannes wegzunehmen. Seine Fingerspitzen schienen die Hautoberfläche abzutasten, ohne in die Haut einzudringen, dennoch gerieten die Stückchen „Fleisch“ dazwischen. Er nahm so um die sechs oder sieben Stückchen weg und warf sie in eine Schüssel mit Wasser, bevor er dem Patienten erlaubte, den Tisch und den Raum zu verlassen.

Als ich dem Mann in die Kapelle folgte, erfuhr ich von ihm, dass er unter einer geschwollenen Prostatadrüse litt und dass dies seine dritte Behandlung auf dem Operationstisch war. Niemals hatte er bei diesen Operationen, bei denen der Heiler vorgab, Fleisch von seiner geschwollenen Prostata wegzunehmen, irgendwelche Schmerzen oder negative Auswirkungen verspürt. Dies war seine letzte Behandlung, und der Heiler versicherte ihm, dass seine Prostata jetzt wieder ihre normale Größe habe. Er selbst schien diesbezüglich optimistisch, war aber nicht ganz zufrieden, weil der

Heiler ihm die Gewebestücke, die angeblich von seiner Prostata stammten, nicht mitgeben wollte.

Woher kamen aber diese Gewebeteile, wenn sie nicht, wie behauptet wurde, von der angegebenen Stelle stammten? Sie hatten sich nicht in den Fingern des Heilers befunden, als dieser mit der Operation begann. Wir – ein Freund, meine Frau, die gelernte Krankenschwester ist, und ich – hatten dicht daneben gestanden und beobachtet und hatten keinen Handtrick entdecken können. Es hatte tatsächlich so ausgesehen, als seien die fleischähnlichen Stückchen entweder aus dem Körperinnern oder aus einer Distanz außerhalb des Körpers in die Hände des Chirurgen geraten. Wenn es aber tatsächlich das eigene Fleisch des Patienten war, warum ließ der Heiler es ihn dann nicht zur Analyse mitnehmen? Und war der Mann wirklich geheilt?

Als ich erfuhr, dass der Patient Australier war, notierte ich mir seine Adresse in der Hoffnung, später nachfragen zu können, ob dies sich als echte Heilung erwiesen hatte oder nicht. Ich traf ihn zwei Jahre später in Australien und erfuhr, dass er immer noch eine geschwollene Prostatadrüse hatte. Die übersinnliche Chirurgie hatte keine sichtbare Besserung ergeben.

Ein Misserfolg bei einer Heilung ist natürlich nicht etwas, wofür wir einen Heiler verurteilen sollten. Sogar unsere besten Ärzte haben Misserfolge, und einige von ihnen greifen von Zeit zu Zeit zu kleinen Schwindeleien, wenn diese die Heilung psychologisch unterstützen können.

Bei diesem speziellen Heiler hatten wir keinerlei Tricks entdecken können. Aber es ist interessant, dass wir später in Hong Kong eine Dame trafen, die eine Zeitlang mit diesem Heiler gearbeitet hatte. Sie berichtete, dass dieses Öffnen der Haut aus der Distanz normalerweise echt sei, dass er aber in Zeiten, in denen seine geistigen Kräfte schwach seien, zu Tricks greifen würde. Er nähme dann ein Stück Rasierklinge, das in Watte verborgen sei, und mache damit einen Kratzer, wenn er an der Haut entlang streiche, um unmittelbar darauf dieses Fingerzeigen auszuführen. Der Kratzer – ein leichter – würde nicht deutlich erscheinen, bevor er nicht die Schneidegeste mit dem Finger gemacht habe. Dann sähe es so aus, als sei der Schnitt durch geheimnisvolle, übersinnliche Kräfte entstanden.

Eine Studie der Situation zeigt, dass der Hauptgrund für den Schwindel unter den Heilern Gier ist. Als das Geistheilen vor vielen Jahren nur in den einfachen Dörfern durchgeführt wurde, erhielten die Heiler nur bescheidene materielle Entlohnungen. Sie hatten sich einem Training des Übersinnlichen und als Medium unterzogen, waren aber nicht immer Vollzeitheiler. Sie arbeiteten mit den übrigen Dorfbewohnern auf den Feldern und heilten die Kranken, wenn es verlangt wurde. Jegliche Bezahlung, die sie erhielten, machte sie nicht reicher als die anderen Bauersleute, mit denen sie lebten. Sie hatten die Gabe zu heilen, und ihre hauptsächliche Motivation bestand in dem Wunsch zu heilen.

Aber dann kamen – auf der Suche nach Wunderheilungen – Scharen von Menschen aus dem Westen, die bereit waren, großzügig für solche Dienste zu bezahlen. Einige Heiler zogen in die Städte und Touristenzentren, um die Gelegenheit auszunutzen. Der Traum vom Reichtum köderte sie, so dass sie jeden Neuankömmling akzeptierten. Der tägliche Strom ausländischer Patienten nahm zu und erforderte die Verausgabung von mehr und mehr geistiger Kraft.

Übersinnliche Kräfte haben ihre Grenzen und wenn sie zu Neige gehen, was dann? Täusche sie vor. Wenn der Patient glaubt, es sei echt, dann wird das den gewünschten Effekt haben, den Glauben zu stärken – der Placeboeffekt, ein bedeutender Bestandteil bei jeder Heilung. Selbst wenn keine unmittelbare Heilung geschah, waren die relativ reichen Patienten aus dem Westen bereit, den Wunderheilern in der Hoffnung, die Heilung würde im Laufe der Zeit eintreten – so wie es ihnen der Heiler versicherte –, beträchtliche Zuwendungen zu machen.

Tausende haben solche Zuwendungen gemacht, und einige Heiler sind jetzt reiche Grundbesitzer. Aber durch Überstrapazieren ihrer Kräfte um des Gewinns materieller Güter willen und dadurch, dass der mitfühlende Wunsch zu heilen durch den selbstsüchtigen Wunsch nach Reichtum eingetauscht wurde, nahmen ihre geistigen Kräfte ab. So spielen bei einigen von ihnen die meiste Zeit und bei den meisten von ihnen für einige Zeit Tricks wie bei Zauberkunststücken eine Rolle bei ihren übersinnlichen Operationen.

Eine Heilerin, in deren Arbeit die Forscher aus Übersee keinerlei Tricks entdeckt hatten, war Josefine Sisson. Es wird von ihr berichtet, dass sie einige bemerkenswerte Heilungen zustande gebracht hat, und sie hatte den Ruf völliger Ehrlichkeit. Es ist interessant, dass sie immer noch in ihrem Geburtsdorf lebt und arbeitet.

Um sie zu besuchen, fuhren wir aus dem Hochland von Baguio herab und nahmen uns in einem kleinen Hotel direkt außerhalb der Stadt Urdaneta ein Zimmer. Es ist ein heißer Ort, aber durch die riesigen bis zum Horizont reichenden grünen Reisfelder angenehm. Seltsamerweise wurden die meisten der Geistheiler in Dörfern dieser üppigen „Reisschüssel" geboren; aber die Mehrzahl von ihnen ist fortgezogen.

Vom Hotel aus mieteten wir ein Auto, das uns in Josefines Dorf Baronggabong bringen sollte. Der Hotelbesitzer schickte eine seiner Angestellten als Führerin und Übersetzerin mit. Nach einigen Meilen auf der Hauptstraße nach Manila bogen wir in eine staubige Straße voller Schlaglöcher ein. Drei Meilen lang krochen wir langsam dahin, bis wir in das kleine Dorf Baronggabong kamen. Alle Häuser waren strohgedeckt, mit dünnen Gitterwänden. Hühner, Enten, Schweine und andere Haustiere liefen frei herum.

Der Fahrer benötigte die Anweisungen der Angestellten nicht, um die New Pig-Pen Road zu finden, wo er vor einem Haus, vor dem bereits einige andere Autos parkten, anhielt. Dies war Josefines chirurgische Praxis.

Sie war von der gleichen einfachen Bauernhausatmosphäre wie die anderen Häuser, aber davor stand eine hübsche kleine Kapelle. In diese traten wir ein. Drinnen las ein Mann, der, wie sich herausstellte, Josefines Onkel war, auf einem Podium stehend aus der Bibel vor. Nach der Lesung predigte er, überwiegend zum Thema „Die Kraft des Gebetes bei der Heilung". Es waren ungefähr zwanzig Personen anwesend, darunter eine Gruppe Amerikaner. Die Kapelle war hell und sauber.

Am Ende des Gottesdienstes traten zwei Frauen ein und setzten sich auf das Podium. Intuitiv wußte ich, welche der beiden Josefine war; sie hatte ein sanftes, freundliches Gesicht mit großen, dunklen, ausdrucksvollen Augen.

Die Kapelle war auch der Behandlungsraum. Die Menschen stiegen der Reihe nach, so wie sie in den Kirchenstühlen saßen, auf das Podium. Von der Stelle, wo wir saßen, konnten wir beobachten, wie Josefine sie behandelte. Aber wir wollten sie aus noch größerer Nähe beobachten. Deshalb beschlossen wir, selbst Patienten zu werden.

Als wir an der Reihe waren, stiegen auch wir auf das Podium. Iris erzählte der Heilerin von einer Nierenschwäche, die sie seit langer Zeit habe. Josefine nahm ein Stück Papier und schrieb wie abwesend mit einem Stift einige eigenartige Zeichen darauf. Ich hatte zuvor gelesen, dass sie automatisches Schreiben benutze, wenn sie durch Hellsehen oder Hellhören keine befriedigende Diagnose erhielt. So stand auf dem Stück Papier offensichtlich die Diagnose.

Sie hieß Iris, sich auf den Operationstisch zu legen, zog die Vorhänge vor, um uns vor den Blicken der Menschen in den Bänken zu schützen, und bat Iris, ihren Unterleib bis zu den Hüften frei zu machen. Als Ehemann hatte ich die Erlaubnis zu bleiben. Ich stand direkt neben Josefine, während sie arbeitete.

Sie begann den unteren Teil des Unterleibs meiner Frau mit beiden Händen zu kneten, wobei die Finger in die Haut eindrangen. Eine Blutlache breitete sich über den Unterleib aus. Sie wurde von einer anderen Frau, die anscheinend Josefines Assistentin war, von Zeit zu Zeit abgetupft. Ich konnte mit meinen Augen aus einer Entfernung von weniger als 45 Zentimetern klar und deutlich sehen, wie die Finger bis über das erste Glied in den Körper eindrangen und wie das Blut um sie herum austrat. Seltsamerweise jedoch erschien es von etwas hellerer Farbe und dünnerer Konsistenz zu sein als normales Blut. Den Grund hierfür kenne ich nicht.

Dann holte Josefine ein dünnes Stück rostiges Metall von ungefähr zweieinhalb Zentimetern Länge heraus. Sie zeigte es mir mit einem Ausdruck der Überraschung.

„Woher kommt es?“ fragte ich.

„Ich weiß es nicht. Es geriet einfach zwischen meine Finger.“

Sie gab es mir und fuhr mit ihrer Untersuchung fort. Bald holte sie ein weiteres Metallstück von derselben Art, das aber etwas kürzer war, heraus.

„Die würden deinen Nieren sicher nicht gut tun“, sagte sie zu Iris und gab mir auch das zweite Stück. Die Patientin war bei klarem Bewusstsein, sah alles, spürte jedoch nichts, wie sie mir später mitteilte.

Josefine fuhr noch eine Weile mit der Untersuchung fort und tauchte dann und wann ihre Fingerspitzen in eine Schüssel Wasser auf dem Tisch. Manchmal entnahm sie dem Blut ein Stück faseriges Material, untersuchte es und warf es in eine Auffangschale, in die auch die blutdurchtränkte Watte geworfen wurde. Als die Operation vorüber war, schloss sich die Haut automatisch und hinterließ keinerlei Spuren.

Ich war der Nächste auf dem Operationstisch. Ich beschloss, der Heilerin von der Gehörschwäche in meinem rechten Ohr zu berichten. Vor einigen Jahren hatte ein australischer Spezialist mir erklärt, die Ursache rühre wahrscheinlich von einem kleinen Verschluss in einem Blutgefäß her, das mit dem Ohr verbunden sei. „Es gibt keine Heilungsmöglichkeit, aber du wirst dich daran gewöhnen“, hatte er erklärt.

Während ich auf dem Operationstisch lag, beobachtete meine Frau, wie Josefine etwas, das wie eine dunkelfarbige Zyste aussah, aus der Haut hinter dem rechten Ohr hervorholte. Ich sah nichts und fühlte nichts.

„Nun wirst du in Ordnung sein“, versicherte Josefine mir.

„Aber ich höre nichts besser.“

„Es wird mit der Zeit nach und nach besser werden.“

Wenn da ein Blutgerinnsel gewesen war, das einen Nerv getötet hatte, so war es vernünftig anzunehmen, dass der Nerv nach der Entfernung des Gerinnsels nun Zeit brauchte, um sich zu regenerieren. Aus diesem Grunde akzeptierte ich Josefines Aussage und war hoffnungsfroh.

Am Ende unserer Sitzung fiel der Name Sai Baba in der Unterhaltung. Josefines Reaktion auf den Namen war bemerkenswert. Ihre Augen begannen zu leuchten, ihr heiteres Gesicht wurde strahlend, lebendig.

„Sai Baba!“, wiederholte sie, „er hilft mir manchmal. Seine Gegenwart ... seine Schwingungen sind so stark, so kraftvoll! Oh! Ich kann es nicht ausdrücken ...“ Ihr schienen die Worte zu fehlen.

Als wir ihr erzählten, wir seien auf dem Weg zu Sai Baba, antwortete sie: „Bitte grüßt ihn von mir.“ Wir hatten den Eindruck, Josefine war ehrlich und echt und hatte eine wahre spirituelle Qualität, was auch immer ihre Fähigkeiten als Heiler sein mochten.

Wir waren in ziemlich gehobener Stimmung, als wir durch die kleine Kapelle nach draußen gingen, und wir freuten uns darüber, dass unsere Namen mit auf der langen Liste derjenigen standen, für die Josefine und ihr religiöser Onkel täglich beteten, „bis sie geheilt sind“, wie er uns versicherte.

Über die beiden korrodierten Metallstücke wunderten wir uns und dachten ziemlich viel darüber nach. Ben Felix, ein alter Theosoph und pensionierter Ingenieur aus Manila, sagte uns, dass es sich um die Art magnetisches Material handele, das innerhalb des Körpers umherwandere. Dann fiel Iris ein, dass es möglicherweise einen Zusammenhang zwischen ihnen und einer großen Knochenoperation gab, der sie sich wegen Wirbelschäden vor etwa dreißig Jahren in England unterzogen hatte. War es möglich, dass diese beiden Stücke – einer mit einem kleinen Haken am Ende – die Überreste eines zerbrochenen Operationsclips waren, der damals aus Versehen in ihrem Körper zurückgelassen wurde? Iris sagte, sie sähen ganz danach aus.

Wir zeigten die Stücke später einem Arzt, der während des Zweiten Weltkriegs in England viele verwundete Soldaten operiert hatte. Er bestätigte, dass sie genauso aussahen, wie die Operationsclips, die man damals bei Knochenoperationen verwandte. „Höchstwahrscheinlich stammen sie von einem Clip, der in ihrem Körper zurückgelassen wurde," sagte er zu Iris, als er von ihrer orthodox durchgeführten Operation in England und jener seltsamen unorthodox durchgeführten auf den Philippinen erfuhr.

Mit Sicherheit steht irgendeine übersinnliche, nichtphysische Kraft hinter der Arbeit der philippinischen Heiler und Chirurgen. Sie selbst scheinen keine Zweifel zu haben, dass es sich um eine spiritistische Kraft handelt. Die Heiler wissen nichts von Anatomie oder Physiologie und halten sich an keine Regeln der medizinischen Hygiene. Aber sie hatten eine Ausbildung zum spiritistischen Medium.

Während der Behandlung eines Patienten sind die Heiler in einer Art leichter Trance, die manchmal „mystische Vereinigung" bezeichnet wird. Sie sind sich ihrer selbst bewusst, sind jedoch in unterschiedlichen Graden von einer fremden Bewusstseinskraft, die ihre Hände führt, besessen oder überschattet, so dass sie einen Körper für chirurgische Eingriffe öffnen oder eine Heilkraft in den Körper einbringen können.

Die Heiler sind römisch-katholischer Herkunft, gehören aber der Christlich Spiritistischen Vereinigung der Philippinen an (Union Espiritista Cristiana de las Filipinas), die von der Römischen Kirche nicht anerkannt wird. Trotzdem scheinen viele der Heiler inbrünstig religiöse Menschen zu sein, durchtränkt von einem einfachen Glauben. Manche von ihnen sagen, es sei der Heilige Geist oder Gott, der durch sie wirke. Andere nennen einen christlichen Heiligen als ihren „Beschützer". Wieder andere äußern sich nur vage zu dem Thema und identifizieren die Heilkraft, die durch ihren Geist und ihre Hände fließt, nicht näher.

Obwohl ihre Art zu heilen im Wesentlichen medial ist, das heißt, sie sind Werkzeuge, durch die eine Kraft fließt, die größer ist als ihr gewöhnliches Selbst, werden sie manchmal „Glaubensheiler" genannt. Vielleicht spielt der Glaube an die Göttliche Kraft, der von beiden – dem Heiler und dem Patienten – geteilt wird, bei jeder echten Heilung, die stattfindet, eine Rolle.

In der Tat wird gesagt, dass das übliche Öffnen des Körpers und das Erscheinen des Blutes wirklich aus dem Grund geschieht, damit der Glaube in den Gemütern der intellektuellen Patienten aus den Städten und aus dem Westen gestärkt wird.

Bevor sie weltbekannt wurden, arbeiteten die Heiler in ihren Dörfern hauptsächlich durch Handauflegen in der Art der Glaubensheiler. Ihre nicht intellektuellen Patienten hatten genügend Glauben an die Kraft der Geister, die durch die Heiler wirkte, um die notwendigen Heilungen zustande zu bringen.

Ein Heiler, der noch weitgehend das Handauflegen praktiziert, ist Virgillio Guttierez, der ein Heilzentrum in Manila besitzt und manchmal auch die Methode des Körperöffnens durch übersinnliche Chirurgie anwendet. Wir lernten ihn als bescheidenen, anspruchslosen, liebenswürdigen Mann kennen, der in der Lage war, bemerkenswerte Diagnosen dadurch zu erstellen, dass er einfach seine Hände verwendete, um Schwingungen in verschiedenen Teilen des Körpers zu erspüren.

Die kleinste Disharmonie eines Organs im Körper machte sich bei ihm auf diese Weise bemerkbar, und er benannte meiner Frau und mir die verschiedenen Krankheiten, unter denen wir seit unserer Kindheit gelitten hatten, und auch die gegenwärtigen Schwächen. Es stellte sich heraus, dass er ein genauerer und sorgfältigerer Diagnostiker war als jeder medizinische Experte, den ich je getroffen hatte, – ausgenommen vielleicht Dr. Siegfried Knauer, der Heiler nach der Rudolf-Steiner-Methode ist.

Wir konnten aber seine Heilfähigkeit nicht testen, da wir, wie zuvor geplant, einen Tag nachdem wir ihn getroffen hatten, die Philippinen verlassen mussten. Als wir ihm erzählten, dass wir auf unserem Weg nach Indien seien, sagte er:

„Ah! Ihr müsst Sai Baba besuchen, wenn ihr dort seid."

„Das ist der Grund für unsere Reise."

„Oh, gut, sagt ihm, dass der ‚falsche Heiler' wohlauf ist", sagte er lächelnd. Wir erfuhren, dass er selbst bei Swami gewesen war und von ihm als „falscher Heiler" betitelt worden war. Er fühlte sich dadurch offensichtlich nicht angegriffen, denn er sah dies lediglich als Babas schelmisches Wortspiel mit dem Begriff „Glaubensheiler" (fake; faith) an.

Nach unserem Besuch bei Guttierez gingen wir zum Mittagessen in unser bevorzugtes vegetarisches Restaurant und unterhielten uns dort mit einem jungen Paar, das wir am Morgen bei den Patienten in der Guttierez-Kapelle hatten sitzen sehen. Es stellte sich heraus, dass sie aus Melbourne in Australien kamen.

Der Ehemann war von den Ärzten aufgegeben worden, weil er voller Krebs war, hoffte jedoch auf eine Wunderheilung auf den Philippinen. Seltsamerweise machte das Paar diesen letzten verzweifelten Versuch auf Anregung von einem mit uns befreundeten Arzt, Dr. Ian Gawler. Wie sie sagten, hatten sie von Dr. Gawlers Fall in Australien aus den Medien erfahren und mit ihm Kontakt aufgenommen. Er hatte vorgeschlagen, sie sollten es bei Vergillio Guttierez versuchen.

Als wir sie trafen, war es einige Wochen her, dass sie Guttierez besucht hatten, und der Ehemann sagte, er fühle einige Veränderungen in seinem Körper, die bedeutsam sein könnten. Er war jedoch nicht sehr optimistisch bezüglich einer Heilung.

Wir hofften sehr, dass dieser Landsmann von uns irgendwann irgendwo um seiner jungen Frau und Kinder willen geheilt werden würde.[5]

Dies bringt uns zu dem Fall unseres bemerkenswerten Freundes, des Tierarztes Ian Gawler. Durch die fortgesetzte Behandlung des Knochenkrebses mit orthodoxen medizinischen Methoden war die Amputation eines seiner Beine notwendig geworden, hatte aber keine Besserung seines Zustandes gebracht. Er beschloss, als letzte verzweifelte Maßnahme, es bei den Geistheilern auf den Philippinen zu versuchen.

Ian konsultierte während zweier Besuche über einen Zeitraum von mehreren Monaten etwa fünfzehn verschiedene Geistheiler. Ungefähr sechs von ihnen, darunter Virgillio Guttierez erwiesen sich, wie er sagte, als „tatsächlich hilfreich".

In der Tat war nach der monatelangen Behandlung auf den Philippinen gesagt worden, sein Krebs sei geheilt, aber er solle zu Sai Baba nach Indien fahren, um dort die innere mentale

5 Wir erfuhren etwa zwei Jahre später, dass der junge Mann in Melbourne gestorben war.

Heilung zu erlangen, die sicherstelle, dass die Krankheit nicht wieder zurückkehre.

Dr. Gawler gab an, dass er von Natur aus immer ein Skeptiker gewesen sei und dass seine wissenschaftliche Ausbildung dies noch verstärkt habe. Nun hatte er das Gefühl – obwohl die Symptome nicht mehr vorhanden waren –, er sei vielleicht nicht richtig geheilt, es könne sich nur um einen „Stillstand“ handeln.

Beide, er und seine Frau Gayle, beschlossen für den Fall, dass es helfen könnte, die Reise nach Indien zu machen und zu versuchen, Sai Baba zu treffen. Das allerwichtigste Anliegen in ihrem Leben war, dass Ian zu andauernder, guter Gesundheit zurückfände.

Als sie in Indien ankamen, erfuhren sie, dass Swami nach Ootacamund in den Nilgiri-Bergen gereist war, wo er eine Schule für kleine Kinder hat. Sie fuhren hin und setzten sich zu der wartenden Menge draußen vor dem Haus. Als Baba herauskam, um Darshan zu geben, rief er Ian und Gayle herein. Als sie die Türschwelle des Interviewraums überschritten, schaute er Ian an und sagte: „Du bist bereits geheilt!“

Diese Versicherung vom Göttlichen Heiler selbst war genau das, was Ian benötigte, um seine bestehenden Zweifel zu beseitigen und seinen Glauben zu festigen. Dann materialisierte Swami Vibhūti für ihn und verströmte seine Liebe an beide.

Sie blieben so lange wie möglich bei Lord Sai, sonnten sich in seiner Aura göttlicher Liebe und Gnade und vertrauten darauf, dass Ian die innere, tiefe Heilung erfahren würde, die die Wurzeln der schrecklichen Krankheit beseitigen und jeden Rückfall verhindern würde. Nach einer kurzen und notwendigen Reise zurück nach Australien kehrten sie zu Babas Füßen zurück und blieben längere Zeit, „nur um mehr von seiner Liebe und Gnade zu genießen“, sagten sie.

Durch Entschlossenheit und Beharrlichkeit, so glaubte Ian Gawler, hatte er durch die Geistheiler auf den Philippinen Heilung erlangt. Sai Baba hatte dies bestätigt, als er verkündete: „Du bist bereits geheilt!“ Danach wurde durch das innere Wirken von Babas göttlicher Alchimie – dessen waren sich beide sicher –, die tödliche Krankheit dauerhaft in Schach gehalten. Dies war ein wunderbarer Gedanke, der voll Hoffnung die Zukunft erhellte.

All dies geschah vor einigen Jahren, und die Zeit hat ihre Hoffnungen bestätigt. Dr. Gawler hat in Australien seine Praxis wieder aufgebaut. Das Paar hat nun zwei Kinder, die nach der

Heilung geboren wurden, und lebt ein normales, glückliches Leben – dank der Geistheilung und der Göttlichen Heilung; hinzu kam der sehr wesentliche, positive Glauben und der Wille zum Leben und zur Gesundheit.

Forscher sagen, dass es nicht genügend statistische Hinweise gibt, um über den Anteil tatsächlicher Heilungen, die stattfinden, Aussagen zu machen, aber einige schätzen, dass es einen kleinen Prozentsatz von sofortigen Heilungen gibt sowie einen wesentlich größeren Prozentsatz von Heilungen, die erst nach einiger Zeit eintreten, nach Wochen oder Monaten, so wie im Fall von Ian Gawler. Ein beträchtliche Anzahl von Patienten erfährt, wie es scheint, etwas Erleichterung in ihrem Befinden, wenn auch nicht völlige Heilung. Meine Frau hat zum Beispiel das Gefühl, dass sich ihre langjährige Nierenschwäche verbessert hat, nachdem Josefine den bei einer nachlässigen Operation zurückgelassenen Clip entfernt hatte. Ich selbst gehöre zu denjenigen, die die Forscher zu der größten Kategorie zählen – zu denjenigen, welche keinerlei Besserung erlangten. Die Hörfähigkeit meines rechten Ohres hat sich nicht, wie Josefine mir versicherte, gebessert. Vielleicht steht mein Name noch auf der Gebetsfahne in ihrer Kapelle, wer weiß? Gebet plus Glaube plus Zeit mögen vielleicht das abtragen, was mir aufgrund welchen schlechten Karmas auch immer diese leichte Behinderung eingebracht hat.

Der Arbeiter ist seinen Lohn wert, wie die Bibel sagt. Aber wenn der Arbeiter an nichts anderes denkt als an seine materielle Entlohnung, ist er im Weinberg der Geistheilung zu nicht viel nütze. Neben seinem Kräfteschwund mag er die falschen Kräfte anziehen, und so einen negativen Einfluss ausüben und seinen Patienten mehr schaden als nützen. Dies ist eine Situation, die die Menschen wachsam beobachten und unterscheiden müssen.

Aber aus eigener Erfahrung wissen wir, dass es wenigstens einige Heiler gibt, die nicht um materielle Entlohnung besorgt zu sein scheinen. Wenn man zum Beispiel Josefine eine Spende geben will, dann legt man das Geld in eine Schublade, wobei sie selbst nicht darauf achtet, was man in dieser Hinsicht tut. Guttierez ist ebenfalls jemand, der uns den Eindruck vermittelte, als sei er überhaupt nicht daran interessiert, was der Patient – wenn überhaupt – in seine Spendenbüchse tut. Es gibt jedoch andere, die sehr wohl wissen, wie sie psychologischen Druck ausüben, um sicherzustellen, dass der Patient ihnen eine große Spende aushändigt. Bei ihnen spürt man, dass es zuerst und überhaupt ums Geschäft geht.

Im Großen und Ganzen bestätigten unsere persönlichen Beobachtungen die Schlussfolgerungen der Forscher. Es gibt auf den Philippinen eine sehr gemischte Szene – eine Mischung aus Erfolg und Misserfolg, aus Schwindel und wirklicher Geisteskraft, aus Kommerzialisierung und einem echten mitfühlenden Wunsch, Kranke zu heilen. Übersinnliche oder spiritistische „Chirurgie" hat in dem breiten Spektrum der menschlichen Heilkünste einen Platz, aber sie kann nicht mit der Göttlichen Heilung eines erleuchteten Meisters gleichgesetzt werden.

Nicht immer ist es das Beste für das spirituelle Wohlergehen eines Menschen, wenn er zu einem bestimmten Zeitpunkt von seinen Behinderungen befreit wird. Der mitfühlende, erleuchtete Meister weiß, wann eine Heilung bewirkt werden kann und soll, und ob die tiefen Wurzeln der Krankheit schnell oder sanft und langsam ausgezupft werden sollen.

Der Fallschirmspringer

Als ich ihn dort in Swamis Vorraum, in Brindavan bei Whitefield, stehen sah, hätte ich niemals vermutet, dass er Meister der Fallschirmspringer der indischen Luftwaffe war. So liebenswürdig und bescheiden wirkte er, mit einem intensiven spirituellen Feuer in seinen dunklen Augen.

Der bescheidene Sri A. Chakravati war und ist auf eine ehrliche und einfache Art spirituell. Seine Vorfahren waren seit Generationen in Erbfolge Gurus, spirituelle Lehrer, in einem Dorf in Ostbengalen, wo er geboren wurde, gewesen. Aber als er als ältester Sohn nach dem Tod seines Vaters gefragt wurde, ob er die Nachfolge antreten wolle, lehnte er ab, weil er sich selbst für unwürdig hielt, eine solch hohe und spirituell verantwortungsvolle Position zu übernehmen.

Der damals Siebzehnjährige begann in Kalkutta bei einer Zeitung zu arbeiten, während er dort an der Universität seine fortgeschrittenen höheren Studien fortsetzte. Er erwarb seinen Magister, bevor der Zweite Weltkrieg ausbrach und schloss sich der indischen Luftwaffe an. Nach einem speziellen Examen erlangte er das Offizierspatent als Pilot. Er schien die Qualitäten zu haben, so dass er schnell eine Beförderung zum Schwadronschef erhielt, und den Mut, der ihn zum Meister der Fallschirmspringer der Luftwaffe machte.

Bei Kriegsende kommandierte er die indische Fallschirmspringerschule. Hohe Offiziere der Royal Air Force und andere bedeutende Beamte kamen von Großbritannien herüber, um seine Schule zu besuchen, und er selbst wurde zu verschiedenen Anlässen nach Großbritannien geschickt, wo er als VIP behandelt wurde.

„Ich wurde zu stolz“, sagte er. Ich fand es schwierig, das zu glauben. Aber er muss wohl einige Fehler gemacht haben, und zweifellos hatte seine schnelle Beförderung und Popularität ihm eine Menge neidischer Feinde eingebracht. Was auch immer der Grund war, plötzlich fand er sich auf einen verlassenen Luftwaffenstützpunkt nach Jammu versetzt.

Es wurde ihm kein Quartier für Verheiratete zugeteilt, und das einzige Haus, das er finden konnte, hatte ein undichtes Dach und völlig inadäquate Heizmöglichkeiten für die kalten Monate, die bevorstanden. Diese Unbequemlichkeiten machten Chakravati Sorge, weil seine Frau mit ihrem ersten Kind schwanger war. Das Kind wurde tot geboren. Hinzu kam, dass sich seine Frau durch medizinische Fehler, wie er vermutete, eine Gebärmuttererkrankung zugezogen hatte, die durch Ansteckung auf ihn übertragen wurde.

Alle Ärzte, die sie aufsuchten, sagten dem Paar, dass es sich um eine seltene Krankheit handele, die unheilbar sei; mehr noch, sie habe zur Folge, dass sie niemals Kinder haben könnten.

Die Situation war sehr traurig und deprimierend. Ohne Hoffnung auf eine Familie, seine Karriereaussichten völlig ungewiss, verdammt, lebenslang an einer unangenehmen Krankheit leiden zu müssen, begann das Paar, zum Trost ein Buch über die großen indischen Heiligen zu lesen. Als sie über das Leben des Sai Baba von Shirdi lasen, traf etwas wie ein Lichtstrahl ihre Herzen. Immer wieder lasen sie einander die Geschichte laut vor. Sie brachte ihnen Wärme und Trost, wenn sie zusammengekauert in ihrem kalten Haus unter dem durchlässigen Dach saßen.

Dann begannen sie zu beten: „Sai Baba, wenn du noch irgendwo auf der Erde weilst, lass uns zu dir finden.“ Sie wußten nichts von seiner Wiederverköperung als Sathya Sai, hatten aber offensichtlich die Hoffnung, er könnte auf irgendeine Art und Weise dasein, irgendwo.

Kurz darauf wurde der Schwadronschef A. Chakravati nach Jallahalli bei Bangalore versetzt. Nicht lange, und er machte die Bekanntschaft mit einem anderen Bengalen, nämlich Dr. D. K. Banerjee, der Professor für Organische Chemie am All India Institute of Science in Bangalore war.

Es war jedoch ein anderer, der Chakravati die großartige Nachricht brachte, dass es dort einen heiligen Yogi mit Namen Sathya Sai Baba gab, der einen Ashram in Puttaparthi etwas mehr als hundert Meilen nördlich von Bangalore hatte. Das Herz des Schwadronschefs schlug höher, als er den Namen hörte. Er hatte das Gefühl, dass dies der Sai Baba sein musste, zu dem er so oft und eindringlich gebetet hatte.

Er erzählte seinem Freund Banerjee davon. „Lass uns zusammen hinfahren und ihn besuchen, du hast ein Auto", drängte er den Wissenschaftler.

Banerjee zögerte: „Ich habe verschiedene Dinge über ihn gehört. Nein, ich bin nicht geneigt mitzukommen."

Aber Chakravati war entschlossen hinzufahren und hatte beschlossen, dass sein Freund mitkommen solle. Er wiederholte seine Bitte während der nächsten Wochen beharrlich, bis Banerjee nachgab und zustimmte.

All das geschah gegen Ende 1961, bevor Swami einen Wohnsitz in Whitefield bei Bangalore hatte. Es war dann genau am 18. November 1961, als sich die beiden Freunde, zusammen mit einem anderen Wissenschaftler vom Institut, auf jener holprigen Straße aufmachten, die sich durch die kahlen Hügel zu einem entlegenen Dorf schlängelte, das von allen Hinweisschildern übergangen wurde, bis auf eines, das entschuldigend in rustikalen Lettern „Puttaparthi" erwähnte.

Am Tor kam ihnen ein Junge mit einem Schlüssel und den überraschenden Worte entgegen gelaufen: „Baba hat ihnen, Dr. Banerjee, und ihren Begleitern das Zimmer Nummer 9 zugewiesen."

Da sie keine Nachricht über ihr Kommen geschickt hatten, war Chakravati erstaunt und beeindruckt. Dr. Banerjee war es nicht.

Sie brachten ihr Gepäck auf Nummer 9 und begaben sich zum Tempel, der damals ein viel kleineres Gebäude war, als er es heute ist. Die Sonne war untergegangen, und die Dunkelheit brach herein. Nur eine einzige elektrische Kugellampe brannte vor dem Gebäude, vor dem ungefähr hundert Menschen auf Darshan warteten. Die drei Neuankömmlinge warteten auch.

Plötzlich war Baba da; er stand auf dem Balkon. „Ich hatte das Gefühl, dass er jemand war, den ich vor langer Zeit verloren hatte und nun wiederfand“, sagte Chakravati. „Tränen begannen meine Wangen herab zu laufen; ich war froh, dass wir in der Dunkelheit unter Bäumen saßen.“

Kurz darauf schickte Baba jemanden, um sie zum Interview hereinzurufen. Als sie den Raum betraten, machte Swami etwas Seltsames. Er umarmte Dr. Banerjee und sagte geheimnisvoll: „So, du bist schließlich gekommen ... .“ (Bedeutete das, dass Banerjee in einem früheren Leben ein Jünger gewesen war?) Dann segnete Swami den Doktor ein weiteres Mal, indem er einen Anhänger aus der Luft herholte und ihm diesen übergab.

Nachdem er 45 Minuten lang über spirituelle Themen gesprochen hatte, wandte sich Baba Chakravati zu und hieß ihn, seine Hände zu einer Schale zu formen. Oberhalb der Schale hielt Swami seine eigene nach unten gewandte Handfläche und bewegte sie sanft vor und zurück. Vibhūti strömte aus der göttlichen Hand in einem beständigen Strom, bis die Hände von Chakravati bis zum Rand gefüllt waren.

„Iß sie!“ sagte Baba. Das war ein bißchen viel verlangt, aber der Schwadronschef gehorchte.

Am darauffolgenden Tag wurde die Gruppe zu einem weiteren Interview gerufen, in dem Swami Gegenstände für Banerjee und den anderen Wissenschaftler materialisierte. Dann wies er Chakravati wieder an, seine Hände wie zuvor zu einer Schale zu formen. Wieder kreiste Baba mit seiner Hand darüber, bis sie von Vibhūti überliefen. Noch einmal wurde dem Luftwaffenoffizier befohlen, die heilige Asche zu essen, und er verzehrte die große Menge bis auf das letzte Stäubchen. „Es hatte einen angenehmen Geschmack“, erzählte er.

Am Morgen nach seiner Rückkehr nach Bangalore entdeckte Chakravati zu seinem höchsten Erstaunen und seiner unaussprechlichen Freude, dass er von seiner „unheilbaren“ Krankheit befreit war. Jedoch noch erstaunlicher war die Tatsache, dass seine Frau auch geheilt war. Die beiden massiven Dosen Vibhūti hatten eine Doppelheilung bewirkt.

Ungefähr einen Monat später nahmen Chakravati und Banerjee ihre Frauen mit nach Puttaparthi. In einem Interview fragte Swami Mrs. Chakravati: „Hast du keine Kinder?“ Die Frage, das fühlte sie, war eher rhetorisch, denn er wusste offensichtlich die Antwort.

„In diesem Jahr", sagte Swami zu ihr, „wirst du einen Sohn bekommen." Chakravati konnte nicht umhin, laut darüber zu lachen. „Warum lachst du?", fragte Baba.

„Alle vier Ärzte, die meine Frau untersucht haben, haben gesagt, dass sie keine Kinder bekommen könne, Swami, und nun sagst du, dass sie einen Sohn haben wird."

Baba kreuzte die Zeigefinger seiner beiden Hände und sagte, während er Chakravati in die Augen schaute: „Wenn Swami einen samkalpa (Entschluss) faßt, wird daraus ein siddha (eine Tatsache), – was bedeutet, dass Swamis Wille sich immer erfüllt."

In diesem Augenblick wusste der Nachkomme einer langen Ahnenreihe spiritueller Führer mit Sicherheit, dass er sich in der Gegenwart eines Avatars Gottes befand.

Swami fügte hinzu: „Im November dieses Jahres wirst du einen Sohn bekommen, eine sehr gute Seele wird zu dir kommen. Ich werde persönlich dein Zuhause besuchen, um dem Jungen einen Namen zu geben."

Bevor das Interview zu Ende war, schuf Swami einen Anhänger für Mrs. Chakravati; dieser trug das Bild von Lord Rāma. Sie war überrascht und ziemlich enttäuscht darüber, weil sie immer die Form von Lord Krishna verehrt hatte. Tatsächlich beklagte sie sich in den kommenden Wochen mehrmals bei ihrem Mann, dass sie das Bild von Rāma statt von Krishna bekommen hatte.

Aber Chakravati war mehr an der wundervollen Prophezeiung über einen Sohn interessiert. Er erzählte seinem Freund davon, der Arzt am Militärkrankenhaus war. Der Arzt war amüsiert und bemerkte: „Wenn Heilige und Weise unfruchtbaren Menschen Kinder geben können, ist die medizinische Wissenschaft überflüssig."

Im Juni desselben Jahres 1962 dachte Mrs. Chakravati, sie sei schwanger, und der Schwadronschef bat seinen skeptischen Arzt-Freund, zu kommen und sie zu untersuchen. Der kam an einem Sonntag und brachte eine Schwester vom Krankenhaus mit. Nach einer gründlichen Untersuchung teilte der Arzt dem Paar seine Meinung mit: „Es tut mir leid, da ist kein Kind. Es ist alles Gas."

Ihre Hoffnungen waren zerschmettert. Wie konnte ein Sohn im November geboren werden, wenn sie jetzt nicht schwanger war?

Eines Tages, kurz nach der Bekanntgabe durch den Arzt, wurde das Paar Chakravati in das Haus von Dr. Banerjee eingeladen, wo Swami einen Besuch abstattete. Sie brauchten dem allwissenden Herrn nicht mitzuteilen, was der Militärarzt gesagt hatte. Er wusste es bereits und wiederholte es vor ihnen, als sie zu seinen Füßen saßen. „Aber“, fügte er hinzu, „macht euch keine Sorgen, ihr werdet einen Sohn bekommen. Er wird am 23. November dieses Jahres geboren werden.“ Da kehrte ihr Glaube zurück, und sie waren doppelt erregt, weil der 23. Swamis Geburtstag ist.

Der Avatar gab ein weiteres Beispiel für seine Allwissenheit, an die sie sich nun gewöhnten, als er zu Mrs. Chakravati sagte: „Du hast dich über den Rāma-Anhänger, den Swami dir gab, beklagt.“ Er kreiste seine Hand und holte einen anderen Anhänger aus der Luft. Als er ihn ihr überreichte, sagte er: „Hier nimm deinen Krishna!“ Der Anhänger zeigte ein Bild von Krishna auf der einen Seite und eines von Shirdi Sai Baba auf der anderen.

In derselben Nacht fühlte Mrs. Chakravati mit Bestimmtheit die Bewegungen von etwas Lebendigem in ihrem Leib und wusste mit Gewissheit, dass es ein Kind war. Sogar der zweifelnde Arzt musste zugeben, dass sie schwanger war, als er zur nächsten Untersuchung gerufen wurde. Und er stimmte zu, dass sie ins Militärkrankenhaus vor dem vorhergesagten Geburtstermin eingewiesen würde.

Als dann der Morgen des 23. kam, waren die Ärzte und Krankenschwestern beunruhigt, dass die Geburt noch nicht in den nächsten Tagen stattfinden würde. Die werdende Mutter war traurig darüber, weil sie sich so sehr wünschte, dass ihr Kind an Swamis Geburtstag geboren würde, so wie er es vorhergesagt hatte.

Als die Nachtschwester am Abend den Dienst übernahm, fragte sie ihre Patientin, weshalb sie so niedergeschlagen anstatt glücklich über das zu erwartende Ereignis sei.

„Oh, ein großer Heiliger hat mir gesagt, ich würde heute einen Sohn bekommen. Aber leider sagen die Ärzte und Schwestern mir, er würde erst in ein paar Tagen geboren werden.“

„Wer war der Heilige?“

„Sai Baba!“

„Nun, wenn Sai Baba gesagt hat, ihr Kind wird heute geboren werden, dann wird es mit Sicherheit so sein! Kommen sie jetzt mit zur Entbindungsstation.“

Im Gehen fragte Mrs. Chakravati: „Sind sie denn eine Anhängerin von Sai Baba?“

„Nein, ich bin Christin. Aber ich habe von ihm gehört und ich weiß, dass er ein großer Prophet ist. Was er sagt, was geschehen wird, wird geschehen!“

Die Schwester hieß ihre Patientin in der Entbindungsstation auf und ab zu gehen, während sie selbst alle notwendigen Vorkehrungen für die Geburt eines Babys traf. Sehr spät in der Nacht gebar Mrs. Chakravati ohne jegliche Schmerzen einen Sohn.

Nach dem Ereignis wurde der Arzt, der über die Prophezeiung gelacht hatte, ein Anhänger Sai Babas. Zur rechten Zeit kam der Herr in ihr Heim und nannte den Jungen Krishnakishorā, was „kleiner Krishna“ bedeutet. Die Eltern erinnerten sich an das Drama mit den Anhängern, an die Sehnsucht der Mutter nach Krishna und an Swamis Worte: „Eine gute Seele wird zu euch kommen.“ Was für seltsame Mysterien liegen hinter der Tür der menschlichen Geburt verborgen? Woher können wir diese kennen, wenn wir nur wissen, dass ein Kind geboren wurde?

Im Lauf der Jahre zeigten viele Ereignisse, dass der Herr, der ihnen Glück und Gesundheit gebracht hatte, für das Wohlbefinden von Eltern und Kind sorgte, wobei Entfernung kein Hindernis darstellte.

Als sie zum Beispiel einmal weit im Norden Indiens lebten, wurde Krishnakishorā krank, und die Ärzte diagnostizierten Asthma.

„Nachdem du uns dieses Kind gegeben hast, Swami, wie kannst du es zulassen, dass es Asthma bekommt, eine unheilbare Krankheit!“, warf die Mutter dem tausend Meilen entfernten Baba in Puttaparthi innerlich vor.

Der Schwadronschef schrieb an Dr. Banerjee und bat ihn, Swami um Weisung zu bitten. Swamis Antwort war: „Die Mutter beklagt sich bei mir, ich ließe das Kind Asthma bekommen. Sie sollte sich bei sich beklagen, dass sie das Kind von der ayah (dem Kindermädchen) trotz Kälte und Nässe ausführen lässt. Aber es ist kein Asthma, nur Bronchitis. Es wird ihm bald besser gehen.“

Als die Ärzte das Kind erneut untersuchten, stellten sie nur eine Bronchitis fest, und es wurde bald gesund.

Als Chakravatis Pensionierung bei der Luftwaffe bevorstand, sagte er Baba, dass er gerne eine Arbeit im Ashram hätte. Er wollte nur dem Herrn mit irgendeiner Tätigkeit dienen und den Göttlichen Füßen nahe sein.

„Wie soll ich hier für einen hohen Offizier wie dich eine Stelle finden?“, neckte ihn Swami.

Als jedoch die Pensionierung erfolgte, ernannte Swami ihn zum Bewirtschafter für das Schülerwohnheim am Sri Sathya Sai College in Whitefield.

Dort war es, wo ich aus seinem Mund von den großen Ereignissen hörte, die sein Leben verändert hatten. Und dort traf ich auch Krishnakishorā, damals fünfzehn Jahre alt und Swami genau so ergeben wie seine Eltern.

Chakravati stellte ihn als „Swamis Junge“ vor und fügte später erklärend hinzu: „Ich nenne ihn so, weil er ohne Swami niemals zu uns gekommen wäre.“

Was für eine erstaunliche Brise göttlicher Gnade es war, die den kranken und unglücklichen Fallschirmspringer damals, 1961, in den Bereich des Göttlichen Mitgefühls wehte. Dort wurden beide, er und seine Frau, ohne dass sie ihre Krankheit erwähnt oder um Heilung gebeten hätten, auf der Stelle geheilt. Ohne ein Wort über ihre Sehnsucht nach einem Kind, wurde dem unfruchtbaren Paar ein großartiges Kind geschenkt. Vor allem, vielleicht im umfassenderen Sinne, wurde der kranke Fallschirmspringer ganz gemacht; im Nu wurden seine Augen für eine Göttliche Allgegenwart geöffnet, die von da an sein Leben mit spiritueller Bedeutung, Freude und Zufriedenheit erfüllte.

Ein Kind soll sie führen

Wenn du Swamis Reparaturwerkstätte betreten könntest, würdest du vielleicht ein Schild mit der Aufschrift finden: „Was du ‚Wunder‘ nennst, kann hier sofort erledigt werden oder es kann etwas dauern.“ Es folgt ein Fall, bei dem beide, Zeit und Raum, eine Rolle spielen.

Früh im Jahr 1976 machten meine Frau und ich in Australien die Bekanntschaft von Pearl Harrison, einer pensionierten Sekretärin der medizinischen Fakultät der Universität Sydney. Zunächst hielten wir dies einfach für eine zufällige Begegnung, aber dann wunderten wir uns.

Zu der Zeit war nach vielem Umschreiben das Manuskript zu meinem Buch „Sai Baba Avatar“ so weit fertig, dass es für die Herausgabe sauber getippt werden konnte. Pearl wünschte sich, das Manuskript zu tippen, obwohl sie noch mit anderer ehrenamtlicher wohltätiger Arbeit beschäftigt war. Sie verstand nicht, weshalb sie diesen Wunsch verspürte, heute jedoch weiß sie es. Jedenfalls wurden die Vorkehrungen für das Tippen getroffen, und sie wurde mit Sathya Sai Babas Wundern bekannt gemacht.

Eine ihrer beiden Enkelinnen, die achtjährige Mayan Waynberg entlastete manchmal Pearls Augen, indem sie das Material, das getippt werden musste, laut vorlas. Während die Großmutter den Wundern gegenüber skeptisch war, akzeptierte die Enkelin diese fraglos. Dem Kind erschienen sie ganz natürlich.

Das Tippen der ersten Kapitel war beendet, als Mayan, weil sie sehr blass war und zu schnell ermüdete, zu einem Arzt zur Blutuntersuchung gebracht wurde. Der Arzt war über das Ergebnis erschreckt. Er rief Mayans Mutter an und riet ihr eindringlich, das Kind aus der Schule und zum Ausruhen mit nach Hause zu nehmen. Außerdem traf er unverzüglich Vorkehrungen für einen Knochenmarkstest im Prince-of-Wales-Krankenhaus in Sydney. In diesem Stadium wurde die Familie in der Tat sehr besorgt.

Das teilte Pearl mir mit, als ich mich nach dem Fortschritt des Tippens erkundigte. Ich konnte sehen, dass sie Angst hatte, sehr große Angst, dass ihre kleine Enkeltochter irgendeine schwere, tödliche Krankheit wie Leukämie hatte.

Es stellte sich heraus, dass es keine Leukämie war, aber etwas ähnlich Dramatisches mit tödlichem Ausgang: eine aplastische Anämie, bei der das Knochenmark die lebenswichtigen Blutkörperchen nicht in genügender Anzahl herstellt, um Gesundheit und Leben zu erhalten. Mayans Blutbild zeigte zu dieser Zeit weniger als die Hälfte des normalen Wertes an Hämoglobin, bei den weißen Blutkörperchen ein Drittel des normalen Wertes, und an Blutplättchen gab es nur noch ein Fünfzehntel der normalen Anzahl.

Mayan wurde in die Obhut eines Spezialisten gegeben, welcher ihrer Mutter sagte, die einzig mögliche Behandlung bestünde in der Einnahme von bestimmten Medikamenten; eines davon war ein männliches Hormon, Prednisolon, und ein weiteres Fluoxymesteron. Von diesen beiden waren unerfreuliche Nebenwirkungen wie eine Behinderung des Wachstums, Aufgedunsenheit und Fettleibigkeit zu erwarten; Haare würden im Gesicht wachsen, während der Kopf kahl werden würde. Die Patientin würde ständige Blut- und Knochenmarkskontrollen brauchen, um ihren Zustand zu überwachen. Da Mayan große Angst vor Nadelstichen in Haut und

Blutgefäße hatte, war dies für sie und alle anderen Betroffenen eine schwere Prüfung.

Aber der tragischste Teil der Situation bestand darin, dass sie, nachdem sie die Behandlung durchgemacht und ihre Nebenwirkungen erlitten hatte, noch nicht geheilt sein würde. Das Beste, was erwartet werden konnte, waren ein paar Jahre länger zu leben, mit sehr eingeschränkten Aktivitäten. Die medikamentöse Therapie sei keine Heilung, sagte man den Erwachsenen; alles, was sie vermochte, sei, das Unausweichliche für eine Zeit hinauszuzögern. Niemand konnte sagen, wie lang diese Zeitperiode dauern würde.

In dieser traurigen Situation dachte Pearl an die Sai-Wunder, die sie getippt hatte. Sie schreibt: „Ich muss zugeben, dass mir der Glaube an Religion völlig fehlt, wobei ich mich von der Tradition her als Jüdin betrachte, nicht aber in der Praxis. Ich hatte von vielen Wundern geschrieben, die Sai Baba gewirkt hat, und hatte gedacht, wie interessant sich das alles für den Verstand anhört. Wäre aber nicht diese schreckliche Krankheit bei meiner Enkeltochter aufgetreten, dann hätte ich es wohl dabei belassen!

Dann war es mir aber, als ob mein Verstand sich plötzlich mit einen Ruck öffnete, und ich begann darüber nachzudenken, dass vielleicht etwas Wahres an all dem, was ich getippt hatte, sein könnte. Howard und Iris Murphet waren äußerst betroffen, als ich ihnen von Mayan erzählte. Sie sagten, sie würden etwas Vibhūti vorbeibringen und Mayan könne unverzüglich mit der Einnahme beginnen."

Es ist oft gesagt und geschrieben worden, dass Sai Baba besonders an denen interessiert ist, für den sich seine Anhänger einsetzen. Hier war die Verbindung vorhanden. Jedoch erinnerte ich mich daran, wie er nachdrücklich betont, dass zwei notwendige Bestandteile für göttliche Heilung Glauben und völlige Hingabe sind. Konnten wir diese Bestandteile in diesem Haus in der Vorstadt von Sydney finden, wo anscheinend niemand religiöse oder spirituelle Interessen hatte, und Sai Baba war eine entfernte, beinahe erfundene Gestalt in einem weit entfernten Land? Nun, wir konnten es versuchen.

Ich sagte ernst zu Mayan: „Du musst wirklich und wahrhaftig an die Kraft Sai Babas glauben."

„Oh, aber das tue ich doch!", antwortete sie, und aus der Art, wie sie das sagte, spürte ich jenen kindlichen Glauben, dem Christus den wichtigsten Platz eingeräumt hatte.

Ein wenig später vermittelte Großvater Jack Harrison mir das Gefühl, dass auch in ihm ein fruchtbarer Boden für den Glauben zu finden war. Er sagte, als er im Garten seines Zuhause stand: „Ich werde so bald wie möglich nach Indien fahren, um Sai Baba dafür zu danken, dass er Mayan geheilt hat.“ Er sagte nicht, wenn er sie heilt. Die Sai-Behandlung hatte kaum begonnen, er jedoch schien keinerlei Zweifel an ihrer Wirksamkeit zu haben.

Wir mögen mit dem Glauben, dieser inneren Gewissheit um das Allmächtige Höchste, geboren werden oder wir können ihn erwerben, aber niemals durch Nachdenken oder Logik. In der Tat kann der argumentierende Verstand ein Handicap sein, welches das tiefere Wissen, das die Menschen Glauben nennen, abblockt.

Großmutter Pearl hatte ihre intellektuellen Barrieren, war aber sehr warmherzig. Mutter Helen war zurückhaltend. Nach ihren Reden zu urteilen, war sie atheistisch, aber sie war gewillt, die Vibhūti-Behandlung zu versuchen.

Wir versicherten der Familie immer wieder, wie wichtig das Gebet, das ununterbrochene Gebet ist. Sie stimmten zu, zu Swami um Hilfe zu beten. Meine Frau und ich beteten inbrünstig und regelmäßig zu ihm. Wir wünschten so sehr, dass er Mayan von dieser schockierenden Krankheit heilen möge, nicht nur, weil wir Liebe und Sympathie für das Kind empfanden, sondern auch, weil dies das große australische Wunder sein könnte, durch das mehr und mehr unserer Landsleute zum Licht geführt werden könnten.

Da musste jedoch eine drängende Frage beantwortet werden. Wir wussten aus dem Studium vieler Fälle, dass Swami manchmal die Menschen durch die Medikamente, die von Ärzten verordnet werden, heilt, wobei alle schlimmen Nebenwirkungen verhindert werden. Andererseits lässt er manchmal nicht zu, dass überhaupt Medikamente benutzt werden. Was würde in Mayans Fall sein Wille sein? Der einzige Weg, um sicher zu gehen, bestand darin, ihn zu fragen. In der Zwischenzeit würde es das Beste sein, so dachten wir, das Kind mit der medikamentösen Therapie beginnen zu lassen, vor allem weil die Ärzte behaupteten, dass etwa drei Monate lang keine Nebenwirkungen auftreten würden.

Wir mussten einen Weg finden, um Swami so bald als möglich die lebenswichtige Frage zu stellen. Er musste direkt gefragt werden, nicht durch irgendeine zufällige unzuverlässige Telepathie. Zum Glück war unsere gute Freundin Lynette Penrose gerade dabei, sich auf den Weg zu Sai Baba zu machen. Zufällig war es in

Lynettes Heim in Balmain gewesen, wo wir zuerst mit unseren Sai-Treffen in Sydney begannen. Ich glaube, es waren die ersten in Australien.

Lynette war einverstanden, ein Foto von Mayan zu Swami mitzunehmen, und Briefe, in denen die lebenswichtige Frage über die medikamentöse Behandlung gestellt wurde. Wir hofften darüber hinaus, dass sie die Gelegenheit bekäme, ihm die Frage selbst, mündlich und persönlich, zu stellen.

Sie machte sich nach Indien auf, und wir warteten alle sehnsüchtig auf Nachricht von ihr. Es dauerte nicht lange, bis ein Luftpostbrief eintraf. Lynette berichtete uns, dass ihr ein Interview gewährt worden war, in dem sie Swami das Foto und die Briefe gegeben hatte. „Als er auf das Foto schaute", schrieb sie, „wurde sein Gesicht sehr, sehr weich und mitfühlend." Seine Antwort in Bezug auf die medikamentöse Behandlung war: „Nein, keine Medikamente, nur Vibhūti in Wasser zweimal täglich."

Pearl Harrison schreibt: „Als diese Nachricht ankam, hatten wir zu entscheiden, ob wir die Medikamente absetzen und nur noch Vibhūti geben sollten." Mayan entschied für uns. Sie sagte: „Wenn Sai Baba sagt, ich soll keine Medikamente nehmen, dann werde ich keine nehmen." Und so setzte sie nach nur drei Wochen Einnahme die Medikamente ab und nahm von da an nur Vibhūti." Das bedeutete vollkommenen Glauben an die Heilkraft von jemandem, den kein Familienmitglied je gesehen hatte, außer auf Fotos.

Wir fühlten einige Verantwortung, weil wir der Kanal gewesen waren, durch den sie von Sai Baba gehört hatte. Alles was wir tun konnten, war fest an unserem Glauben und Vertrauen in den Herrn festzuhalten. Dann dachten wir über etwas nach, das denen, die auf der Empfängerseite des Göttlichen Heilstrahles waren, helfen könnte. Wir schlugen ihnen vor, damit zu beginnen, Sathya Sai Treffen im Haus der Harrisons in Greenacre abzuhalten. Sie stimmten bereitwillig zu, und so wurde ihr Haus in der Latvia Street das zweite Zentrum für Bhajan-Treffen und für Studienkreise in Sydney.

Die Treffen waren gleich von Beginn an ein Erfolg. Menschen kamen aus allen Teilen der Hauptstadt und von entfernten Gebieten in den Blue Mountains und von der Südküste. Bald beschloss Jack Harrison, seine große Garage in einen Sai-Tempel zu verwandeln, und kaufte einen neuen Unterstand als Schutz für sein Auto. Im Inneren des Sai-Tempels, der mit Hilfe von Devotees hergerichtet und dekoriert wurde, wurde ein schöner Altar errichtet. Der Ort bekam eine heilige Atmosphäre und die Gruppe wuchs.

Es war überraschend zu beobachten, wie schnell und ernsthaft die Australier, sowohl im Greenacre Tempel als auch in Balmain, am Bhajan-Singen teilnahmen. Viele lernten vorzusingen, wozu auch das Kind gehörte.

Mayans Gesundheit zeigte bald eine stetige Besserung. Die Familie beschloss, dass es besser sei, die Ärzte zum gegenwärtigen Zeitpunkt in dem Glauben zu belassen, dass Mayan ihre Medikamente nahm. Alle zwei Wochen wurde eine Blutuntersuchung im Krankenhaus gemacht, und das medizinische Personal war erfreut über die Ergebnisse. Ohne Zweifel war auch die Familie überrascht. Es gab einen drastischen Anstieg ihrer roten Blutkörperchen, eine Verbesserung bei den weißen Blutkörperchen und die Anzahl der Blutplättchen stieg langsam an.

Nach einigen Monaten der Sai-Vibhūti-Behandlung, ohne jegliche medizinische Unterstützung, waren die roten und weißen Blutkörperchen wieder normal. Da beschlossen die Ärzte, die Untersuchungen nur noch alle zwei Monate durchzuführen, anstatt alle zwei Wochen wie bisher. Die Blutplättchen zeigten in diesen Tests eine Zunahme von 10.000 alle zwei Monate.

Die Ärzte hatten früher Mayans Schwester, die um ein Jahr älter war, daraufhin untersucht, ob das Knochenmark mit dem von Mayan verträglich sei. Als die Ergebnisse da waren – es stellte sich heraus, dass das Knochenmark der Schwester verträglich war –, rieten sie zu einer Knochenmarkstransplantation. Obwohl Mayans Zustand zufriedenstellende Besserungen zeigte, waren die Blutplättchen vom Normalwert noch weit entfernt, und man hielt eine solche Transplantation für eine Hilfe, um die Krankheit aufzuhalten. So wurde der Familie und uns eine neue Entscheidung abverlangt – sollte die Operation durchgeführt werden?

Glücklicherweise reiste diesmal gerade ein anderer australischer Devotee nach Puttaparthi; er war in der Lage, Swami direkt zu fragen, ob die Operation durchgeführt werden sollte oder nicht. Swamis Antwort war bestimmt: „Es geht ihr besser und bald wird sie ganz gesund sein. Deshalb ist eine solche Operation nicht nötig.“ Die Nachricht kam schnell nach Greenacre, und zur großen Erleichterung Mayans und aller Betroffenen wurde sofort entschieden, keine Operation durchzuführen. Die Familie war nun zuversichtlich, dass nichts weiter als Swamis Kraft, die aus dem Vibhūti kam, nötig war, um Mayans Blutplättchen auf den Normalwert zu bringen und so ein vollkommen normales Blutbild herzustellen.

Aber trotz des Anstiegs waren die Blutplättchen nicht normal, als meine Frau und ich Anfang 1978 nach Indien aufbrachen. Bevor wir jedoch eine Gelegenheit bekamen, mit Swami über die Angelegenheit zu sprechen, erhielten wir von Großmutter Pearl einen Brief mit der Nachricht, dass im letzten Bluttest, der nach unserer Abreise durchgeführt worden war, die Anzahl der Blutplättchen normal, ja mit 174.000 sogar besser als normal geworden war. Das Kind war vollständig von seiner „unheilbaren" Krankheit geheilt.

Anfang des darauffolgenden Jahres taten Pearl und Jack das, wozu sie sich schon – bevor die Behandlung begann – entschlossen hatten. Sie fuhren mit ihren beiden Enkeltöchtern zu Swami, um ihm persönlich für die wunderbare, geheimnisvolle Heilung zu danken. Außerdem teilte die Familie letztendlich dem Spezialisten, der mit dem Fall betraut war, mit, dass das heilige Vibhūti die von ihm verschriebenen Medikamente ersetzt hatte. Er war nicht so schockiert, wie sie befürchtet hatten. Er sagte in der Tat: „Ich habe mir schon gedacht, dass es so etwas sein musste, da es keinerlei Nebenwirkungen gab." Dann fügte er hinzu: „Meine Mutter glaubt an spirituelle Heilung."

Der Arzt gab der Familie freundlicherweise alle Daten über Mayans Blutuntersuchungen als Beweis für eine Dokumentation. Er war auch einverstanden, eine Kopie meines Buches „Sai Baba und seine Wunder" anzunehmen.

Als Pearl ihm das Buch übergab, sagte sie: „Nun, lassen sie es nicht nur auf dem Regal liegen; lesen Sie es, und geben Sie es dann an jemand anderen weiter. Wenn Sie es jedoch nicht lesen mögen, schicken Sie es mir bitte zurück." Es kam niemals zurück.

Diese Göttliche Heilung durch alle dazwischen liegenden Räume hindurch hatte beständig gewirkt und brauchte etwa zwei Jahre, um die Heilung zu vollenden. Welcher Zeitfaktor in solchen Fällen auch beteiligt ist, hängt vielleicht mit der Empfängerseite zusammen, von der betreffenden Glaubenstiefe und Hingabe an Gott und der Intensität des Gebetes. Zweifellos gibt es auch weitere, unerforschliche Faktoren; vielleicht zum Beispiel negatives Karma, das abgetragen werden muss, oder etwas, das in den Zeiten des Wartens und Leidens gelernt werden soll.

Alles, was wir sagen können, ist, dass sich die ganze Familie Harrison und ebenso einige Verwandte und Freunde dadurch, dass sie sich durch Hoffnung, Gebet und Verehrung dieser großen Sai-Heilung näherten, sicher in die Sai-Familie hineinbegaben. Ich erinnere mich sehr deutlich an den Tag, an dem Pearl Harrison ihre intellektuelle Barriere zerbrach. Meine Frau und ich saßen mit Jack, Pearl und den beiden Kindern zusammen und erzählten eine Geschichte von Swamis wunderbaren Heilungen, als Pearl plötzlich in Tränen ausbrach. Die Kinder waren ziemlich beunruhigt, weil sie ihre Großmutter niemals zuvor hatten weinen sehen. Aber Jack verstand ganz richtig: „Das ist die Geburt des Glaubens", sagte er. Wir, die wir die gelassenen Bhakti-Tränen auf vielen Gesichtern gesehen hatten, wussten auch, dass die mentale Wand zerbrochen war und Pearl nun Anhänger Gottes geworden war. Und mit dem rationalen Verstand als Anker statt als Hindernis ist sie eine sehr gute Jüngerin.

Vom Zustand ohne Religion hatten sie und ihre ganze Familie zu einer wahrhaft spirituellen Religion gefunden. Ihre Ansichten und Werte haben sich gewandelt; die Freude und die Liebe des Herrn erfüllen ihr Leben. Indem sie Mayan mit der Heilung ihres Körpers segnete, berührte die Göttliche Hand das Leben vieler anderer Menschen, um ihre Seelen zu heilen. Wie erfreut und wie dankbar waren meine Frau und ich dem Herrn, dass das große australische Wunder geschehen war!

Göttliche Heilung berührt das umfassende Mysterium des Lebens selbst. Bevor Jesus den Lahmgeborenen heilte, sagte er: „Deine Sünden sind dir vergeben." Mit anderen Worten: das bis zu diesem Zeitpunkt angesammelte negative Karma des Gelähmten war getilgt worden. Denn wie kann eine karmische Krankheit ohne die Beseitigung solchen Karmas geheilt werden? Swami hat bei mehreren Anlässen den Menschen gesagt, dass ihre Tafel mit vergangenem Karma reingewaschen wurde. Aber natürlich werden jene Menschen neues schlechtes Karma schaffen, wenn sie damit fortfahren, auf ihrem Lebensweg weitere gravierende Irrtümer zu begehen, zu sündigen. Und schlechtes Karma bringt Krankheiten mit sich, in diesem oder in einem zukünftigen Leben.

Ein Gottmensch hat die Kraft, Sünden zu vergeben, die karmischen Urteile auszuradieren und so unheilbare Krankheiten zu heilen. Aber wenn es nicht das höchste spirituelle Interesse einer Person ist, ihr Leidens-Karma zu beseitigen, wird der Gottmensch das nicht tun. Das Leiden mag notwendig sein, um tief eingegrabene karmische Neigungen herauszumeißeln. In diesen Fällen wird der mitfühlende Herr den leidenden Kopf auf ein Polster aus Liebe und Zärtlichkeit betten. Wenn möglich, wird er etwas Licht zum Verstehen bringen, so dass der Patient weiß, warum er oder sie leidet, und lernt, es als sādhana, eine spirituelle Übung, aufzufassen. Dadurch wird die Seele vor dem Körper geheilt.

Während wir hier nur den Rand des großartigen Geheimnisses berühren, reicht es vielleicht aus, darauf hinzuweisen, dass wir uns letztlich tatsächlich selbst heilen, wie Swami gesagt hat.

Er ist der Führer, der Inspirator, der Göttliche Katalysator, aber es ist das Höhere Selbst, das mit Gott eins ist, das das niedere Selbst heilt, wenn die wesentlichen spirituellen Lektionen gelernt worden sind. Durch das Verständnis dieser Wahrheit, dadurch dass wir uns ständig daran erinnern, durch unser Streben, ein reines Leben in liebender Harmonie mit unseren Mitmenschen zu führen, erlangen wir mehr und mehr innere Harmonie und erreichen zur gegebenen Zeit die Ganzheit, bei der es keine Krankheit mehr gibt.

3. Macht über die Natur

FESTE MATERIE EXISTIERT nicht. Sie ist ein Konstrukt der menschlichen Sinne und des Verstandes. Was den physikalischen Wissenschaften zufolge existiert, ist ein kosmischer Tanz aus Energiemustern. Die Kraft, die den kosmischen Tanz aufrecht erhält, ist der spirituellen Wissenschaft zufolge der Göttliche Geist. Der tanzende Natarāja der Hindukultur symbolisiert diese Wahrheit.

Die bedeutende wissenschaftliche Tatsache, die wir hier erwähnen sollten, lautet, dass Materie „völlig umwandelbar" ist, das heißt, sie kann von einer Erscheinungsform in eine andere umgewandelt werden. Die Kraft, die sie erschafft und erhält, kann sie auch umwandeln. Diese Kraft – Göttliches Bewusstsein – ist im Avatar erwacht, aber in dir und mir schlafend.

Die gegenwärtige weltweite Ansicht über die Natur, die durch Hochenergie-Experimente der subatomaren Physik belegt wird, räumt also theoretisch die Möglichkeit von Wundern ein. Die Tatsache, dass sie ständig um Sai Baba herum geschehen, wird von Tausenden bezeugt und kann von jedem Skeptiker beobachtet werden, der sich der Mühe unterzieht, hinzufahren und ihn zu sehen.

Allgemein gilt, dass göttliche Wunder die Natur des Avatars offenbaren und uns etwas über uns selbst lehren, wenn wir tief genug schauen können. Abgesehen davon hat jedes Wunder einen besonderen Grund, in Verbindung vielleicht mit Mitgefühl, Liebe, Erhebung der Herzen, der Stärkung des Glaubens und der Hingabe oder damit, Menschen auf den spirituellen Pfad zu rufen.

Bhagavān hat seine Macht über die Natur auf vielfältige Weise gezeigt. Es folgt eine kleine Probe davon.

Macht über Entfernung und Dimensionen

Während des siebten Shrī Sathya Sai Sommerkurses für indische Kultur und Spiritualität in Whitefield im Jahre 1979 traf ich den Organisator des Kurses, Professor K. C. Sachdev. Eines Tages erzählte er die Geschichte des Ringes, den er trug.

Bei einer Gelegenheit, als des Professors Ehefrau Prasanthi Nilayam besuchte, materialisierte Swami einen Ring für sie. Sie trug diesen bis zu ihrem Tod, der bald danach eintrat. Professor Sachdev beschloss damals, Swami den Ring – da dieser ein Geschenk für seine Frau und nicht für ihn war – zurückzugeben.

Er machte sich, so bald es ihm möglich war, auf die Fahrt von seinem Zuhause im Pandschab, um Swami in Prasanthi Nilayam zu sehen, da er ein tröstendes Wort des Herrn für seinen schmerzlichen Verlust dringend benötigte. Aber er vergaß, den Ring seiner verstorbenen Frau mitzunehmen, wie er es vorgehabt hatte.

Er entschuldigte sich für dieses Versehen bei Swami und fragte, ob er den Ring mit der Post senden solle, wenn er nach Hause zurückgekehrt sei.

„Nein, dazu besteht keine Notwendigkeit", sagte Swami freundlich. „Du behältst den Ring und trägst ihn selber."

Sachdev war glücklich, als er das hörte. Sowie er zu Hause ankam, nahm er den Ring aus der Schublade. Beim Anprobieren stellte er fest, dass er sich nicht einmal über das erste Glied des kleinen Fingers streifen ließ. Swami hatte ihm gesagt, er solle ihn tragen, aber was nun? Hatte er gemeint, dass Sachdev ihn an einer Kette um den Hals tragen solle?

Der Professor beschloss, um ein Zeichen zu beten. Er steckte den Ring auf die Spitze des Mittelfingers, desjenigen, auf dem man in Indien normalerweise den Trauring trägt, und faltete seine Hände zum Gebet. Nachdem er Swami um Führung gebeten hatte, begann er ruhig zu meditieren.

Nach einer Weile muss er, ohne darüber nachzudenken, was seine Hände taten, einen sanften Druck auf den Ring an der Fingerspitze ausgeübt haben. Er kam mit einem Ruck ins Wachbewusstsein zurück, als der Ring begann, den Finger hinabzugleiten. Ohne größeren Druck glitt der Ring über die Knöchel an den richtigen Platz an seinem Finger. Er saß perfekt.

Als er mir die Geschichte in Whitefield erzählte, schmückte der goldene Ring immer noch seinen Mittelfinger, als sei er für diesen angepasst worden. Auf eine Weise war er es auch, denn die Liebe des Herrn lacht über Dimensionen und erweitert sie, wie es notwendig ist.

Professor Sachdev, ein wahrhaft demütiger Mensch, wurde, nachdem er als Präsident eines Erziehungsinstituts im Norden pensioniert worden war, Mitarbeiter bei Swamis Erziehungsprogramm.

Entfernung und Änderung der Atome

In ihrem Heim „Enchanted Acres“ hatte Wilma Bronkey sich um verkrüppelte und behinderte Menschen gekümmert. Es waren Menschen aller Altersstufen vom Greis bis zum Kind; in der Tat hatte sie während der langen Jahre, in denen sie diesen wohltätigen Dienst leistete, zweihundertachtzig Pflegekinder bei sich aufgenommen.

Da kam der Tag, an dem Sai Baba der Frau mit dem mitfühlenden Herzen einen zauberhaften Ruf sandte. Der Grund, warum er ihn sandte, ist einzig ihm selbst bekannt. Die Art und Weise, in der er ihn in ein bescheidenes Heim – 250 Meilen südlich von Portland in Oregon in den Vereinigten Staaten – sandte, wird für jeden, der Sai Baba nicht kennt, völlig unglaublich erscheinen.

Mir wurde die Geschichte von unterschiedlichen Personen erzählt; einige kannten die Dame, andere hatten den Bericht aus zweiter Hand gehört. Ich hatte den Eindruck, dass er während der Erzählungen stark ausgeschmückt worden war. Aber als ich schließlich das Glück hatte, Wilma Bronkey kennenzulernen und die Geschichte aus ihrem eigenen Mund zu hören, fand ich darin sehr wenig Ausschmückung. Einige Ereignisse sind so seltsam, so bizarr, dass unsere Vorstellungskraft wenig hinzufügen kann. Hier ist die Abfolge der Ereignisse, so wie Wilma Bronkey sie mir in Prasanthi Nilayam, wo ungewöhnliche Dinge zum Alltag gehören, berichtet hat.

Eines Tages erhielt Wilma in „Enchanted Acres“ ein Ferngespräch. Eine Frauenstimme sagte: „Dr. Bronkey, würden sie bitte so schnell wie möglich die 200 Dollar Vorauszahlung für ihre Indienreise übersenden. Die Vorbereitungen müssen für alle, die mit Indra Devis Gruppe zu Sai Baba reisen, abgeschlossen werden.“

Wilma erwiderte: „Das muss ein Irrtum sein. Ich habe keine Pläne, nach Indien zu reisen. Und wer ist Sai Baba?“

Die Leitung schien unterbrochen zu sein. Es gab keinen weiteren Kommentar und so hängte sie ein. Was für ein seltsamer Anruf, dachte sie, und weshalb hatte die Stimme sie „Dr. Bronkey“ genannt? Sie hatte keinen Doktortitel, war aber allgemein als „Hochwürden Bronkey“ bekannt.

Sie hatte von Indra Devi, einer sehr bekannten Yogalehrerin, gehört und hatte nun das starke Bedürfnis, etwas über Sai Baba zu erfahren. Sie zog einige Erkundigungen ein und hielt bald das Buch „Sai Baba und seine Wunder“ in ihren Händen. Beim Lesen empfand sie den Wunsch, nach Indien zu reisen und den bemerkenswerten Mann selbst zu erleben. Aber sie schob den Wunsch beiseite. Solch eine Reise war aus einer Reihe von Gründen ziemlich unmöglich.

Nicht lange nach dem geheimnisvollen Anruf erhielt Wilma Bronkey die Ernennung zum Ehrendoktor, während sie damit beschäftigt war, alles über Sai Baba herauszufinden. Sie dachte, so hat sich die Stimme am Telefon auf der einen Seite gewissermaßen als prophetisch erwiesen; würde sie es auch auf der anderen Seite sein? Für Sai Baba schien nichts unmöglich zu sein. Aber wenn er wirklich wollte, dass sie fahre, müsste er ihr ein unmissverständliches Zeichen geben. Mehr noch, er müsste einige schwierige Hindernisse aus dem Weg räumen.

Wilma hat eine große Vorliebe für Ringe und trug ständig einige an ihren Fingern. Unter diesen befand sich ein billiger Ring mit einem marineblauen Glasstein, der vom ständigen Tragen sehr zerkratzt war. Aber ihr war dieser Ring mehr wert als alle anderen, weil er ein Weihnachtsgeschenk von einigen ihrer Pflegekinder war.

Sie hatte es sich angewöhnt, bei der Hausarbeit alle Ringe abzulegen und sie in ein Nebenfach ihrer Handtasche zu stecken. Der Grund dafür war, dass sie dann, wenn sie eilig aus dem Haus musste, die Ringe in einem geeigneten Moment wieder anstecken konnte.

Eines Nachmittags besuchte Wilma mit einer Freundin einen Film über die Pflege behinderter Menschen. Als der Film begann, bemerkte sie, dass sie ihn bereits vorher gesehen hatte, und ihr Interesse schwand. In dem Moment stellte sie fest, dass sie ihre Ringe nicht anhatte. Sie griff in das Nebenfach ihrer Handtasche, die auf dem unbesetzten Sitz rechts neben ihr lag, und begann, die Ringe über ihre Finger zu streifen. Dann bemerkte sie, dass derjenige mit dem dunkelblauen, stark zerkratzten Stein fehlte. Hatte sie ihn woanders hingelegt, oder war er aus der Handtasche gefallen?

Absichtlich ging sie in Gedanken die Tagesereignisse durch, während ihre Augen vage auf die Leinwand gerichtet waren. Dann sah sie aus dem Augenwinkel einen Strahl farbiger Funken aus ihrer Handtasche neben sich hervorsprühen. Gleichzeitig schien ein seltsamer Wind durch den Saal zu wehen und eine Stimme in ihrem Inneren sagte deutlich: „Du hast um ein Zeichen gebeten.“

Sie griff nach der Tasche und betastete sie sorgfältig von innen. Ihre Finger berührten den gesuchten Ring, aber nun fühlte er sich ganz heiß an. Sogar im Dämmerlicht des Theaters glitzerte er so hell, dass die Freundin nebenan ausrief: „Mensch! Woher hast du denn den?“

Wilma hastete, aufgeregt über das veränderte Aussehen des Rings, hinaus ins Foyer, um ihn im helleren Licht zu betrachten. Ihre Freundin kam auch. Es war der gleiche Ring mit demselben vertrauten goldenen Band, aber der Stein hatte nun eine strahlend hellblaue Farbe.

Die beiden Damen verließen höchst ausgelassen aufgrund des unglaublichen Ereignisses das Theater. Sie waren neugierig zu erfahren, was für ein Stein das war, der nun den Platz des dunkelblauen Glassteins eingenommen hatte. Deshalb suchten sie auf dem Heimweg einen Juwelier auf. Wilma sagte ihm, sie wolle den Wert des Steines für Versicherungszwecke wissen und gab ihm den Ring. „Was für ein hübscher Aquamarin!“, rief er aus und schätzte ihn vorsichtig, nachdem er ihn sorgfältig geprüft hatte, auf 1.000 Dollar.

Auf der Weiterfahrt nach Hause protestierte die Freundin: „Aber Glas kann sich nicht in Aquamarin verwandeln. Wir sollten einen anderen Juwelier fragen.“

Das taten sie. Als Wilma ihm den Ring aushändigte, glaubte sie zu bemerken, dass das Blau sich wieder verändert hatte. „Was für ein Stein ist das?“, fragte sie. Nachdem er ihn einigen Tests unterzogen hatte, sagte der Juwelier, es handele sich um einen Saphir im Wert von 1.000 bis 1.500 Dollar.

Wilma bedankte sich und die Damen kehrten zu ihrem Wagen zurück. „Nun, ich fange wieder an, an Märchen zu glauben“, bemerkte die Freundin, während sie weiterfuhren. „Ich bin neugierig, ob er sich wieder verändert“. Wilma lachte aufgeregt. Kein anderer als Sai Baba konnte die Veränderungen an dem Ring hervorrufen und die Juweliere auf diese Art verwirren. „Ich bin gespannt“, antwortete sie, „lass uns zu einem weiteren Juwelier gehen und es herausfinden.“

Sie fanden einen. Wilma wand ihre Augen vom Stein ab, als sie ihm den Ring mit der Frage nach dem Wert aushändigte. Nach der Überprüfung sagte er, dass er um die 1.500 Dollar wert sei.

„Und was ist das für ein Stein?“, fragte Wilmas Freundin.

„Oh, ein Diamant – ein sehr schön geschliffener“, antwortete er ohne zu zögern. Als sie „Enchanted Acres“ erreichten, hatte der Stein wieder die hellblaue Farbe, die er im Theater angenommen hatte. Und von dieser Farbe war er auch, als ich ihn später an Dr. Bronkeys Finger in Prasanthi Nilayam sah.

Dieses göttliche Spiel (līlā) vom verzauberten Ring hinterließ bei Wilma keine Zweifel darüber, dass Sai Baba ihr ein Zeichen gab, und sie war sicher, dass er dann, wenn er wollte, dass sie nach Indien reise, die Hindernisse beseitigen würde. Die beiden Hauptprobleme waren: Wer würde ihre Patienten versorgen und woher sollte sie das Geld für die Reise herbekommen?

Das erste Problem wurde von ihrem Sohn und der Schwiegertochter gelöst, die unverhofft anboten, in ihrer Abwesenheit für die Patienten zu sorgen. Das zweite Problem wurde auf ebenso unerwartete Weise gelöst. Zwei Freunde, denen sie einmal bei einer Heilung geholfen hatte, riefen an, um sie zu besuchen. Sie sagten: „Wir wissen, dass du niemals Geld für Heilarbeit nimmst, aber wir haben das Gefühl, dass du in der Tat gerade jetzt eine Summe Geld brauchst. Deshalb wollen wir dir 2.000 Dollar leihen. Du kannst es zurückzahlen, wann du willst – und wir nehmen keine Zinsen.“

Das war genau die Summe, die sie benötigte, so hatte sich die Stimme am Telefon also wieder als prophetisch erwiesen. Dr. Bronkey fand sich in Indra Devis Gruppe wieder, die sich für Indien und den „Ort des Höchsten Friedens“ vorbereitet hatte. Der Tag kam, der wunderbare Tag, an dem Wilma Bronkey mit der Menschenmenge in Prasanthi Nilayam im Sand saß und auf Swamis Erscheinen wartete. Er kam, auf der Luft dahingleitend, wie es ihr vorkam. Ruhig bewegte er sich in der Runde und stand schließlich vor ihr. Er schaute lächelnd und mit einem lustigen Augenzwinkern auf sie und sagte sanft: „Wie gefiel dir dein Ring?“

Wilma war es gelungen, noch einige weitere Reisen zu Swami zu machen, bevor ich sie dort Weihnachten 1978 kennenlernte. Sie bringt Gruppen kranker Menschen zum Segen des Großen Heilers dorthin. Während des Besuchs 1978 sagte Swami zu ihr, sie solle ihre humanitäre Arbeit weiter ausdehnen und ein Genesungsheim für Patienten einrichten, die vom Krebs geheilt seien.

Dr. Bronkey hatte ihre wunderbare wohltätige Arbeit lange Jahre verrichtet, bevor der Herr sie in seiner eigenen erstaunlichen Art rief. Dieser Ruf war der Meilenstein in ihrem Leben. Nun stehen hinter ihrem Dienst am Menschen die Liebe und Inspiration von Sai Baba, indem er ihn segnet und erweitert. Was das bedeutet, können nur diejenigen ermessen, die es erfahren haben.

Jenseits von Natur und Mensch

„Straßenmagier können die gleichen Tricks wie Sai Baba durchführen", sagte ein moslemischer Schneider in Bangalore. „Wenn Baba etwas, das niemals von Menschen oder der Natur geschaffen wurde, materialisiert, kann es sein, dass ich glaube, dass er das ist, wofür sie ihn halten."

Und so erzählte ich ihm die Geschichte, die ich soeben geprüft hatte, über einen Ring mit fortwährender Bewegung.

Zu mir kam die Geschichte zuerst durch einen jungen Amerikaner, der in Bangalore weilte. Da können einige Fehler drin enthalten sein, dachte der Skeptiker in mir. Ich muss versuchen, die Fakten zu überprüfen.

Die Chance kam bald danach, als ich mich neben der massigen Gestalt von Herrn R. Ramanathan Chettiar in Swamis langem Vorraum in Brindavan, Whitefield, befand.

Herr Chettiar, die Hauptperson dieser Geschichte, kommt aus einer reichen Juweliersfamilie, die in Südindien sehr bekannt ist. Da er seit 1946 ein Sai-Baba-Devotee war, hatte er viele erstaunliche Dinge erlebt und eine tiefe Verehrung für den Avatar entwickelt, den er persönlich bereits so lange kannte. Sein Respekt und seine Verehrung sind so groß, dass er nur widerwillig über die Sai-Wunder, die er erlebt hat, ohne Swamis Zustimmung spricht.

Aber als ich ihn leise fragte, ob ich den Ring, den Swami für ihn gemacht hatte, sehen könne, und ob es wahr sei, dass der Stein sich, angetrieben von einer dem Menschen unbekannten Kraft, ununterbrochen drehe, schob er seine Diskretion beiseite.

„Wer hat ihnen davon erzählt?", fragte er und sah ziemlich beunruhigt aus.

„Ich habe es von einem Amerikaner in einem Hotel in Bangalore gehört."

Anscheinend wurde ihm klar, dass sein Geheimnis durchgesickert war und sich nun in der Öffentlichkeit verbreitete. Da beschloss er, mir die Fakten zu erzählen und mich den Gegenstand in Augenschein nehmen zu lassen.

Eines Tages, zwölf Jahre zuvor, hatte Swami zu ihm gesagt: „Da du ein Juwelier bist, muss ich dir etwas geben, das du selbst nicht herstellen kannst.“ Woraufhin Baba mit seiner kreisenden Hand einen Ring erzeugte und an Chettiars Finger steckte. Er trägt ihn seitdem ständig.

Er sieht einigen anderen Ringen, die ich aus der Sai-“Werkstatt“ habe kommen sehen, ziemlich ähnlich. Das Hauptmerkmal ist ein wunderschönes Kopf- und Schulterporträt von Swami auf einer kreisförmigen Scheibe aus weißem Emaille, umgeben von einem Kreis kleiner funkelnder Steine. Das Ganze sitzt in einer rein goldenen Fassung und diese ist auf einem Goldring mittlerer Stärke befestigt. Ein einfacher und attraktiver Ring, an dem niemand Magisches vermuten würde. Dennoch dreht sich die runde Scheibe von einem Zentimeter Durchmesser innerhalb des Steinkreises im Uhrzeigersinn und macht alle vierundzwanzig Stunden eine vollständige Umdrehung. Dies macht sie, erzählte er, ohne einen Fehler in den zwölf Jahren, in denen der Ring existiert.

„Was geschieht, wenn sie den Ring abnehmen?“, fragte ich.

„Das macht keinen Unterschied. Manchmal nehme ich ihn bei Nacht ab. Das Zentrum dreht sich dann genauso weiter.“

Er nahm den Ring freundlicherweise vom Finger, damit ich ihn näher untersuchen konnte. Ich sah unter die Emaillescheibe und den Kreis aus funkelnden Steinen. Da gab es nichts, außer der rein goldenen Fassung, die auf das Goldband montiert war. Da war kein Platz für irgendeinen Mechanismus, selbst wenn jemand einen Mechanismus für ein Perpetuum Mobile erfunden hätte – was trotz jahrhundertelanger Bemühungen noch niemandem möglich war. Ich versuchte, die Emaillescheibe mit meinen Fingern zu drehen, aber sie bewegte sich nicht.

Ich fand es schwer, diesen soliden Bürger, der so vernünftig und ehrlich aussah, zu verdächtigen, eine solch phantastische Geschichte erfunden zu haben. Was für ein mögliches Motiv könnte er haben, um so etwas zu tun? Dennoch hatte ich das Gefühl, dass ich es selbst überprüfen musste, ob das Mittelstück sich tatsächlich herumdrehte.

Als ob er meine Gedanken gelesen hätte, sagte Herr Chettiar: „Sie können sehen, wohin Swamis Kopf jetzt zeigt.“ Wenn der Kreis ein Zifferblatt gehabt hätte, würde der Kopf nach zwei Uhr zeigen, bemerkte ich. „Nun“, fuhr er fort, „sehen sie sich es wieder an, wenn wir zum Nachmittagsdarshan gehen.“

Wir trafen uns ungefähr sechs Stunden später wieder in dem Raum und ich bat ihn, mir den Ring zu zeigen. Jetzt zeigte Swamis Kopf nach unten auf etwa fünf Uhr. In diesen sechs Stunden war er ein Viertel des Kreises weitergewandert, was anzeigte, dass er die vollständige Umdrehung in vierundzwanzig Stunden durchlaufen würde – wie die Erde sich um ihre Achse dreht.

Da wir beide, Herr Chettiar und ich, ein Häuschen im Innenbezirk von Brindavan bewohnten, hatte ich keine Schwierigkeiten, ihn mehrere Male am Tag zu sehen, wenn wir zu Babas Wohnsitz hin- und zurückgingen. Jedesmal wenn ich ihn sah, machte ich es mir zur Aufgabe, um Erlaubnis zu fragen, ob ich den Ring erneut inspizieren dürfte. Indem ich so die Position des Kopfes auf dem Portrait notierte, war ich in der Lage, ohne jeden Zweifel festzustellen, dass die Emaillescheibe alle vierundzwanzig Stunden eine volle Umdrehung machte.

„Sind die kleinen Steine um die Umdrehungsscheibe herum wertvoll?“, fragte ich ihn einmal.

„Kommerziell gesehen nicht. Aber es ist ein gesegneter Ring und deshalb unbezahlbar.“

Er war gesegnet und einmalig und auch noch auf andere Weise bezaubernd. Obwohl Herr Chettiar ihn zwölf Jahre getragen hatte, zeigten sich keine Spuren oder Kratzer an ihm. Im Gegensatz dazu war das emaillierte Mittelstück auf meinem eigenen, von Sai erzeugten Ring, obwohl erst gerade vier Jahre alt, schlimm zerkratzt und abgetragen. Auch wenn der reiche Juwelier niemals Arbeit von Hand verrichtete – was ich oft tue –, kein normaler Ring kann nach ständigem zwölfjährigem Tragen so aussehen.

Als ich dem moslemischen Schneider diese Geschichte erzählt hatte, sagte er: „Wenn drei Wissenschaftler diesen Ring nähmen und in Sicherheitsverwahrung brächten und ihn gemeinsam mehrmals viele Tage hintereinander untersuchten und herausfänden, dass er sich dreht, würde ich es vielleicht glauben.“

Diese Bemerkung war nicht gerade dazu angetan, meinen Ärger über die schlechte Ausführung einer von ihm genähten Hose zu besänftigen. Aber später dachte ich, nun, weshalb sollte er mir überhaupt glauben? Warum sollte er in Bezug auf dieses Thema drei Wissenschaftlern glauben oder dreißig Wissenschaftlern? Solche unglaubliche Macht über Materie und Energie muss persönlich erlebt werden, um geglaubt zu werden – für die meisten Menschen.

Hier sind zwei Nachträge zu dieser Geschichte. Der erste ist, dass ich ungefähr eine Woche, nachdem ich sie erzählt hatte, in Prasanthi Nilayam einen Brief von dem Schneider aus Bangalore erhielt. Er schrieb, er hätte in der Nacht, die auf unser Gespräch folgte, von Sai Baba im Traum Darshan erhalten und nun erkenne er, dass er sich geirrt habe, und dass Babas Kräfte echt seien. Ob ich ihm Swamis Reisepläne mitteilen könne, weil er einige Freunde mit nach Whitefield nehmen wolle, sobald Baba dorthin zurückkehre. Der zweite Nachtrag webt einen weiteren Faden in Babas Netz der Unergründlichkeiten. Einige Monate, nachdem Herr Chettiar mir freundlicherweise die Geschichte von dem sich drehenden Ring erzählt hatte, traf ich ihn zufällig wieder. Wir waren beide in der Zwischenzeit von der Gruppe um Swami entfernt gewesen und hatten einander nicht gesehen.

Als wir uns begrüßt hatten, erkundigte ich mich, ob der wundervolle Ring sich immer noch im Erdrhythmus um seine Achse drehe.

„Nein“, entgegnete er, „eines Tages, einige Wochen nachdem ich ihnen davon erzählt hatte, sagte Swami: ‚Der Ring hat sich nun lange genug gedreht.‘ Er nahm ihn in seine Hand, blies darauf und gab ihn mir zurück. Seitdem hat er sich nicht mehr gedreht.“

„Hat er irgendeinen Grund für das Anhalten genannt?“

„Nein, nur, dass er jetzt lang genug gelaufen sei.“

Für beides, den Anfang und das Ende dieses seltsamen Wunders (līlā) muss es einen Grund geben; niemand von uns wusste, was für einer das war.

Göttliche Alchimie

Verschiedene Menschen, die Baba kennen und mit ihm viele Jahre gereist sind, haben erzählt, sie hätten miterlebt, wie Baba Wasser in Benzin verwandelt habe. Normalerweise macht Baba das nicht und versucht auch nicht, auf diese Weise die weltweite Energiekrise zu lösen. Wie er oft gesagt hat, wird er nicht in großem Maßstab in die Natur eingreifen. Göttliche Alchimie wird nur bei seltenen Anlässen unter besonderen Umständen herangezogen, wie Jesus in Kanaan in Galiläa Wasser in Wein verwandelte und Moses in Ägypten das Wasser des Nils in Blut verwandelte.

Ein langjähriger Sai-Anhänger erzählte mir, er sei kurz nach Ende des Zweiten Weltkrieges mit Swami und anderen im Auto über Land gefahren. Sie waren auf dem Weg zu einem bedeutenden religiösen Fest und wollten nicht zu spät kommen. Plötzlich ging in der Mitte der Wildnis das Benzin zu Ende. Einer der Mitreisenden kannte den Distrikt und meinte, dass es ungefähr drei Meilen weiter eine Tankstelle gebe, aber da Benzin zu der Zeit knapp war, könne es sein, dass es dort ausgegangen sei.

Der Fahrer bot sich an, zu der Tankstelle oder sonstwohin zu laufen und zu versuchen, einen Kanister Benzin zu besorgen. Aber selbst, wenn er welches hätte finden können, hätte das eine erhebliche Verspätung mit sich gebracht. Außerdem war es für den Mann ein langer, strapaziöser Weg an einem heißen Tag, und obwohl es stimmte, dass es sein Versehen war, da er zu Beginn der Reise nicht für einen ausreichenden Benzinvorrat gesorgt hatte, war Swami gnädig.

Er sagte zu dem Fahrer: „Hol einen Eimer Wasser von dem Haus dort. Es gibt dort einen Brunnen.“ Er zeigte auf ein schlichtes Anwesen weniger als hundert Meter entfernt.

Der Fahrer gehorchte still. Alle schwiegen in einer Art verstummter Erwartung, als sie mit Swami bei dem Auto warteten.

Der Fahrer kehrte bald mit einem großen Kübel voll Wasser zurück. „Hierher“, bedeutete Swami ihm und der Mann stellte den Kübel auf den Boden zu Füßen des Herrn. Alle schauten gespannt zu, als die orangegekleidete Gestalt sich vorbeugte und mit einem Finger die Wasseroberfläche umrührte.

„Fülle es in den Benzintank und passe auf, dass du nichts verschüttest“, sagte er dem Fahrer.

Bald fuhren sie wieder weiter – denn der Motor schluckte munter das Wunderbenzin; sie kamen rechtzeitig bei dem religiösen Fest an.

Es gibt Beweise, dass der göttliche Finger sich tausend Meilen darüber hinaus erstreckt, um Benzin ins Sein zu rühren. Ein Mann aus dem Pandschab, mit angenehmen Manieren und Turbanträger, mit Namen Surjitsingh Chahal, erzählte mir von vielen seltsamen Dingen, als ich ihn einmal auf dem Gelände von Brindavan bei Whitefield traf. Schließlich gab er mir einen Brief, den er von einem Freund, einem Herrn Gordon Chetty aus Durban in

Südafrika erhalten hatte. Darin schreibt Herr Chetty: Ich besitze einen Neunsitzer-Kombi, Modell 1970, mit dem ich jedes Ziel ansteuere, um Bhagavān Babas Lehren zu verbreiten. Bhagavān begann, diesen Wagen auf wunderbare Weise mit Benzin zu versorgen. Das geschah elfmal innerhalb von zwei Jahren. Jedesmal wurde das Wunder von Hunderten von Menschen bezeugt. Es geschieht so: Während der Wagen stillsteht, füllt sich der Tank bis zum Überlaufen und häufig fließt eine Menge Benzin aus der Tanköffnung. Viele Menschen haben in der Tat Gefäße darunter gestellt, um das überfließende Benzin aufzufangen.

„Eines Sonntagmorgens zum Beispiel war ich bei einer Hochzeitsgesellschaft. Ich hatte meinen Wagen zwischen anderen am Straßenrand geparkt. Es war ungefähr elf Uhr dreißig vormittags, als ich dringend zu meinem Wagen gerufen wurde, weil sich Benzin aus ihm ergoß. Ich entdeckte, dass der Tank sich gefüllt hatte und überlief. Viele Menschen von der Hochzeitsgesellschaft eilten herbei, um das Wunder zu sehen. Diesmal waren es ungefähr achthundert Zeugen. Zwölf sammelten von dem überströmenden Benzin, um es für ihre eigenen Wagen zu benutzen.

Wir haben hier viele andere Baba-Wunder gesehen – wie etwa Spontanheilungen am Sai Baba-Altar in unserem Heim. Viele wurden in Träumen zu diesem Altar geführt. Durchlöcherte Herzen, rheumatische Herzen und Krebs gehören zu den hier durch die Gnade von Bhagavān geheilten Krankheiten."

Wenn Swami auch in anderen Fällen Verwandlungen von Wasser in Benzin vornahm, so hat er in Durban anscheinend das bereits im Tank befindliche Benzin vermehrt. Die Hilfe und Gnade des Herrn trifft ein, wo und wie er selbst sie verordnet.

Teleporte

Im Jahr 1961, bevor wir noch etwas von Sai Baba gehört hatten oder auch nur vorhatten, nach Indien zu fahren, lebten meine Frau und ich eine Weile in England. Einen Teil der Zeit verbrachten wir im Haus von Onkel Clarry, dem Onkel meiner Frau, der ein nicht berufliches Medium war. Jahrelang war er in diesem Bereich tätig gewesen, um einer Gruppe von Freunden, die sich einmal in der Woche privat trafen, einen Gefallen zu tun. Wir nahmen während unseres Aufenthalts an mehreren dieser spiritistischen Treffen teil und fuhren dann mit Onkel Clarry, seiner Frau und seiner Tochter im Auto die paar Meilen von ihrem Heim zu dem Treffpunkt in Southport.

Während einer der Sitzungen ereignete sich ein Phänomen, das ich hier beschreiben möchte. Zugegen waren vielleicht sechs oder sieben Menschen, außer uns beiden, dem Medium und seiner Familie. Wir saßen wie gewöhnlich in einem ziemlich kleinen Raum mit heruntergelassenen Jalousien, um die Straßenbeleuchtung fernzuhalten. Das elektrische Licht im Raum war ausgeschaltet und alle sangen im Dunkeln geistliche Lieder. Manchmal bat Onkel Clarry um ein ganz bestimmtes Lied. Nach ungefähr zehn Minuten konnten wir durch das tiefe Atmen des Mediums hören, dass es in Trance gefallen war. Dann hörte das Singen auf und wir saßen alle schweigend und warteten darauf, dass irgendeine Botschaft durchkam.

Solche Botschaften kamen gewöhnlich durch eine Stimme, die durch eine Trompete aus Leichtmetall sprach, die, bevor das Licht gelöscht wurde, auf den Teppich in die Mitte des Kreises gestellt worden war. Da Onkel Clarry ein Direkt-Stimmen-Medium war, konnten diese entkörperten Stimmen aus jedem Teil des Raumes klingen, selbst von hoch oben an der Decke.

Die erste Stimme, die an diesem speziellen Abend sprach, sagte uns, in dieser Nacht würde es wenig Kommunikation geben, da „diejenigen auf der anderen Seite“ ein spezielles Phänomen ausprobieren würden, das ihre ganze vorhandene Kraft in Anspruch nehme. Das übliche Geplauder zwischen den Lebenden und den sogenannten Toten, das die übliche Praxis bei Seancen ist, kannte ich bereits und so erwartete ich mit großem Interesse irgendein anderes Phänomen, das stattfinden würde.

Bald sprach mich eine Stimme an, die mich anwies, meine Hände zu Schalen zu formen, um ein teleportiertes Objekt zu empfangen. Ich tat wie mir geheißen. Nach einer Pause trat ein besonderes, klapperndes Geräusch auf, das von der Trompete hoch oben in der Luft zu kommen schien. Dann kam es näher und ich spürte, wie ein kleines Objekt in meine aufgehaltenen Hände fiel. Es war hart und rund und schien mit etwas bedeckt zu sein, das sich wie nasses Salz anfühlte. Was kann das sein, fragte ich mich im Dunkeln. Nun, ich würde es erfahren, wenn das Licht wieder anging. Ich steckte es in meine Jackentasche.

In der Zwischenzeit hoffte ich auf eine Erklärung durch die Trompete, aber alles, was die Stimme sagte, war: „Dies wurde dir aus einem Land gebracht, in das du nicht zu reisen beabsichtigst, aber du wirst dorthin fahren und sehr glücklich sein. Der Gegenstand stammt von einem heiligen Ort in diesem Land und du wirst mehr dieser Art kennenlernen, wenn du dorthin fährst.“ Danach war Stille; die Trompete fiel zu Boden; der Raum schien leer und bald wurde die Sitzung beendet.

Der Gegenstand fühlte sich nicht mehr nass und salzig an und war fast trocken, als ich ihn aus der Tasche holte, um ihn mir im Licht anzusehen. Es war ein glatter, brauner Kieselstein von ungefähr zweieinhalb Zentimeter Durchmesser.

Als wir am nächsten Tag darüber sprachen, fragte ich Onkel Clarry, woher er stamme. Aber er hatte keine Ahnung. Das erste Mal, dass er ihn gesehen hatte und von seiner Existenz erfuhr, war, als er aus seiner Trance bei dem Treffen zurückkam. Nach einem Schweigen sagte er: „Das Wort ‚Ganges‘ kommt mir in den Sinn. Sagt dir das irgendetwas?“

„Ich weiß, dass es ein Fluss in Indien ist, das ist alles“, antwortete ich.

Onkel Clarry nahm nie Geld für seine medialen Dienste; sein einziges Motiv, um weiterzumachen, war, seine Freunde glücklich zu machen. Er hatte keinen Grund, irgendjemanden zu betrügen.

Selbst wenn er vorgehabt hätte, einen Scherz mit mir zu machen, dachte ich, konnte er nicht einen nassen Kiesel den ganzen Weg von seiner Wohnung bis zum Versammlungsraum in seiner Tasche getragen haben und ihn dort, immer noch feucht, belassen haben, bis zu dem Zeitpunkt, als er in meine Hände fiel – alles zusammen genommen eine Stunde lang –, während der Kiesel innerhalb von fünf Minuten in meiner Tasche völlig getrocknet war und das Material, das an ihm klebte, sich abgerieben hatte!

Ob nun der Kiesel aus einem Flussbett in irgendeinem entfernten Land kam oder irgendwoher aus England – er war so in meine Hände geraten, wie er seinen Ursprungsort verlassen hatte – überzogen mit nassem Sand oder Erde. Ich verwahrte den Stein in der Hoffnung, eines Tages sein Geheimnis lösen zu können.

Eine „zufällige“ Unterhaltung mit jemandem in London veranlasste uns zu der Entscheidung, 1964 nach Indien zu fahren, und dort in der Zentrale der Theosophischen Gesellschaft an einem sechsmonatigen Kurs über Uraltes Wissen teilzunehmen. Am Ende des Kurses reisten wir in den Norden Indiens auf der Suche nach spirituellen Lehren. Unter den Orten, die wir besuchten, waren einige Ashrams in Rishikesh am heiligen Fluss Ganges.

Als wir eines Tages am Flussufer entlang schlenderten, sahen wir einige Haufen brauner Kieselsteine im nassen Sand am Rand des Flussbettes liegen. Etwas veranlasste mich, einen der Kiesel aufzuheben; er war leicht mit nassem Sand überzogen, und wie er sich anfühlte, das erinnerte mich an den Apport, der in England in meine Hände gelangt war.

Ich wusste, dass der apportierte Kiesel im Shivananda-Ashram unten in meinem Koffer lag, daher steckte ich den Stein vom Fluss in meine Tasche; dann kehrten wir zum Ashram zurück, um sie zu vergleichen. Zu dem Zeitpunkt als ich ihn aus meiner Tasche nahm, etwa eine halbe Stunde später, war der Kiesel ziemlich trocken und glatt. Die beiden Kiesel waren im Aussehen sehr ähnlich.

Da kamen mir die Prophezeiungen wieder in den Sinn. Die entkörperte Stimme hatte gesagt, der Apport stamme von einem heiligen Ort in einem Land, das wir besuchen würden und wo wir sehr glücklich sein würden. Danach war das Wort „Ganges" infolge der Hellhörigkeit in Onkel Clarrys Sinn gekommen und der Ganges ist gewiss für alle Inder ein heiliger Fluss. Auch das Gebiet von Rishikesh selbst hat eine heilige Atmosphäre. Wir hatten keinerlei Absicht gehabt, Indien zu besuchen, als wir an jenem Abend vor drei Jahren in einem spiritistischen Kreis im Norden Englands gesessen hatten. Jetzt waren wir hier in diesem Land, sehr glücklich, weil es unser spirituelles Zuhause zu sein schien.

Kurz darauf, als wir zu Sai Baba kamen, wuchs unser Glücksgefühl im heiligen Indien (bhārata) unermesslich. So seltsam es klingen mag und so unglaublich für manche Menschen, ich habe wenig Zweifel daran, dass der kleine Kiesel, der nun vor mir auf dem Pult liegt, vom Ufer des Ganges blitzartig in das Wohnzimmer in Southport in England teleportiert wurde. Außerhalb von Raum und Zeit kam er als Prophezeiung und als Vorläufer des größten Ereignisses in unserem Leben.

Während Phänomene dieser Art mit nicht verkörperten Wesen für gewöhnlich, aber nicht immer, der Dunkelheit bedürfen, gibt es viele Beispiele dafür, dass sie von bedeutenden Yogis am hellichten Tag durchgeführt werden. Die psychokinetische Kraft (PK), die in uns allen angelegt ist, manifestiert sich durch länger anhaltende Yogapraxis.

Zum Beispiel erzählt uns Swami Rama in seinem Buch „Living with the Himalayan Masters (Leben mit den Meistern des Himalaja)", wie er, als er in Tibet mit seinem Großmeister war, den dringenden Wunsch hatte, sein Tagebuch mitzunehmen, um seine Erfahrungen aufzuzeichnen. Er hatte es in Indien in einem Sanatorium mit Namen Bhuwali in der Nähe der Nainital Berge zurückgelassen.

Seines Schülers Gedanken lesend sagte der Großmeister: „Ich kann dein Tagebuch für dich holen. Brauchst du es?" „Ja, und auch ein paar Bleistifte", erwiderte Swami Rama.

Sein Tagebuch war ziemlich groß und 475 Seiten stark. Trotzdem lag es in Sekundenschnelle vor ihm und drei Bleistifte daneben.

Aus irgendwelchen unerfindlichen Gründen, die ich nicht verstehen kann, gibt es Devotees von Sai Baba, die behaupten, dass er keine Dinge teleportiere oder apportiere. Die Schlussfolgerung ist, dass alle seine Produkte Neuschöpfungen sind. Dies ist eine kaum haltbare Theorie, da er häufig selbst sagt, er wolle etwas von irgendwoher „holen" – und manchmal schickt er, wenn es nötig ist, den Gegenstand dahin zurück, wo er herkam.

Ein Beispiel dafür, wie er etwas aus der Entfernung holt – und glücklicherweise nicht zurückgeschickt hat – war, als er in Horsley Hills im Jahr 1967 für mich eine Münze teleportierte.[6] Bei der Gelegenheit sagte er, nachdem er mich nach meinem Geburtsjahr gefragt hatte: „Ich besorge dir eine Münze, die in dem Jahr in Amerika geprägt wurde." Als die Münze in seiner Hand erschien, sagte Baba, während er sie mir gab: „Sie ist nicht mehr in Umlauf, sonst würde ich sie dir nicht geben."

Es war ein Zehn-Dollar-Goldstück und einige Jahre später bestätigte ein Münzexperte in Amerika, dass es eine echte, in San Francisco im Jahr 1906, meinem Geburtsjahr, geprägte Münze sei.

Ein Vorkommnis, bei dem Swami ein Objekt zur Ansicht herholte und dann zurückschickte, wird von Herrn N. Kasturi in seiner Biographie über das Leben von Shrī Sathya Sai Baba berichtet.[7]

6 siehe Howard Murphet, Sai Baba und seine Wunder, Dietzenbach, 3. Aufl., 1995

7 siehe Kasturi, N.: Sathya Sai Baba – Sein Leben, 4 Bände, Dietzenbach

Es geschah im Jahr 1958 in Kanya Kumari in Cape Comorin. Als es geschah, saß Baba mit einer kleinen Gruppe Devotees am Strand. Einer der Devotees hatte ein Buch über das Pilgerzentrum dort gelesen und Baba fragte ihn, was es über den Tempel berichte. Der Devotee erzählte dann die Geschichte von einem Diamanten, der früher den Nasensteg der Tempelgöttin geziert hatte. Dem Bericht des Buches zufolge handelte es sich um einen solch herrlichen Diamanten, dass die Piraten ihn draußen auf dem Meer funkeln sehen konnten. So überfielen sie eines Tages den Tempel und nahmen den Diamanten mit. Über sein weiteres Schicksal war dem Autor des Buches nichts bekannt.

Nachdem Baba die Geschichte bis zu Ende angehört hatte, sagte er: „Wollt ihr diesen Diamanten sehen? Ich weiß genau, wo er jetzt ist. Ich kann ihn für euch herbringen, damit ihr ihn sehen könnt, und ihn zurücksenden, bevor seine Abwesenheit bemerkt wird."

Alle stimmten eifrig zu, dass sie gerne den berühmten Diamanten sehen würden, woraufhin Baba einfach auf den Sand vor sich klopfte und plötzlich tauchte der glitzernde Diamant auf! Er hielt ihn hoch, damit ihn auch jeder deutlich sehen konnte und dann verschwand er einfach aus seiner Hand. Was war das anderes, frage ich mich, als Teleport?

Ich habe keinen Zweifel, dass Teleporte zu dem breiten Spektrum der Kräfte Swamis über die Natur gehören, was die Veränderung der Gestalt und der Größe von Gegenständen einschließt, das Einsetzen von neuen Energien, die der Wissenschaft unbekannt sind, das Verwandeln einer Art von Materie in eine andere, das Überschreiten von Raum und Zeit, das Vervielfachen der Menge einer Substanz und das Erschaffen neuer materieller Materialien aus den veränderlichen Teilchen und Energiemustern des Universums. Wie wir in den folgenden Kapiteln sehen werden, hat er auch die Macht, seine eigene Gestalt zu verändern und Gestalten von sich zu vervielfältigen.

4. Die Sai-Gestalten

ZU DIESEM HISTORISCHEN Zeitpunkt benutzt Gott, wie ich glaube, bestimmte Sai-Gestalten, um die Menschen auf höhere Ebenen des Gewahrseins zu erheben.

Als erstes war da jener Sai Baba, der im vergangenen Jahrhundert im Flecken von Pathri am Fluss Godavari geboren wurde, aber die meiste Zeit seines Lebens im Dorf Shirdi verbrachte. Jetzt ist Sathya Sai Baba da, der in Puttaparthi am Fluss Citravati acht Jahre, nachdem die alte Shirdi-Gestalt abgelegt worden war, geboren wurde. Schließlich wird, so gibt Sathya Sai bekannt, Prema Sai kommen, der ein Jahr nach dem Tod der Sathya Sai Gestalt in Karnataka (dem alten Staat Mysore) an einem Ort zwischen Bangalore und der Stadt Mysore geboren werden wird.

Hat der Name „Sai Baba" irgendeine Bedeutung und wenn ja, welche? „Baba" ist wohlbekannt als Rufname für „Vater"; aber „Sai" ist nicht so einfach zu definieren. Manche haben gesagt, es sei ein altes persisches Wort für „Heiliger". Eine tiefere Bedeutung von „Sai" jedoch ist „Mutter", betont Sathya Sai. Demzufolge bedeutet der ganze Name „Mutter-Vater" und Swami ist für seine Devotees zweifellos die Göttliche Mutter-Vater-Gestalt.

In der spirituellen Lehre des Hinduismus jedoch finden wir eine weitere Bedeutung des Wortes „Sai". Die Baul, eine Sekte von Bettelmönchen, Anhänger Vishnus, geben den Namen jemandem, der Vollkommenheit erlangt hat. Sie sagen: „Niemand ist größer als ein Sai. Der Sai ist ein Mensch von höchster Vollkommenheit, der keine Unterschiede in der Welt sieht."

Der Name „Sai Baba" begann im letzten Viertel des vergangenen Jahrhunderts bekannt zu werden, als ein junger Bettelmönch den Bewohnern des Dorfes Shirdi sagte, sein Name sei Sai Baba. Von da an wurde er von dem Strom seiner Anhänger benutzt, die sich um ihn herum sammelten.

Dann, im Alter von vierzehn Jahren, verkündete Satyanarayana Raju aus Puttaparthi, nachdem er durch tiefgreifende übersinnliche Erfahrungen gegangen war, dem „staunenden versammelten Landvolk", dass er Sai Baba sei. Der Name klang verdächtig moslemisch für die Ohren der hinduistischen Dörfler.

Vielleicht treffen alle gegebenen Bedeutungen zu. „Sai" ist ein Heiliger, eine göttliche Mutter und – wie es die gottberauschten

Anhänger Vishnus verstehen – ein Mann von höchster Vollkommenheit, der so mit Gott vereint ist, dass er in der Vielfalt der Welt nur das eine formlose ununterschiedene Göttliche sieht.

Obwohl der Herr nun in der zeitweiligen Gestalt von Sathya Sai auf der Erde wandelt, zeigt er sich doch manchmal in der alten Gestalt des Shirdi Sai. Da gestern, heute, morgen in seiner Allwissenheit gleich sind, bin ich sicher, dass er sich genauso als Prema Sai manifestieren könnte. Aber da die Gestalt nicht bekannt ist, gibt es keinen Grund, es zu tun. Er hat jedoch aufgrund von Interesse für John Hislop einen Ring manifestiert, der das Profil von Prema Sai trägt.

Warum er manchmal als Shirdi Sai erscheint, ist ein Geheimnis. Meist verstehen selbst die Betroffenen nicht den Grund dafür.

Da gibt es zum Beispiel Maria Viljacik, eine Sai-Anhängerin aus der Nähe von Wollongong in New South Wales in Australien. Maria hatte ihren ersten Kontakt mit Sai Baba, als sie als Kind in Jugoslawien lebte. Damals bekam sie öfter Besuch von einem alten Mann, den sie für einen Bettler hielt. Für gewöhnlich hatte sie, wie sie sagt, Angst vor Bettlern, vor diesem speziellen jedoch hatte sie seltsamerweise keine Angst. Er pflegte plötzlich zu erscheinen, dazusitzen und mit ihr zu sprechen, ihr Ratschläge zu geben und ihr bei ihren kindlichen Problemen zu helfen. In ihrem Herzen wuchs eine Liebe zu dem alten Mann, und sie fragte sich häufig, wer er sei und woher er komme.

Viele Jahre später, als sie mit Ehemann und Tochter nach Australien ausgewandert war, sah Maria ein Bild von Shirdi Sai und mit einem Schreck erkannte sie, dass es der geliebte Bettler aus ihrer Kindheit war. Nun wollte sie unbedingt alles über ihn herausfinden.

Bald darauf hörte sie von einem Inder, der für einige Zeit nach Wollongong gezogen war, über die Reinkarnation von Shirdi Sai als Sathya Sai und erfuhr zu ihrer großen Freude, dass es regelmäßige Sai Baba-Treffen in Sydney gab. Obwohl diese Treffen – Bhajan-Singen und Studienkreise – an die fünfzig Meilen von ihrem Zuhause entfernt stattfanden, begannen Maria, ihr Mann und ihre Tochter regelmäßig daran teilzunehmen.

Die Tochter Veronica, die Musikerin war, wurde bald eine der Bhajan-Vorsänger. Ihre Gefühle der Hingabe waren so stark, dass sie gewöhnlich morgens gegen vier Uhr aufstand und allein in der Dunkelheit ihres kleinen Musikzimmers Bhajans bis zum Tagesanbruch sang.

Als meine Frau und ich nach Indien reisten, um Swami im Januar 1978 zu besuchen, nahmen wir Fotos von der Familie Viljacik, Lieder, die Veronica für Baba komponiert hatte, und einige Essays, die die junge Frau über spirituelle Themen geschrieben hatte, mit. Als wir Swami diese Dinge übergaben, erwähnte ich Marias Kindheitserfahrungen. „Ja", sagte er, „sie ist eine langjährige Anhängerin."

Gegen Ende 1978 kamen Maria und ihr Mann nach Indien, um Swamis Darshan zu erhalten. Iris und ich begleiteten sie von ihrem Hotel in Bangalore nach Whitefield und Swami wies uns an, sie zu einem Interview hereinzubringen. Er sprach zu ihnen über ihr Leben und ihre Probleme, was sie sehr glücklich machte. Dann materialisierte er in einem zweiten Interview am folgenden Tag einen wunderschönen Ring für Maria.

Sie war so vollkommen überwältigt und voller Ehrfurcht wegen des Rings, dass sie ihn, anders als die meisten Menschen, die solche Dinge gerne zeigen, versteckt hielt, als sie sich durch die neugierige Menge draußen vor Swamis Haus ihren Weg bahnte.

Maria weiß selbst nicht, weshalb der Herr zu ihr zuerst als Shirdi Sai kam; obwohl sie eine große Liebe zu dieser Gestalt bewahrt, akzeptiert sie bereitwillig die neue Gestalt als den gleichen Sai Baba.

Es gibt jedoch auch einige Menschen, die Sathya Sai nicht als Reinkarnation von Shirdi Sai akzeptieren. Swami sagt, sie seien bei der alten Gestalt steckengeblieben und er möchte nicht, dass wir bei irgendeiner Gestalt steckenbleiben. Sogar sehr gebildete und fromme Menschen können in den fatalen Irrtum verfallen, die Gestalt mehr als den Gott jenseits davon zu verehren.

Hier ist die Geschichte, die Mr. Justice S. Suryamurthy, Richter am Hohen Gericht von Madras, erzählt hat. Das seltsame Ereignis, von dem er berichtet, trug sich vor mehreren Jahren zu, als er „an anderer Stelle" war. Die Dame in der Geschichte, deren Name aus verständlichen Gründen nicht genannt wird, war die Direktorin eines Frauenkollegs.

Der Richter schreibt: „Meine Nachbarin war Erzieherin für höhere Töchter. Eines Abends kam sie in mein Haus und sah die Bilder von Sathya Sai Baba in der Eingangshalle. Sie drehte sich herum und fragte mich: ‚Glauben sie etwa an diesen Rowdy?'

Da ich ihre kämpferische Stimmung bemerkte und um eine Auseinandersetzung mit ihr zu vermeiden, antwortete ich einfach, ein Freund hätte mir diese Bilder gegeben und ich hätte sie an die Wand gehängt. Sie begann mir zu erzählen, sie sei Anhängerin von Shirdi Sai und verrichte jeden Donnerstag ihre Andacht. Über Shrī Sathya Sai aber schimpfte sie.

Ich war zu jener Zeit lediglich ein halbherziger Anhänger von Shrī Sathya Sai und reagierte nicht heftig auf ihren Angriff. Die Dame verabschiedete sich, nachdem sie zu ihrer Befriedigung über ihn hergezogen hatte.

Ein paar Tage später – es war Donnerstag – kam ich abends spät nach Hause. Ich war überrascht, als ich dieselbe Dame in meinem Haus wartend vorfand. In dem Moment, als ich eintrat, begann sie mir etwas zu erzählen, wobei sie beim Sprechen nach Atem rang. Sie erzählte mir das Folgende: Sie war an diesem Abend – wie gewöhnlich an Donnerstagen – in ihren Andachtsraum gegangen. Dort hatte sie die Statue von Shirdi Sai genommen und begonnen, sie zu salben, als sich die Tür öffnete und Shrī Sathya Sai hereinkam. In der Annahme, ich hätte ihn hergebracht und wütend darüber, dass er ihren Andachtsraum ohne Erlaubnis betrat, wollte sie ihn beschimpfen.

Aber sie konnte ihren Mund weder öffnen noch konnte sie ihre Glieder bewegen. Sie saß auf dem Platz wie festgenagelt, unfähig aufzustehen. Baba kam und setzte sich auf einen Stuhl im Zimmer. Er sagte, er und ‚der alte Knabe' – wobei er sich auf Shirdi Sai Baba bezog – seien eins. Er fragte sie: ‚Warum beschimpfst du mich?' Danach löste sich, noch während er auf dem Stuhl saß, seine Gestalt allmählich auf. Ihre Glieder lösten sich und sie konnte wieder aufstehen.

Sie erkannte, dass dies eine Vision gewesen war und eilte sofort zu meinem Haus, um mir davon zu berichten. Weil sie mich nicht antraf, hatte sie gewartet, bis ich nach Hause kam."

Der Richter berichtet nicht, ob die Dame nachher eine Anhängerin der Sathya Sai-Gestalt wurde. Aber man kann sich leicht aus ihrer Reaktion auf die Vision vorstellen, dass ihre Fixierung auf die Shirdi Sai-Gestalt und ihre heftigen Vorurteile gegenüber Shrī Sathya Sai in den Grundfesten erschüttert worden waren.

Ich bin Richter Suryamurthy sehr dankbar dafür, dass er mir sein schriftliches Zeugnis über ein Ereignis gab, das auf eindrucksvolle Weise Swamis Allwissenheit bestätigt und seine Macht, seine

Gestalt immer dahin zu projizieren, wo es im Interesse der Wahrheit und zum Verständnis und zum Wohl seiner Anhänger notwendig ist.

Durch langjährige Verbindung mit Bhagavān Sathya Sai Baba und seinen führenden Anhängern habe ich vor langer Zeit die Identität von Sathya Sai und Shirdi Sai akzeptiert. Die Faktoren, die zu dieser Akzeptanz beigetragen haben, sind zu zahlreich und zu subtil, um hier dargelegt und erhellt zu werden. Aber eine Studie über das Leben und die Lehren von Shirdi Sai ist nicht die geringste unter ihnen. Wenn man auch das Leben und die Lehren von Sathya Sai studiert, kann man keinerlei Zweifel haben, dass er und der „alte Knabe" eins sind.

Aber zum Nutzen der Leser, die nicht diese gehäuften Erfahrungen gehabt haben, will ich eine andere Geschichte erzählen – eine die mir von dem hervorragenden Wissenschaftler und Sai-Devotee Dr. S. Bhagavantam berichtet wurde. Er erzählte sie mir auf einer Autofahrt von Puttaparthi im Jahr 1979.

„Ungefähr vor zwanzig Jahren", sagte er, „als ich noch ein recht neuer Anhänger war, reiste ich an einen Ort in Trivandrum, wo sich eine Menge Menschen versammelt hatte, um Swami zu sehen. Ich stand in seiner Nähe zwischen anderen Leuten, als ich ihn sagen hörte – wobei er sich auf eine alte Dame an der gegenüberliegenden Seite des Raumes bezog – : „Ich kannte diese Frau schon, als sie noch ein Baby war."

Mein Verstand begann sich zu fragen, wie so etwas möglich war, und nach einer Weile sagte ich zu ihm: „Aber Swami, die Frau muss siebzig Jahre alt sein, und du bist gerade über dreißig, wie kannst du sie also als Baby gekannt haben?" „Ich kannte sie in meinem früheren Leben in Shirdi", antwortete er.

„Nun, ich war, wie ich schon sagte, ein ziemlich neuer Anhänger und einer, der gerne alles hinterfragte und prüfte. Der Wissenschaftler in mir war noch sehr aktiv, obwohl ich bereits viele Dinge gesehen hatte, die für die Wissenschaft unerklärbar sind. Heute würde mir Bhagavāns Wort ausreichen, damals aber musste ich das, was er sagte, nachprüfen.

Nach einer Weile nahm ich die Gelegenheit war und näherte mich der betreffenden alten Dame und verwickelte sie in ein Gespräch. Ich fragte sie, ob sie jemals in Shirdi gewesen sei. Sie entgegnete, dass ihr Onkel sie als kleines Kind dorthin mitgenommen hatte. In der Tat habe Shirdi Sai einen Anhänger für sie gemacht, sagte sie, und sie trage ihn noch immer. Sie hielt ihn hoch, damit ich ihn betrachten konnte.

Das ganze Ereignis war eine zutiefst bewegende Erfahrung für mich. Mehr als alles andere überzeugt es mich, dass die zwei Sais ein und dasselbe waren."

Der Okkultismus lehrt, dass die Inbesitznahme des Körpers durch die reinkarnierende Wesenheit nicht vollständig geschieht, weder bei der Empfängnis noch bei der Geburt. Sie geschieht in Etappen während des frühen Lebens. Sogar in der Reife, wenn die Integration am größten ist, ist die ganze individuelle Seele nicht völlig in den Körper eingetaucht. In der Tat ist sie niemals gänzlich eingetaucht.

Dies muss um so nachdrücklicher für einen Avatar gelten. Shirdi Sai pflegte zu sagen: „Macht nicht den Fehler zu glauben, ich sei diese 82 Kubikzentimeter Körper". Der Körper ist lediglich der irdische Brennpunkt für etwas unendlich Größeres.

Es ist vernünftig anzunehmen, dass Sai Baba, als er die 82 Kubikzentimeter abfallen ließ und einen anderen, viel kleineren Körper annahm, nicht eher vollständig mit all seiner Macht in das neue physische Gefährt eintrat, bevor es für seinen Gebrauch ausreichend entwickelt war.

Die folgende Erfahrung eines alten Shirdi Sai-Anhängers lässt uns annehmen, dass es so war, und liefert für die Zweifler mehr Beweise, dass die beiden Sai Babas eins sind.

Seine Heiligkeit Gayathri Swami hatte 1906 ein Jahr mit Sai Baba in Shirdi verbracht und ihn dann häufig besucht, bis Shirdi Sai im Jahre 1918 seinen Körper ablegte. An die vierzig Jahre später fuhr seine Heiligkeit nach Prasanthi Nilayam, um die Reinkarnation seines früheren Gurus als Sathya Sai zu sehen.

Dort in Prasanthi Nilayam erzählte er den Menschen im Ashram viele Anekdoten über das Leben in Shirdi. Es macht immer viel Freude, solche Anekdoten zu hören, und zu erkennen, wie sie viele Dinge, die sich nun in Puttaparthi ereignen, widerspiegeln. Sogar einige der Späße, die Sai Baba in Shirdi gemacht hat, werden in dieser Inkarnation wiederholt.

Aber Gayathri Swamis eindrucksvollste Erfahrung kam in der Nacht, bevor er Prasanthi Nilayam verließ. Während dieser Nacht hatte er eine Vision, in der ihm Sai Baba in der alten Shirdi Gestalt erschien und seinem Anhänger erzählte, dass er seinen

Mahāsamādhi, sein Grabmal, nach acht Jahren verlassen habe und alle seine Eigenschaften fünfzehn Jahre später mitgebracht habe.

Zum Zeitpunkt dieser Vision wusste H. H. Gayathri Swami nicht, dass Sathya Sai Baba acht Jahre nach dem Tod von Shirdi Sai geboren war, noch war ihm bekannt, dass der junge Satyanarayana Raju ungefähr fünfzehn Jahre nach der Empfängnis der neuen Inkarnation und nach einer tiefgründigen übersinnlichen Erfahrung den Namen „Sai Baba" angenommen und begonnen hatte, alle Kräfte von Shirdi Sai zu manifestieren.

Der Swami erfuhr diese biographischen Fakten von Freunden in Prasanthi Nilayam, nachdem er ihnen von seiner Vision berichtet hatte. Danach verstand er, wie er sagte, was die Shirdi Sai-Vision mit „seinen Eigenschaften" gemeint hatte – dies waren seine Kräfte.

Der sanfte, alte Swami reiste ab, glücklich und überzeugt, dass sein Sadguru, sein wahrer Meister, Shirdi Sai in der Gestalt von Sathya Sai Baba von Puttaparthi auf die Erde zurückgekehrt war.[8]

Es gibt viele Geschichten, die davon berichten, wie Swami sich an mehr als einem Ort zur gleichen Zeit aufhält. Nagamani Purnaiya, die 1945 das erste Mal zu Baba kam, wusste von mehreren solcher Ereignisse. Hier ist eines aus ihrem im Eigenverlag erschienenen Buch: „The Divine Leelas of Bhagavan Sri Sathya Sai Baba".[9]

> Ich habe in früheren Büchern über Leela Mudaliar, Professorin der Botanik in Madras, geschrieben, die auch den Guindy-Tempel betreut, den ihr verstorbener Vater Shirdi Sai Baba geweiht hatte.
> Nagamani Purnaiya erzählt, wie Leela Mudaliar in einem bestimmten Jahr nach Puttaparthi kam und Swamiji bat, zu den Akhanda-Bhajans, einem ununterbrochenen 24-stündigen Singen zum Lobe Gottes, das kurz darauf abgehalten werden sollte, in den Guindy-Tempel nach Madras zu kommen. Swami versprach, das zu tun.
> Sie verschickte gedruckte Einladungen und viele Anhänger kamen in der Erwartung, Swami dort zu sehen. Aber

8 Diese Geschichte wird berichtet in Kasturi, N.: Sathya Sai Baba – Sein Leben, Band 1, Dietzenbach, 1997

9 Bangalore, 1969.

es gab kein Anzeichen von ihm und nachdem sie lange gewartet hatte, gab Leela schließlich auf und entzündete die Lampe, um zu beginnen. In diesem Augenblick traf Swami ein und das 24-stündige Akhanda-Bhajan begann in seiner Gegenwart. Swami war am nächsten Morgen noch immer in Guindy und vollzog das mahā-mangala-ārati-Ritual, ein Segensritual. Um zwölf Uhr nahm Swami sein Mittagessen ein, segnete alle Anwesenden und ging.

Leela schrieb einer Freundin in Puttaparthi einen Brief, in dem sie das Ereignis beschrieb und mitteilte, wie glücklich sie alle darüber waren, dass Swami so viel Zeit mit ihnen verbracht hatte. Die Freundin war sehr verdutzt, weil Swami die ganze Zeit über in Puttaparthi gewesen war. Sie schrieb an Leela, dass es da einen Irrtum geben müsse, weil der Akhanda-Bhajan-Tag in Puttaparthi ein Festtag sei und Swamiji die ganze Zeit über anwesend gewesen war, weshalb er nicht in Madras gewesen sein konnte.

Aber Leela wusste mit Gewissheit, dass er in Madras war. Viele waren im Tempel gewesen und hatten sogar seine Füße berührt. Jedoch hatten ihn in Puttaparthi auch viele gesehen. Schließlich kamen sie zu dem Schluss, dass Swami an beiden Orten zur gleichen Zeit gewesen war, nicht nur kurz, sondern über eine längere Zeitspanne, wobei er Scharen von Anhängern in Madras glücklich machte, während er das gleiche in Puttaparthi tat.

“Gott kann viele Wunder vollbringen“, schlussfolgert Nagamani Purnaiya.

Auch manche große Heilige aus der Vergangenheit waren zur Bi-Lokation fähig gewesen. Der Krishna-Avatar vervielfältigte seine Gestalt häufig, um für jede der Gopis beim göttlichen Reigen (rasalīlā) Partner zu sein. Warum sollten wir also zweifeln, dass der Sai-Avatar auch so viele Gestalten von sich manifestieren kann, wie für eine gegebene Zeit erforderlich sind; wobei jede Gestalt mit göttlichem Bewusstsein durchtränkt ist und, wenn nötig, jede von ihnen fest ist, um den Eindruck physischer Anwesenheit zu vermitteln. Er ist der Meister der Gestalt – ob physisch oder feinstofflich.

5. Andere Gestalten

SATHYA SAI BABA wechselt seine Gestalt manchmal vorübergehend, nicht nur in die Shirdi Sai-Erscheinung, sondern in etwas völlig anderes. Warum wählt er für verschiedene Situationen verschiedene Erscheinungsformen? Ohne Zweifel gibt es dafür sehr gute Gründe, wenn sie auch jenseits unseres menschlichen Verstehens liegen mögen. Lasst uns ein paar Beispiele solch erstaunlicher, oft dramatischer Wechsel betrachten.

Vor einigen Jahren fuhr ein langjähriger glühender Anhänger allein mit seinem Chauffeur zu einem Besuch zu Swami nach Ootacamund, wo er sich aufhielt. Es war Abend und der Fahrer verfuhr sich. Der Devotee hatte sich nicht auf die Strecke konzentriert und daher keine Ahnung, wo sie sich befanden, aber er hatte das Gefühl, sie führen in die falsche Richtung.

Sie hielten an und beratschlagten, ob sie weiter oder zurückfahren sollten, bis sie ein Hinweisschild fänden. Der Mond war hell und würde ihnen helfen. Plötzlich erschien während des Gesprächs ein Mann neben dem Auto. Er fuhr auf einem Motorrad und trug dabei zu des Devotees Überraschung seidene Kleidung. Soviel konnte er im Mondlicht erkennen, obwohl die Farbe des fließenden Seidengewands sich nicht ganz identifizieren ließ.

Der Motorradfahrer fragte, ob er helfen könne und riet ihnen, als er von ihrem Dilemma erfuhr, umzukehren und bis zur nächsten Kreuzung zurückzufahren; er gab auch klare Anweisungen, wie sie danach weiterfahren sollten. Dann fuhr er davon und verschwand schnell – zu schnell, dachte der Devotee.

Indem sie der Anleitung des Fahrers folgten, erreichten sie schnell ihr Ziel. Als der Devotee kurz nach seiner Ankunft zu Swami kam, bemerkte dieser beiläufig: „Du hast den falschen Weg genommen. Ich habe dir jemanden zu Hilfe geschickt." War der Phantomfahrer Swami selbst? Das vermutete der langjährige Devotee.

Wenn Swami von Whitefield nach Puttaparthi oder von Whitefield nach Madras reist, dann folgt ihm gewöhnlich eine Prozession von Autos seiner Anhänger. Als ich zum Beispiel 1978 in der Weihnachtszeit das Glück hatte, ihn in seinem Auto zu begleiten, zählte ich elf Wagen im Gefolge.

Einmal hatte ein Auto mitten in einem langen Sai-Konvoi auf der Straße von Whitefield nach Madras eine Panne. Die nachfolgenden Fahrer hielten an und nahmen die Passagiere des defekten Autos mit nach Madras. Der Besitzer, der den Wagen selbst gefahren hatte, sagte, er wolle bei dem Wagen bleiben, und bat einen seiner Freunde, von der ersten Werkstatt an der Strecke einen Mechaniker zu schicken. Er wusste, dass das viele Meilen weg sein würde, aber er verstand selbst nichts von Motoren und stellte sich so auf eine lange Wartezeit ein und setzte sich nieder.

Die Sommerhitze war in dem stehenden Auto sehr drückend; der Fahrer war gerade im Begriff, sich zum Schatten eines Baumes in ungefähr 50 Meter Entfernung zu begeben, als er einen einzelnen Radfahrer auf sich zukommen sah. Das überraschte ihn, weil der Radfahrer aus Richtung Whitefield kam, und er wusste, dass er meilenweit niemanden auf einem Fahrrad überholt hatte.

Der Radfahrer hielt an und erkundigte sich, ob er irgendwie behilflich sein könne.

„Nur wenn sie in der Nähe einen Mechaniker kennen."

„Ich bin selbst Mechaniker", antwortete der Radfahrer, während er auf die andere Seite kam und die Motorhaube des Autos öffnete.

Innerhalb von Sekunden verkündete er: „Ihr Keilriemen ist gerissen." Dann nahm er zum Erstaunen und zur Erleichterung des Devotees aus seiner Tasche einen neuen Keilriemen, der zum Wagentyp passte und die richtige Größe hatte. Nachdem er ihn befestigt hatte, setzte der Fahrradfahrer seine Fahrt fort; er lehnte es ab, Geld für seine Arbeit zu nehmen.

Dankbar für diese glückliche Fügung, startete der Devotee den Motor und fuhr in Richtung Madras weiter. Der Radfahrer war gerade hinter einer Straßenkurve abgebogen und der Devotee beschloss anzuhalten, sobald er ihn eingeholt hatte, um erneut zu versuchen, ihn zu bezahlen oder ihm vielleicht anzubieten, ihn mitzunehmen. Sie hätten sein Fahrrad auf dem Gepäckträger auf den sich dort befindenden Koffern befestigen können.

Als er jedoch um die Kurve kam, war die Straße, die sich meilenweit gerade erstreckte, völlig leer. Der Radfahrer war in der flimmernden Luft verschwunden.

Der Devotee erreichte Madras und begab sich sofort in das Haus, von dem er wusste, dass Swami sich dort aufhielt. Er parkte das Auto auf der Straße, betrat das Haus und schlich leise in den Raum, aus dem er Swamis Stimme zu einer Gruppe von Menschen sprechen hörte. Als er schüchtern nach vorne ging, in der Hoffnung, die Göttlichen Füße berühren zu können, lächelte Swami ein Willkommen und sagte: „So, dein Auto hatte eine Panne. Ich habe jemanden vorbei geschickt, dir zu helfen."

Genauso, wie er verschiedene weltliche Gestalten angenommen hat, hat Baba verschiedene traditionelle göttliche Erscheinungsformen zu verschiedenen Zeiten angenommen. Manchen Menschen hat er sich als Jesus Christus gezeigt, anderen als Subramaniam, als Krishna, als Rāma, einem Paar als die Göttin Lakshmī, usw. Oft hängt es von der Situation und der bevorzugten Gottheit (ishtadevatā) oder der göttlichen Gestalt ab, die von der betreffenden Person oder den Menschen verehrt wird. Auf diese Weise demonstriert Baba die Lektion, die er ständig mit Worten lehrt: dass Gott jede Gestalt annehmen kann, dennoch bleibt er immer der Eine und Einzige Gott.

Wenn die Menschen diese vedantische Wahrheit in der Vergangenheit verstanden und angenommen hätten, hätte es sicherlich keine Religionskriege und Verfolgungen gegeben. Alle Religionen hätten mit gegenseitiger Toleranz und Harmonie koexistiert.

Ich möchte jetzt Ereignisse beschreiben, bei denen Swami für die Augen verschiedener Devotees spezielle göttliche Gestalten angenommen hat und gleichzeitig andere göttliche Kräfte und ein anderes Verständnis von Gott demonstrierte.

Rāma

Lord Rāma war die vom verstorbenen Radscha von Venkatagiri bevorzugte Gottesgestalt, während andere Familienmitglieder andere göttlichen Gestalten verehrten. Jeder respektierte des anderen persönliche Vorlieben in Bezug auf den göttlichen Mantel, den der Eine Gott trägt.

Als der Radscha zum ersten Mal dem jungen Sathya Sai begegnete, war er sicher, dass er ein Avatar war, und behandelte ihn stets mit tiefer Verehrung. Er bat den Avatar, er möge seinem Palast die Ehre erweisen, indem er einige Zeit dort verbringe. Swami stimmte zu, ihm einen Besuch abzustatten, und es wurde eine passende Zeit vereinbart.

Da sein ältester Sohn fort war, als die Zeit für den Besuch Swamis näherrückte, bat der Radscha seinen jüngsten Sohn Gopal, den großen Palastwagen zu nehmen, um Swami von Puttaparthi abzuholen.

Gopal jedoch bat, die Reise ablehnen zu dürfen. Wie er mir Jahre später erzählte, war sein einziges Interesse zu jener Zeit das Kricket, das er für seinen Staat Andhra Pradesh spielte. Er spürte keinerlei Interesse an Sai Baba oder irgendeiner anderen spirituellen Gestalt.

In jener Nacht träumte Gopal, wie Swami im Traum zu ihm kam und ihm zwei Mangos zu essen gab. Nachdem er sie gegessen hatte, erwachte er mit einem unbändigen Drang, nach Puttaparthi zu reisen. Obwohl es noch mitten in der Nacht war, sprang er aus dem Bett und lief zu seinem Vater, um diesem von seinem plötzlichen Sinneswandel zu berichten. Den alten Radscha störte es nicht, wegen dieser überraschenden Nachricht geweckt zu werden.

Am nächsten Tag gab er Gopal bestimmte Anweisungen für die Reise. Eine davon war, dass er ihm am Tag seiner Abreise von Puttaparthi ein Telegramm senden sowie von da an von jedem größeren Ort, durch den sie kamen, ein weiteres Telegramm schicken solle. Dadurch würde der Radscha über den Verlauf der Reise nach Venkatagiri und die zu erwartende Ankunftszeit informiert sein.

Der Radscha beabsichtigte, das Palastauto vor den Toren abzupassen und Sai Baba in einer königlichen Prozession durch die Stadt Venkatagiri zu geleiten. Es sollte ein Empfang voller Prunk und mit allem Schmuck, die eines Königs wert sind, werden. Gopal versprach, getreulich alle Telegramme wie angewiesen zu schicken, und machte sich auf die lange Reise über holprige Straßen zu dem entfernten, wenig bekannten Dorf Puttaparthi.

In jener Zeit, erzählte mir Gopal, hörte die Straße am Flussufer der Citravati gegenüber von Puttaparthi auf. Reisende mussten durch den schmalen Strom hinüberwaten, der durch die breiten Sandbänke des Flussbettes floss. Als Gopal ankam, sah er Swami am Ufer und watete schnell hinüber zu ihm. Als sie sich begegneten, lächelte Swami ein Willkommen und bemerkte: „Es müssen kraftvolle Mangos gewesen sein, die du gegessen hast."

Ein Glorienschein schien den jungen Swami zu umgeben und Gopal konnte nichts erwidern. Baba klopfte ihm freundschaftlich auf die Schulter und fuhr fort: „Wir reisen in zwei oder drei Tagen nach Venkatagiri ab."

Von da an kam Gopals Interesse für Kricket an zweiter Stelle. Obwohl Sai Baba nur im gleichen Alter wie er und ein Dorfjunge war, schien er alles zu wissen und hatte jede Situation im Griff.

Als sie nach einigen Tagen Aufenthalt Puttaparthi verlassen wollten, erinnerte sich Gopal an die Anweisungen seines Vaters wegen der Telegramme und erzählte Swami davon.

„Das wird nicht nötig sein", lächelte Sai Baba.

Gopal war seinem Vater niemals ungehorsam, aber Swami hatte so vollkommene Kontrolle über alles und strahlte soviel Vertrauen und Macht aus, dass Gopal den Eindruck hatte, alles sei in Ordnung und die Bitte seines Vaters vergaß.

Deshalb war er erstaunt und erleichtert, als er seinen Vater und eine Menschenmenge vor den Toren sah, als sie sich Venkatagiri näherten, um sie zu empfangen.

Als der Radscha an der Spitze der Gefolgschaft von Verwandten und Bediensteten vortrat, um den Besucher zu begrüßen, sah er anstatt Sai Baba Lord Rāma dort im Palastwagen sitzen. Da kannte seine Freude keine Grenzen, und er geleitete den Avatar in einer Prozession in den Palast.

Später fragte Gopal seinen Vater in einer ruhigen Minute, wie er erfahren hatte, wann der Wagen ankommen würde.

„Das erfuhr ich natürlich durch deine Telegramme", erwiderte der Radscha.

„Aber ... ich habe keine Telegramme geschickt, Sai Baba hat es mir nicht erlaubt."

„Wovon redest du? Du hast keine geschickt?"

Der Radscha nahm mehrere Telegramme und zeigte sie seinem Sohn. Sie trugen alle Gopals Namen als Absender. Gopal schüttelte verwirrt seinen Kopf. „Und dennoch habe ich keines geschickt", beteuerte er.

Der Radscha war vom Verhalten seines Sohnes beeindruckt und begann zu ahnen, dass etwas Außergewöhnliches geschehen sein musste. Er erinnerte sich, dass jedes Telegramm auf einem Tisch erschienen war, als er nicht im Raum war; er hatte geglaubt, dass ein Diener sie vom Postboten angenommen und dorthin gelegt hatte. Jetzt bezweifelte er das.

Er schickte nach dem Postamtsvorsteher und fragte, ob irgendwelche Telegramme angekommen seien, die an den Radscha adressiert waren, und an dem betreffenden Tag dem Palast zugestellt wurden.

„Nein, keines“, war die Antwort.

Nun verstand der Radscha, und auch Gopal fing an zu begreifen, dass die Telegramme durch die Kraft von Sai Rāma in den Palast katapultiert worden waren.

Gopal hatte sich nicht wie sein Vater und sein älterer Bruder darum gekümmert, die bedeutenden Hinduschriften zu studieren, aber jetzt begann er Sai Baba als Verkörperung des Göttlichen zu verehren. Diese spirituelle Wahrnehmung und sein Verständnis wurden durch viele Dinge vergrößert, die im Jahr, das auf diese Wunderreise folgte, geschahen, als der Herr das erste Mal neben ihm zum Haus seiner Vorväter reiste.

„Jetzt habe ich zwei Interessen im Leben: Swami und Kricket“, sagte er zu mir mit typischem Understatement im Jahre 1979.

Das Königreich Venkatagiri hatte fast tausend Jahre existiert, als es 1947 das Schicksal aller alten indischen Königreiche mit der Unabhängigkeit Indiens ereilte – das Ende der offiziellen Existenz. Aber die königlichen Titel werden inoffiziell von den meisten, welche die Familien kennen, noch gebraucht.

Außer der Familie Venkatagiri traf ich weitere Abkömmlinge der alten Kriegerkaste zu Sai Babas Füßen. In Lord Sai sehen sie die Wiederkunft von Lord Rāma und Lord Krishna, die vor langer Zeit die Welt ihrer Vorfahren veränderten.

* * *

Unsere nächste Geschichte, die einen großen heiligen Komponisten und bekannten Sänger betrifft, ist ebenfalls mit dem Haus Venkatagiri verbunden. Der Heilige und Komponist Tyāgarāja wurde in der Nähe von Tanjore, im Süden des Staates Tamilnadu (dem früheren Madras Staat) im Jahr 1757 geboren. Er wurde ein Anhänger von Lord Rāma und praktizierte die ununterbrochene Wiederholung dieses Namens (nāmasmarana) mit solch einer Ausdauer und solchem Eifer, dass er im Alter von dreißig Jahren eine Vision von Rāma und seinem Bruder Lakshmana hatte.

Tyāgarājas Liebe zu Rāma kam in seiner Musik zum Ausdruck. Es wird gesagt, dass er in seinem Leben viertausend Lieder über Lord Rāma komponierte. Zweihundert davon werden heute noch gesungen und viele wurden in der ersten Hälfte des zwanzigsten

Jahrhunderts durch die bekannte Sängerin Nagaratnama bekannt. Sie selbst wurde eine wahre Anhängerin von Lord Rāma.

Als sich die äußerst beliebte Sängerin aus der Öffentlichkeit zurückzog, nahm sie ihren Wohnsitz in dem Dorf in der Nähe von Tanjore, wo sich das Grab von Tyāgarāja befand. Es wird in der Tat berichtet, dass sie den Großteil des Vermögens, das sie als Sängerin verdient hatte, für den Unterhalt und die Verschönerung des heiligen Grabes, das ein Ort der Anbetung (mahāsamādhi) wurde, verwendete.

Nach ihrem Rückzug aus dem Berufsleben verbrachte Nagaratnama viel Zeit in Meditation über Lord Rāma am Grab des großen Heiligen, der sein Leben damit zugebracht hatte, seine Hingabe an Rāma in seiner Musik, die sie so verehrte, auszudrücken.

Eines Tages im Jahr 1951 hatte Nagaratnama eine Vision, als sie am Grab des Heiligen über Lord Rāma meditierte. Die Gestalt Tyāgarājas erschien vor ihr und sagte: „Warum suchst du Lord Rāma hier? Er ist jetzt in Venkatagiri in der Gestalt von Sai Baba."

Nagaratnama hatte von Sai Baba gehört und sandte sofort ein Telegramm an den Radscha mit der Frage, wie lange Sai Baba sich dort aufhalten würde und ob sie kommen dürfe, ihn zu besuchen. Der Radscha antwortete, dass der Herr noch für einige Tage bleiben würde, und dass sie im Palast willkommen sei.

Die alte Sängerin machte sich am gleichen Tag mit dem Auto auf und fuhr die anstrengenden etwa vierhundert Meilen bis Venkatagiri ohne Pause. Als am Ende der langen Fahrt Sai Baba vor ihr stand, sah sie die Gestalt von Lord Rāma und fiel in Trance. Sie verblieb für mehrere Stunden in der Trance, bis Baba seine Hand auf ihren Kopf legte und sie zurück ins normale Bewusstsein zurückholte.

Dann hatte sie die unaussprechliche Freude, neben Swami zu sitzen, während sie zusammen Tyāgarājas Lieder der Hingabe sangen. Die berühmte Sängerin verschied innerhalb eines Jahres nach diesem gesegneten Darshan von Lord Rāma.

Dattātreya

Die folgende Geschichte, von der ich hier berichten will, trug sich kürzlich im Bandipur-Wald im „Wild-Life"-Sanktuarium in der Nähe der Nilgiri-Berge zu. Dies ist ein bevorzugter Flecken des Herrn, der oft auf seinen Reisen zu und von seinem Haus und der Schule in Ootacamund (Ooty) dort vorbeikommt.

Meiner Frau und mir wurde diese Begebenheit von zwei verschiedenen Menschen berichtet, die Zeuge davon waren. Der erste war Colonel Jogarao. Wenige Tage später, als wir Swami im Auto nach Madras folgten, wurde uns die gleiche Geschichte von Mrs. Brij Ratanlal erzählt, die in Brindavan in einem Häuschen in der Nähe von Swami lebt. Wie Martha in der Bibel drückt sie ihre Hingabe an den Herrn dadurch aus, dass sie ihm auf vielseitige praktische Weise dient.

Zum Beispiel hat Mrs. Ratanlal oft die Erlaubnis, mit einer Gruppe von Devotees zu reisen, die mit Swami irgendwohin fahren. Wenn früh aufgebrochen werden soll und Swami vorhat, unterwegs für ein Picknick anzuhalten, haben wir festgestellt, dass sie die meiste Zeit der wertvollen Nacht damit verbringt, für das Gruppenpicknick zu kochen. Brij Ratanlals Zubereitungen an Nahrung sind mit Liebe zum Herrn durchtränkt und sie ist, ähnlich wie andere Anhängerinnen, die ich kenne, eine ausgezeichnete Köchin.

Auf dieser betreffenden Fahrt erzählte sie uns von vielen wunderbaren Erfahrungen, die sie mit Sai erlebt hatte, und wir stoppten sie auch nicht, als sie zu der Geschichte kam, die wir gerade von Jogarao gehört hatten. Wir dachten, es sei eine gute Sache, beide Versionen zu hören. Tatsächlich waren beide Versionen im Wesentlichen gleich. Aber jeder Erzähler steuerte ein oder zwei Details bei, die der andere übersehen hatte oder vielleicht nicht einmal kannte. Hier folgt die aus beiden Berichten zusammengefügte Geschichte.

Colonel S. O. Jogarao, Ingenieur der indischen Armee im Ruhestand, ist ein praktisch veranlagter Anhänger. Seine meiste Zeit verbringt er als eine Art Geschäftsführer für Babas ausgedehntes Bauprogramm. Dies führt natürlich dazu, dass er häufige Kontakte mit dem Herrn bei Besprechungen und Anweisungen hat.

Als glücklicher, fröhlicher Karmayogi, das heißt ein Mann der selbstlosen Tat, kümmert Jogarao sich nicht um die Tiefen der Metaphysik, aber er hatte zu dieser Zeit den drängenden Wunsch, die „Göttliche Gestalt“ zu sehen. Eines Tages, als er darum bat, die „Göttliche Gestalt“ gezeigt zu bekommen, lächelte Swami ermutigend. Jogarao ahnte, dass er bald mit der Vision gesegnet werden würde.

Bald darauf nahm Swami ihn mit einer Anzahl College-Schülern, Mrs. Ratanlal und etlichen anderen Leuten auf einen Ausflug mit. Die Gesellschaft machte für einige Zeit Halt im Wald des Sanktuariums und einer der Schüler begann mit seiner Polaroidkamera zu fotografieren. Jedes Foto war ein Bild Swamis, wie er neben einem der Teilnehmer der Gruppe stand, und wenn das Foto aus der Kamera kam, gab Swami es der betreffenden Person. Es sollte ein Souvenir an den Moment sein.

Übrigens war ich manchmal selbst in solchen Momenten anwesend gewesen und ich habe ein hoch geschätztes Souvenir von meiner Frau und mir, wie wir neben Swami stehen. Das Foto wurde bei einem dieser Lunchpausen in demselben Wald gemacht.

Bei dieser Gelegenheit – berichteten uns beide Erzähler – verlangte Swami, nachdem bereits viele Mitglieder mit ihm fotografiert worden waren, allein fotografiert zu werden und stellte sich weit abseits der Gruppe. Als der Schüler, der fotografierte, sorgfältig den Photoapparat einzustellen begann, kam Mrs. Ratanlal auf Swami zu und deutete an, dass sie gerne sein Gewand glattstreichen wolle, damit die Falten schön fallen; sie war wie eine Mutter, die die Kleidung ihres Kindes attraktiv arrangieren möchte, bevor ein Foto gemacht wird.

„Bleib zurück!“, ordnete Swami mit lauter und befehlender Stimme an. Beunruhigt sprang sie zurück, ohne sein Gewand berührt zu haben.

Als das Foto aus der Kamera kam, wies Swami den Schüler an, es Jogarao zu geben. Dieser stand verwirrt, aber erfreut da, mit dem dunklen Papier in der Hand, während sich das Bild langsam entwickelte. Aber anstelle des wohlbekannten Bildes von Sathya Sai Baba, erschien dort die Gestalt von Lord Dattātreya mit den drei Köpfen. Jogarao war vor Überwältigung sprachlos; der Herr hatte sein Gebet auf eine völlig unerwartete Weise beantwortet.

Das Foto wurde zum Betrachten für alle herumgereicht und während sie es anschauten, sagte Swami leise zu Mrs. Ratanlal als Erklärung für sein furchteinflößendes Kommando an sie: „Wenn du mich berührt hättest, wärest du von der Energie getötet worden.“

Ich verstand diese Aussage besser, nachdem ich von Gopal von Venkatagiri ein Ereignis erfahren hatte, das er mir von Swamis frühem Leben berichtete. Einmal, erzählte Gopal, sagte Swami, der in einem der großen Räume im Palast auf einer Couch lag, zu Gopal: „Fasse meine Füße nicht fest an, aber berühre sie leicht mit deinen Fingerspitzen."

Gopal tat es und die Kraft warf ihn wirbelnd im Raum herum, so dass er gegen die Wand auf der anderen Seite geschleudert wurde. „Es war wie ein elektrischer Schlag von einer Hochspannungsleitung", sagte Gopal.

Die Kraft, die Swami manifestierte, als er die Gestalt des Dattātreya für die Aufnahme mit der Kamera schuf, war offensichtlich stark genug, um jeden, der damit in Kontakt gekommen wäre, zu töten.

„Ich frage mich, weshalb er dir Dattātreya gezeigt hat, anstatt Rāma oder Krishna, die die Gestalten zu sein scheinen, die er meistens annimmt", sagte ich zu Jogarao.

„Oh, Dattātreya ist seine wahre Gestalt", antwortete Jogarao kurz.

Aber ein anwesender spiritueller Philosoph bemerkte: „Das sind alles seine wahren Gestalten, oder besser: Er hat überhaupt keine wahre Gestalt."

Das war natürlich die tiefste Wahrheit. Dennoch spürte ich, dass in Jogaraos Bemerkung eine Bedeutung lag, die er entweder nicht erklären konnte oder nicht wollte. Gab es eine besondere Verbindung zwischen der Gestalt des Dattātreya und des Sai?

Später wurde etwas Licht in dieses Mysterium gebracht, als ich einen Artikel von Dr. Charles White, damals Professor der Philosophie und Religion an der Amerikanischen Universität in Washington, D. C., las.

Iris und ich hatten Charles White als Theosophen gekannt und ihn auf seine Bitte hin 1970 mit zu Sai Baba genommen. Er hatte einen seiner Studenten mitgebracht, einen ordinierten Jesuitenpater, der Vergleichende Religionswissenschaften studierte. Die beiden hatten gemeinsam einen Film über Swamis Aktivitäten gedreht, um ihn den Studenten in Amerika zu zeigen.

Der Besuch und der Film waren ein Teil von Dr. Whites Studien über den Hinduismus anhand seiner vergangenen und zeitgenössischen Heiligen. Zwei Jahre später veröffentlichte er in „The Journal of Asian Studies", August 1972, einen Artikel mit dem Titel: „Die Sai-Baba-Bewegung – Methoden für das Studium indischer Heiliger". Später wurde dieser als Büchlein herausgegeben, wovon Charles White mir freundlicherweise ein Exemplar gab.

In diesem Artikel zieht er eine Verbindungslinie zwischen einer Anzahl von Heiligen, Asketen und Avataren. Auf dieser Linie liegen Goraknath (ein Asket des 12. Jahrhunderts), Kabir (ein Heiliger und Dichter des 15. Jahrhunderts), Dattātreya (der sechste Avatar Vishnus), Shirdi Sai Baba und Sathya Sai Baba.

Die Hauptzüge, die White als gemeinsam für diese spirituellen Personen angibt, sind: ihre Versuche, verschiedene Religionen zu vereinen (besonders die Religion der Hindus und Moslems), ihr Gebrauch geheimnisvoller Kräfte, das ewige Feuer, das als Brennpunkt des religiösen Lebens am Brennen gehalten wird, und ihre außerordentliche Liebe zu Tieren.

Wenn wir das letzte Merkmal zuerst nehmen: Dattātreya wird in den bildlichen Darstellungen als von Tieren, einschließlich Hunden, umgeben gezeigt. Kabir und Shirdi Sai hatten beide große Liebe für Tiere. Sathya Sai hat einen richtigen privaten Zoo. Mit großer Liebe hegt und pflegt er viel Tiere, einschließlich den Elefanten Sai Gita, ein Kamel, viele Hunde, Vögel, Kaninchen und Damwild.

Das Merkmal des ewigen Feuers setzt sich mit Shirdi Sai fort, endete aber mit Sathya Sai. Das heißt, es scheint in eine andere Dimension übergegangen zu sein, von wo aus es einen fertig verfügbaren Bestand heiliger Asche, die Vibhūti genannt wird, liefert.

Die geheimnisvollen Kräfte der anderen treten in Sathya Sai noch stärker hervor und er setzt den Versuch zur Vereinigung verschiedener Religionen in größerem Ausmaß fort.

Ich sprach über Dr. Whites Artikel mit einigen von Babas gelehrtesten und ergebensten Nachfolgern. Die meisten von ihnen schienen zu glauben, dass etwas an Whites Ideen dran sei – ein flüchtiges Band zwischen unserem gegenwärtigen Avatar, Dattātreya, Kabir und möglicherweise Goraknath. Aber keiner konnte erklären, was es war.

In seinem Buch „Life of Sai Baba“[10] schreibt der Biograph H. H. Narasimha Swamiji, dass Shirdi Sai Baba seinen Anhängern gesagt habe, er sei in einem früheren Leben Kabir gewesen. Und

10 H. H. Narasimha Swamiji: Life of Sai Baba, All India Sai Samaj, Madras, 1955.

es besteht kein Zweifel daran, dass Sathya Sai eine Reinkarnation von Shirdi Sai ist.

Ferner berichtet Sri N. Kasturi[11] von einem Ereignis, das in diesem Zusammenhang einige Bedeutung zu haben scheint. Kurz handelt es sich um folgendes: Ein Verehrer von Dattātreya bat seinen langjährigen Guru, er möge nach Puttaparthi reisen, um Shrī Sathya Sai Babas Segen zu bekommen, der, wie er behauptete, eine Reinkarnation von Dattātreya sei. Der Guru erwiderte, dass er selbst für die Reise zu alt sei, sein Schüler aber für Babas Darshan hinreisen solle.

Der Dattātreya-Schüler tat so und wurde zu einem Interview gerufen. Swamis erste Worte an ihn waren: „Komm her! Mach deine Verbeugung (namaskāra). Hier ist für dich Dattātreyas pītha (Basis, Sitz, Ruheplatz)."

Kasturi schreibt: „Dattātreya wird in den Purānas gepriesen als „Er, der sich im gleichen Augenblick an jedem Ort befindet", um Rufe, Gebete und Flehen aus allen Himmelsrichtungen als Fürsprecher und als Spender von Trost und Kraft und Linderung zu erhören." Diese Worte könnten geschrieben sein, um Sai Baba zu beschreiben.

Obwohl alle Avatare im Wesentlichen ihrer Einheit mit Gott und ihrer Identität untereinander gewahr sind, mag es auf anderer Ebene besondere Beziehungen geben. Als Personen scheint es gewisse Verbindungen und persönliche Vorlieben zwischen gewissen Heiligen und Avataren zu geben. Die eine einzige Göttliche Person könnte sich zu verschiedenen Zeiten inkarniert haben, zum Beispiel als Kabir, Dattātreya und Sai Baba.

11 Kasturi, N.: Sathya Sai Baba – Sein Leben, Bd. 1, Dietzenbach, 1997

6. Verwandlung und Rettung von Menschen

VIELE MENSCHEN HABEN gesagt, Sai Babas größtes Wunder sei die Art und Weise, wie er die Herzen, das Denken und das Leben der Menschen verwandelt. Die Verwandlung betrifft eine bessere Gesundheit, den Zustand des Glücklichseins und ein sinnvolleres, erleuchtetes Leben.

Das ist keine leichte Aufgabe, denn wir haben Willensfreiheit, oder zumindest bis zu einem gewissen Grad. Unser größter Wunsch ist, frei zu sein, weil Gott uns so gemacht hat. Aber mit Freiheit geht Verantwortung einher. Und da der menschliche Verstand viele Fehler macht, muss der Preis für Freiheit Leiden sein. Nur durch Leiden aufgrund unserer Irrtümer werden wir die All-Weisheit erlangen, die keine Fehler macht. Das spirituelle Wachstum, das zur All-Weisheit führt, muss in der Schule der Not gewonnen werden.

Wenn es nun Gottes Vertrag ist, uns nicht wie Marionetten an der Schnur zu manipulieren, wie kann Er uns verändern? Durch welche Macht kann Gott den inneren Menschen wandeln und so die Menschheit vor dem selbstmörderischen Ausgang ihrer eigenen ständigen, sich anhäufenden Fehler retten?

Nicht durch weise und überzeugende Argumente für den denkenden Verstand, sondern nur durch die subtile, überzeugende Kraft der Liebe wird die Alchimie der menschlichen Transformation zustande kommen. Manchmal ist das ein rascher Prozess, oft jedoch ein langsamer. Um Sai Baba herum können wir Beispiele für beide Arten am Werk sehen.

Kein einziger Beobachter kann jemals mehr als einen schmalen Querschnitt der Tausenden von Individuen sehen, in denen Baba die innere Verwandlung geschmiedet hat. Aber wir können uns aufgrund des Querschnitts eine Vorstellung vom ganzen Bild machen. Die Mehrzahl der Menschen kommt zuerst mit einem weltlichen Problem zu Sai Baba. Er löst das Problem und bewirkt gleichzeitig eine subtilen Wandlung im Menschen selbst. Jahre später erkennen sie, dass die Probleme in Wirklichkeit belanglose Dinge waren, aber der Wandel, der sich in ihnen vollzogen hat, war in der Tat sehr groß.

Ich selbst hatte kein besonderes weltliches Problem, das er lösen sollte, als ich zuerst zu Swami kam. Ich war der Philosoph, der in der Welt auf der Suche nach Wahrheit mit der kleinen Lampe des Verstandes umherzieht.

Bei meiner Suche hatte ich ein paar Goldklumpen der Wahrheit gefunden, die den geistigen Horizont erweitern und dem Verstand Freude bereiten und Zufriedenheit vermitteln. Aber da war immer noch eine innere Unzufriedenheit, ein Hunger nach etwas mehr, nach einem inneren Geheimnis, das Erfüllung und Frieden für das ganze Sein bringt.

Dann, in dem Moment, als ich das erste Mal allein mit Sathya Sai Baba war, durchdrang sein geheimnisvoller Pfeil Göttlicher Liebe die verhärtete Schale meines Herzens und es begann eine Wandlung von Grund auf. Der Einschlag kam plötzlich und gewaltig, aber seine äußerlichen Wirkungen in meinem Leben erfolgten schrittweise. Ich will versuchen, einige dieser Ergebnisse zu beschreiben.

Ich stellte fest, dass ich geistig einen neuen Aussichtspunkt eingenommen hatte, von dem aus das Panorama des Lebens anders aussah. Das Licht schien auf einige vertraute Gipfel weniger stark, während einige andere in einem klareren, helleren Licht erschienen. Die Gipfel materiellen Erfolgs, von Ruhm, von weltlichen Vergnügungen zum Beispiel verschwammen im Hintergrund. Sie waren noch sichtbar, erschienen aber weniger verführerisch. Statt dessen begannen andere Gipfel, das Herz zu rufen und wünschten geschätzt zu werden. Einige davon können als Dienst für Gott, für die Menschheit und das Verständnis des Göttlichen bezeichnet werden.

Ich wusste bereits, dass mein Dharma darin bestand, zu schreiben. Swami bestätigte das. Aber durch seinen Einfluss veränderte sich meine Motivation, ohne dass darüber ein Wort gesprochen wurde. Anstatt vorwiegend für Namen, Ruhm und Reichtum oder nur für den Lebensunterhalt zu arbeiten, wie zuvor, richtete ich meinen Blick auf ein anderes Ziel. Von nun an wollte ich, komme was wolle, danach streben, die Wahrheit auszudrücken, wie ich sie sah, um dadurch meine Tage im Dienst für Gott und die Menschheit zu verbringen.

Ich erhebe nicht den Anspruch, den hohen Gipfel wunschlosen Handelns (nishkāmakarman) erreicht zu haben, aber ich versuche, meine Pflicht mit Liebe zu erfüllen und die Ergebnisse meiner

Handlungen ausschließlich Gott zu überlassen. Ich versuche es. Dadurch habe ich eine glücklichere, befriedigendere Ansicht über Arbeit gefunden.

Aber ganz abgesehen von dem grundlegenden Wandel in Bezug auf meine Arbeitsmotivation habe ich durch den segensreichen Einfluss meines Avatar-Gurus eine beständigere, verständnisvollere und kreativere Einstellung zum Leben im Allgemeinen entwickelt. Ich bin glücklich darüber, dass meine Frau und ich Swami gemeinsam gefunden haben. Sehr bald, nachdem wir zu ihm kamen, sagte er uns, dass unsere Ehe fest auf einer tiefen spirituellen Einheit und auf einer andauernden Freundschaft aus einem früheren Leben basiere.

„Es gab nur euch beide", lautete seine treffende Beschreibung unserer Beziehung. Dann fügte er geheimnisvoll hinzu: „Aber jetzt gibt es drei von uns."

Zunächst überhörten wir die tiefe Wahrheit, die in dieser einfachen Aussage zugrunde liegt, aber später verstanden wir vollständig, was er gemeint hatte. Jetzt haben wir das Gefühl, dass er immer bei uns ist – der allerwichtigste von den dreien. Die Zutat Göttliche Liebe ist in wachsender Menge als Verordnung für jeden Tag vorgeschrieben. Wenn Angst oder Sorgen an uns nagen, erinnern wir uns seiner Worte: „Warum fürchtet ihr euch, wenn ich hier bin?" Und da er immer hier ist, warum überhaupt sich fürchten?

Das Leben bekommt sicherlich eine neue Bedeutung, wenn du jenseits aller Zweifel weißt, dass Gott in dir und um alles herum ist, jeden deiner Schritte lenkt, versteht und vergibt, wenn die Schritte fehlgehen. Swami hat uns das Ziel gesetzt, und wenn der Weg auch manchmal schwierig sein muss, kennen wir den wahren Sinn und das Ziel des Lebens und werden versichert, dass wir es am Ende erreichen. Solch sicheres Wissen führt zu einem beständigen Unterton der Freude und des Friedens, der uns erkennen lässt, wie leer unser Leben war, bevor wir die Liebe des Herrn kannten.

Viele Sai-Devotees, mit denen ich über solche Themen gesprochen habe, berichten mir, wie Baba die Qualität ihres Lebens dadurch verändert hat, dass er ihnen gleichermaßen neue Wertmaßstäbe gab, indem er die Vergnügungen der Sinne durch dauerhaftere, erfüllendere spirituelle Freuden ersetzte.

Ein gutes Beispiel dafür ist Dr. Prakash Sharma, der eine florierende Arztpraxis in Australien hatte. „Ich genoß mein Leben –

oder glaubte es wenigstens, – trank Alkohol, rauchte Zigaretten, führte und nichtssagende Gespräche auf Cocktailparties und bei Klubtreffen", sagte er. Kurz gesagt, nachdem er nach Australien gekommen war, nahm er mit Leib und Seele am für das Land typischen gesellschaftlichen Leben teil.

Weil er ein Neuankömmling war, kannte er gewisse Machenschaften skrupelloser Häuserbauer nicht, die den Bauboom im Land ausnutzten. Als er durch soziale Kontakte in die Fänge eines solchen geriet, verlor er Tausende von Dollars und geriet beim Bau eines Eigenheimes für sich und seine Familie in gewaltige Schwierigkeiten. Gleichzeitig verkam seine Arztpraxis wegen Verleumdung beinahe zur Bedeutungslosigkeit.

Zu dieser Zeit bekam Dr. Sharma mit einigen Mitgliedern der Sai-Familie in Sydney Kontakt und begann, an Treffen im Sai-Zentrum teilzunehmen. Er bekam das Gefühl, dass Swami bei ihm war und ihm bei all seinen schwierigen Problemen half. Sein Glaube wuchs in der Tat, als sich die Widrigkeiten intensivierten und zum Schluss überwand er sie. Und zwar im wahrsten Sinne des Wortes, da er denjenigen vollständig vergeben konnte, die ihm Schlimmes angetan hatten. „Erst durch sie", sagte er, „und durch das von ihnen verursachte Leiden kam ich näher und näher zu Swami. Deshalb sollte ich ihnen wirklich dankbar sein für das, was sie taten."

Die Transformation, die ihn befähigte, seinen Feinden zu vergeben, führte auch zu einem vollständigen Wandel in seinen gesellschaftlichen Vorlieben und seinem Verhalten. „Jetzt habe ich Swami und will die gesellschaftlichen Aktivitäten, in die ich mich früher gestürzt habe, nicht mehr. Ich mag es, einfach zu Hause bei meiner Familie zu sein oder Sai-Freunde zu treffen und über den Herrn zu sprechen. Ich bin auch viel glücklicher."

Dr. Sharma begann unmittelbar, nachdem sein neues Haus vollendet war, mit Bhajan-Singen und Studienkreisen. Bald entstand der starke Wunsch, unbezahlte medizinische Arbeit da zu leisten, wo sie am dringendsten gebraucht wurde. Schließlich entschied er, dass der größte Bedarf hierfür in seinem eigenen Land war. Deshalb gab er unter voller Zustimmung seiner Frau und seiner zwei Kinder – alle eifrige Sai-Devotees – seine wieder blühende Praxis auf, verkaufte sein Haus und all seine Habe und kehrte nach Indien zurück.

Er wusste sehr wohl, dass der materielle Standard in Bezug

auf Komfort für sich und seine Familie beachtlich zurückgehen würde. „Aber ich mache mir nichts daraus", sagte er, „ich werde dem Herrn besser dienen, wenn ich meinen eigenen Landsleuten helfe." Ferner hoffte er darauf, dass seine Kinder – ein Junge und ein Mädchen – einen Platz in Swamis Schulen finden würden und somit die bestmögliche Erziehung bekämen.

Die Verwandlung von „Hunden" in „Lampen"

In diesem Stadium konzentriert sich Swami auf die Erziehung der Jugend und hier können die tiefgreifenden Veränderungen im menschlichen Charakter am eindrucksvollsten beobachtet werden.

Ein bedeutender Pädagoge Indiens stellte kürzlich fest, dass die im Westen so weit verbreiteten Muster von gewalttätigem Verhalten nach Indien gekommen sind. Drogenabhängigkeit, zügelloses Leben, Alkoholismus, politische Agitationen mit Gewaltandrohungen sind Teile des Musters. Indischen Eltern widerstrebt es sehr, ihre Kinder in diese korrumpierende und demoralisierende Atmosphäre zu schicken. Aber was für eine Alternative haben sie?

Sogar schon ein kurzer Kontakt mit den Shrī Sathya Sai Schulen ist genug, um zu zeigen, dass das Leben der Schüler an diesen im völligen Kontrast zu den häßlichen, deprimierenden Mustern steht, die sonst überall anzutreffen sind.

Dr. S. Bhagavantam, ein naher und eifriger Beobachter der Sai-Schulen, zeichnet das Bild viel besser als ich es könnte. In dem Artikel aus „Golden Age" schreibt er:

> „Man braucht sich nur anzusehen, wie eine der Sathya Sai-Schulen geführt wird und eines der Wohnheime besuchen, um auch als gelegentlicher Gast zu erkennen, wie die Bewohner sind, und um zu wissen, wie die praktischen Ideale und die Lebensart aussehen. ... In diesen Schulen wird über die Würde der Arbeit und das einfache Leben nicht nur gesprochen, sondern es wird praktiziert. ... Die Schüler arbeiten in der Küche, in der Molkerei, im Krankenhaus und in den Dörfern. Man sagt, es gebe keine Fertigkeit, kein Lerngebiet, in dem die

> Schüler nicht einen hohen Grad an Tüchtigkeit erlangt hätten. ... Man findet unter ihnen Tänzer, Sänger, Köche, Bedienstete und Krankenschwestern, öffentliche Redner, Prediger, Elektriker und Rundfunkmechaniker ebenso wie Gelehrte der Veden, die ihre Fähigkeiten sachkundig, jedoch mit lobenswerter Bescheidenheit unter Beweis stellen. Die Bereitschaft, den Bedürftigen und Kranken in selbstloser Weise zu helfen, ist unter den Schülern so auffällig, dass Personen, die vorübergehend bei den Schülern leben, häufig über den Stolz und Egoismus, den sie bei sich feststellen, beschämt sind.“

Eine Tatsache, die nicht leicht zu erklären ist, besteht darin, dass trotz all der anderen Aktivitäten die akademische Leistung hervorragend ist und jedes Jahr unter Beweis gestellt wird, wenn die Studenten dieser Schulen in allen Examen, die an den jeweiligen Universitäten durchgeführt werden, hohe Abschlüsse erreichen.

Ein bemerkenswerter Aspekt ist die Tatsache, dass es eine Reihe von Schülern gibt, die – wie es sich ergab – verwöhnte Kinder reicher Eltern sind, die an anderen Schulen so lange unterrichtet wurden, bis sie völlig korrumpiert waren und von ihren Eltern als unverbesserlich aufgegeben wurden. Solche Jugendliche verändern – nachdem sie in Sathya Sai-Schulen und -Internate aufgenommen werden – ihr Verhalten so, dass ihre Eltern und Lehrer ihren eigenen Augen nicht trauen, wenn sie die Ergebnisse sehen. Man muss nur mit solchen Eltern sprechen, wie ich es oft getan habe, um zu erkennen, wie dankbar sie der Vorsehung sind, die ihre Kinder in eine einzigartige Erziehungsinstitution gebracht hat, die der Jugend eine neue Lebensart vermittelt. Diese Transformation bei jungen Leuten ist das größte Wunder und das erstaunlichste unter allen Wundern, die ich Shrī Sathya Sai Baba habe vollbringen sehen. Jeder Jugendliche wird auf eine Art behandelt, die auf ihn abgestimmt ist; und keine zwei sind gleich.[12]

„Er verwandelt uns von Straßenhunden in Straßenlaternen“, schrieb ein Schüler lakonisch.

12 siehe Artikel von Dr. S. Bhagavantam in Golden Age, 1979, Prasanthi Nilayam

Wenn ich mein eigenes Zeugnis dem des werten Doktors hinzufüge, bin ich erstaunt und verzaubert von der Bereitwilligkeit und dem aufrichtigen Respekt, mit denen diese Schüler den Älteren dienen, wann immer sich dazu die Gelegenheit bietet. Sie alle sind ruhig, sprechen nur, wenn notwendig, und ihre Manieren sind perfekt. Es ist eine Freude, bei solchen jungen Söhnen Gottes zu sein und zu ihnen in ihrem Vortragssaal zu sprechen, wie ich es bei mehreren Anlässen durfte.

Einmal zum Beispiel, als ich gerade erst nach Indien zurückgekehrt war, ging ich ohne Erwartungen in eine Versammlung von Lehrern und Schülern, um Swami zu hören. Aber bevor Swami zu sprechen begann, rief er mich nach vorn und sagte: „Gib diesen Schülern ein paar Ratschläge, ungefähr zehn Minuten!“

Ich fühlte mich überrumpelt. Wie konnte ich diesen jungen Männern, die nahezu perfekt schienen, Ratschläge geben? Aber wenn Swami sagt: „Sprich!“, dann spricht man. Das Thema meiner kurzen Ansprache war ihr Glück, in einer solchen Lehrinstitution unter dem direkten Einfluss eines Avatars zu sein. Mein Rat an sie war, dass sie sich darauf vorbereiten sollten, zu sein, was sie – dessen war ich mir sicher – ausgewählt worden waren zu sein, – vollkommene Instrumente für die göttliche Mission des Avatars. Wo immer sie sich nach der Schülerzeit wiederfinden würden, sollten sie sich immer an ihre Rolle als Helfer Gottes für die Rettung der Menschheit erinnern.

Swami stand danach auf und verbrachte ungefähr eine Stunde damit, ihnen verbal Prügel zu verabreichen. Ich war erstaunt. Aber da ich vor ihnen saß, konnte ich das Meer der eifrigen jungen Gesichter beobachten. Seltsamerweise schienen sie überhaupt nicht durch die strengen Zurechtweisungen, die sie von Swami bekamen, geknickt zu sein. Ihre Gesichter glühten weiterhin in Liebe und Verehrung, während sie jedes Wort in sich hineinsogen.

Ich fing an zu glauben, dass es vielleicht ein Fehler gewesen war, sie zu loben, wenn Swami genau das Gegenteil tat. Aber nachher, als er hinausging, sah er mich an, lächelte und sagte: „Das war ein guter Rat, den du ihnen gegeben hast.“

Danach sprach ich mit dem College-Direktor, unserem alten Freund Professor D. Narender. „Warum“, fragte ich ihn, „hat Swami die Schüler auf diese Weise zurechtgewiesen?“

„Oh“, antwortete er, „einer oder zwei von ihnen haben sich schlecht benommen. Diejenigen, denen die Mützen passen, tragen sie. Die anderen bekommen eine gesunde Erinnerung an das hohe Niveau, das erwartet wird."

„Aber sie sahen gar nicht beunruhigt aus, sondern wirklich ganz glücklich!"

„Nun, sie sind immer glücklich, zu Swamis Füßen zu sein und ihn sprechen zu hören, was auch immer er sagt. Sie wissen, er liebt sie", erklärte Narender.

Das ist der Schlüssel. Swami ist ein strenger Erzieher, aber seine große Liebe heilt alle Wunden, die durch scharfe verbale Züchtigung hervorgerufen sein mögen.

Fänge eines Krokodils

Ich habe von Fällen gehört, wo die Göttliche Liebe von Lord Sai Menschen aus den Fängen der Zerstörung durch Drogensucht gerettet hat. Persönlich kenne ich mehrere.

Da ist zum Beispiel die junge Frau aus einem europäischen Land, die aus verständlichen Gründen namenlos bleiben soll. Meine Frau und ich lernten sie bei einem unserer Aufenthalte in Swamis Ashram gut kennen.

Sie war bereits viele Jahre lang heroinsüchtig gewesen, als sie das erste Mal in der verzweifelten Hoffnung auf Hilfe zu Sai Baba kam. Erstaunlicherweise schien ihr zwingendes Verlangen nach der Droge von dem Augenblick an, als sie ihn sah, zu schwinden. Er sagte ihr, sie solle in Indien bleiben, denn wenn sie in ihr Land zurückkehre, würde sie bald tot sein. Sie wusste, dass er meinte, dass sie dann unfähig sei, dem schlechten Einfluss ihrer ehemaligen drogenabhängigen Bekannten zu widerstehen.

In Swamis Nähe zu bleiben war für sie eine leichte Therapie. Wenn sie eine der üblichen Entzugssymptome gehabt hat, so erwähnte sie das nie. Und keine Schwierigkeiten oder Unannehmlichkeiten schienen sie zu beunruhigen. Wenn Swami von Whitefield nach Puttaparthi oder umgekehrt reiste, sprang sie auf einen der klapprigen Busse und war bald nach ihm am neuen Bestimmungsort. Die Härten des öffentlichen Verkehrs, die Einfachheit der Unterkünfte, Probleme mit der indischen Küche, die Hitze des indischen Sommers, Sprachprobleme, Missverständnisse mit der örtlichen Bevölkerung – derartige Schwierigkeiten und

Ärgernisse ließen sie nicht etwa, wie man hätte erwarten können, zurück in die Droge flüchten. Es fiel alles in nichts zusammen – fortgewaschen im beständigem Fluss der Liebe des Herrn.

Als wir sie zuletzt sahen, war sie mehrere Monate bei Swami gewesen. Er war das Zentrum ihres Lebens – ihr Rehabilitationszentrum „par excellence" –, der sie vor der Zerstörung rettete und sie zurück in ein normales Leben führte. Die Zeit wird kommen, da sie sicher in ihr eigenes Land zurückkehren kann.

Der nächste Fall ist von besonderem Interesse, weil es um einen Arzt aus dem Bezirk von Sai Babas Geburtsort geht. Der Arzt war, wie er behauptet, mit Satyanarayana Raju (Sathya Sai Baba) zusammen auf die Oberschule gegangen. Vor einigen Jahren schrieb er die Geschichte für „Sanathana Sarathi", die Ashram-Zeitschrift auf, und hier ist sie im Wesentlichen, wie er sie erzählt hat:

„Ich bin praktischer Arzt und habe seit einigen Jahren eine zugelassene Praxis in Uravakonda im Bezirk Anantapur des Staates Andhra Pradesh. Als Ergebnis einiger unvorhergesehener Umstände und deren Auswirkung auf meine mentale Verfassung entwickelte ich die lasterhafte Gewohnheit des Morphiumspritzens.

Es begann mit zwei Injektionen täglich. Innerhalb von acht Tagen, das heißt, vom 20. Juni 1968 an, setzte ich mir vier Injektionen am Tag. Nach weiteren vierzehn Tagen brauchte ich acht und innerhalb eines Monats danach war ich gezwungen, mir sechzehn Injektionen pro Tag zu geben. Einen Monat später war die Menge, nach der mein Körper verlangte, auf zwanzig Injektionen angestiegen. Dies setzte sich drei Monate fort, danach musste ich jeden Tag dreißig Injektionen nehmen. Ich konnte keine Möglichkeit finden, die Menge zu reduzieren.

Meine Einnahmen aus der Praxis betrugen ungefähr 800 bis 1.000 Rupien im Monat. Das erwies sich als unzureichend für das Morphium, das ich mir geben musste. Deshalb verkaufte ich fünf Morgen Land für 13.000 Rupien. Das reichte zusammen mit meinem Einkommen für lediglich sechzehn Monate. Dann verkaufte ich drei Morgen Land für 10.000 Rupien und das brachte mich irgendwie durch weitere sechzehn Monate der Sklaverei an diese Gewohnheit.

Am Ende dieser Periode hatte ich kein Geld mehr übrig, deshalb verkaufte ich die Gebäude, die ich in der Stadt besaß, für 6.000 Rupien und verbrauchte sie in den folgenden acht Monaten für Morphium.

Ich habe zehn Kinder, sechs Mädchen und vier Jungen. Meine Frau war gestorben. Ich hatte mich in keiner Weise darum gekümmert, wie die armen Kinder es schafften zu existieren. Sie litten offensichtlich unter Mangel an Nahrung und Kleidung und hatten unter vielfältigen Entbehrungen zu leiden. Sie warteten gewöhnlich vor der Praxis, und wenn sie sahen, dass ein Patient mir Geld gab, weinten sie erbarmungswürdig: ‚Vater! Gib es uns. Wir wollen etwas Getreide, etwas zu essen kaufen!' Aber ich schob sie gewöhnlich mit üblen Bemerkungen beiseite. Es interessierte mich nicht, wie sie aßen oder sich Nahrung beschafften.

Offensichtlich gaben ihnen einige Patienten ab und zu etwas von dem Honorar, das sie mir schuldeten, und durch diese magere Quelle konnten sie Fleisch und Knochen zusammenhalten. Neun Jahre vergingen auf diese Weise.

Ich befand mich in einem Stadium tiefster Verzweiflung. Ich konnte die Menge der Injektionen nicht im Geringsten reduzieren. An Tagen, an denen ich gezwungen war, weniger als gewöhnlich zu nehmen, litt ich extreme Qualen: Schmerzen am ganzen Körper, Gähnen, Schweißausbrüche, Angst, Speichelergüsse, Stottern, Krämpfe – all dies brachte mich in eine elende Verfassung.

Aufgrund der hohen Kosten, die die Sucht verursachte, war meine Familie ruiniert, meine Praxis wurde leerer und bald ganz leer, und meine physische Gesundheit verschlechterte sich von Tag zu Tag. Wie konnte ich den Fängen der Droge entkommen? Was konnte ich tun?

Einer meiner Freunde, der auch Opfer des Morphiums war, war nach Madras zu einer Schädeloperation gefahren, von der man sich eine Heilung der Sucht erhoffte. Ein anderer ärztlicher Freund war auch nach Madras gefahren und hatte sich dort für drei bis vier Monate in Behandlung begeben. Er wurde von der Morphiumsucht geheilt; aber dies hatte den ersten Freund 3.500 Rupien gekostet und den zweiten 5.000 Rupien. Obwohl ich auch gehen wollte, hatte ich nicht das Geld dafür.

Um mit den Injektionen fortfahren zu können, bettelte ich, borgte ich Geld, besuchte Krankenhäuser und bekam irgendwie genug Morphium für meine tägliche Ration von 30 bis 35 Injektionen zusammen. In den neun Jahren hatte ich 40.000 Rupien ausgegeben, dennoch gelang es mir nicht, die Gewohnheit aufzugeben noch die Zahl der Spritzen zu reduzieren. Man kann sich aus den Fängen eines Krokodils leichter befreien als aus den Fängen des Morphiums.

Inzwischen hatten die Devotees von Bhagavān Shrī Sathya Sai Baba eine Bhajan-Gruppe in unserer Stadt gegründet. Sie wurde von meinem Freund Dr. N. Anjaneyulu, M. A., Ph. D., organisiert und die Treffen fanden jeden Donnerstag im Subrahmaneswara-Tempel in der Nähe meines Hauses statt. Eines donnerstags ging ich in den Tempel, setzte mich in die hintere Ecke und lauschte den Bhajans.

Während des Singens kam mir folgender Gedanke: ‚Baba, du warst hier in der Oberschule vor Jahren mein Klassenkamerad. Du musst dich an mich erinnern. Du musst die Tiefen kennen, in welche mich diese Gewohnheit gezogen hat. Einige zweifeln an dir und viele verehren dich als Gott; Ich lasse mich jetzt nicht auf diese Kontroverse ein. Ich will durch eigene Erfahrung die Wahrheit herausfinden. Nun, wenn du mich mit dem geistigen Mut und der Stärke segnest, um mich aus dieser brutalen Morphiumsucht zu befreien, will ich glauben, dass du Gott bist.‘ Mit diesem Schwur, aus vollem Herzen getan, beruhigte ich mich selbst.

Nach wenigen Sekunden endete das Singen. Es wurde an jedermann heilige Asche (vibhūti) verteilt. Ich hielt die Päckchen als kostbares Geschenk in meiner Hand, während ich nach Hause ging und beschloss, auf Baba zu bauen, damit ich die Kraft bekommen möge, mich zu befreien.

Ich beschloss, was auch geschehen mochte, wie hart die Umstände auch sein würden, für volle drei Tage keine einzige Morphiuminjektion zu nehmen. „Wenn ich am vierten Tag von den Fangarmen des Morphiums befreit bin, werde ich Baba genauso verehren, wie jene Leute im Tempel es tun“, sagte ich mir selbst.

Am ersten Tag nahm ich keine Injektion – nicht eine einzige. Ich konnte an jenem Tag keine Notdurft verrichten. Ich hatte starke Schweißausbrüche, Krämpfe in den Muskeln, ein Brennen am ganzen Körper, wilde Fantasien, vergoß Ströme von Tränen und hatte einen Husten. Ich hatte eine schreckliche Zeit. Aber ich nahm kleine Mengen Vibhūti und hielt durch.

Der zweite Tag war schlimmer. Urin und Stuhl waren voller Blut; ängstliche Gedanken an Selbstmord suchten mich heim. Als der dritte Tag hereinbrach, dachte ich, ich würde ihn nicht einmal überleben. In der Nacht schrie und jammerte ich laut. Ich stampfte mit den Füßen auf den Boden. Ich schlug meinen Kopf gegen eine

Säule. Ich zeterte wild und laut. Die Kinder weinten und jammerten, so dass sie die Nachbarn aufweckten. Einige Freunde kamen und vergossen, als sie meinen Zustand sahen, Tränen des Mitgefühls mit den Kindern.

In der Nacht kam ein befreundeter Arzt und brachte aus Verständnis für den Grund meines bedauernswerten Zustands vier Morphiumspritzen und riet mir, einige zu nehmen.

Ich entgegnete: ‚Doktor, das Versprechen, das ich Swami gegeben habe, läuft morgen ab. Heben Sie die Spritzen gut auf bis morgen.'

Es war 3.45 Uhr frühmorgens. Meine Kinder saßen um mich herum. Ich sagte zu meiner kleinen Tochter Hafiza Begum: ‚Geh und hol mir etwas von dem Vibhūti, das ich drüben auf das Regal gelegt habe.' Sie brachte es. Ich nahm eine Prise, legte sie auf meine Zunge und spülte sie mit etwas Wasser hinunter.

Innerhalb von zehn Minuten war ich eingeschlafen. Während des Schlafes war mir, als sei ich auf einer Pilgerreise, und ich wachte nicht vor elf Uhr mittags am nächsten Tag auf. Das war der vierte Tag. Wie versprochen kam mein Freund, der Arzt, als er hörte, dass ich wach war, mit den Morphiumspritzen.

‚Lieber Freund, wie fühlst du dich?', fragte er sanft.

Ich erwiderte genauso sanft: ‚Durch Swamis Gnade ist mein Geist klar und ruhig.'

‚In diesem Fall, glaube ich, benötigst du dieses Morphium nicht.'

In festem Ton antwortete ich: ‚Nein, ich benötige es nicht.'

Der Arzt war überwältigt vor Freude: ‚Ah, welch glückliche Neuigkeiten hast du uns gegeben. Wie erfreulich für die Ohren. Swami hat seine Gnade über dich ausgeschüttet', sagte er. Er ging hinaus zum Obstgeschäft und kaufte zwei Äpfel für mich und legte sie in meine Hände und ging; das Morphium nahm er mit.

Seit diesem Tag, vor drei Monaten, habe ich niemals mehr den leisesten Drang nach Morphium verspürt. Meine Gesundheit wird mit jedem Tag besser. Meine Arztpraxis wurde wieder eröffnet und meine Kinder sind glücklich.

Am Mittwoch nach meinem Entrinnen aus dem Griff des Krokodils schloss ich mich der Nagarasankirtan-Gruppe – Menschen, die Loblieder singend durch die Straßen ziehen – an, die an meinem Haus vorbeizog und nachdem wir den Subrahmanyeswara-Tempel erreicht hatten, berichtete ich allen Anhängern Bhagavāns die Geschichte meines Eids und seiner Erfüllung.

Meine Freunde, Verwandten und alle, die es gut mit mir meinten, waren alle sehr glücklich, als sie von Swamis Gnade erfuhren. Ich habe jetzt keine Zweifel, dass der Göttliche Wille Swamis jeden heilen kann, der unter solch hartnäckigen Gewohnheiten leidet, unter der Voraussetzung, dass er sich ihm ergibt. Ich für meinen Teil bin überzeugt, dass er göttlich ist und dass nur seine Gnade mich gerettet hat.“

* * *

Der Arzt, dessen Name K. Meera Mohiaddin ist, schrieb den oben stehenden Bericht über seine Erfahrung drei Monate nach seiner Heilung, das heißt, im Jahre 1977. Drei Jahre später, 1980, bat ich ihn schriftlich um seine Erlaubnis, ihn in diesem Buch aufnehmen zu dürfen. Er gab bereitwillig die Erlaubnis und sagte: „Ich bin unermesslich glücklich zu wissen, dass meine Erfahrung von Bhagavāns Gnade dir etwas nützt, wenn du dein drittes Buch schreibst.“

Ich selbst war glücklich, aber keineswegs überrascht, festzustellen, dass er noch immer ein normales, gesundes Leben führte, befreit aus den „Fängen des Krokodils“ und dass er noch ein glühender Anhänger von Sai Baba war, der sich darauf freute, an Swamis dritter Weltkonferenz, die in November desselben Jahres stattfinden sollte, teilzunehmen.

7. Sai-Lehren und der Sai-Weg

VIELE BÜCHER WURDEN bereits geschrieben und zweifellos werden noch viele über die Sai-Lehren und den Sai-Weg geschrieben werden. Aber diese Welt ist eine geschäftige Welt und die meisten Menschen sind nicht bereit, sich durch zahlreiche Bände über ein Thema durchzuarbeiten, wenigstens nicht, solange sie nicht den lebenswichtigen Bezug für ihr Leben darin entdeckt haben. So will ich in diesem Kapitel versuchen, das Wesentliche der Sai-Lehren und -Führung darzulegen.

Was sagt er zu den großen Fragen, die uns in den Sinn kommen, wenn wir innehalten und über die letzte Bedeutung der Dinge – Gott, Mensch, das Universum, das Lebensziel, und wie wir leben sollten, um wahres Glück zu finden – nachdenken?

Gott

„Gott ist überall und in allem. Die ganze Schöpfung ist von Ihm und Er ist in der Schöpfung", sagt Baba. Daher können wir uns Gott als die formlose Quintessenz aller Existenz oder als die grundlegende Kraft hinter allen Kräften oder Energien, die das Universum ausmachen, denken. Alle Dinge haben einen Anfang und ein Ende, außer diese eine göttliche Quintessenz oder Kraft. Wie der Umfang eines Kreises hat sie keinen Anfang und kein Ende. Sie ist ewig.

Dieser formlose Gott klingt eher nach einem Prinzip als nach einer Person. Eine Person hat Begrenzungen, während Gott keine hat. Jedoch hat ein Prinzip kein Leben, während Gott alles Leben ist. Baba sagt: „Gott ist nicht ‚Es'; ‚Es' zu sagen würde bedeuten, dass man an unbelebte Materie denkt." In Wirklichkeit ist Gott jenseits der Kategorien menschlicher Gedanken – weder Es noch Er noch Sie.

Wir müssen ein Pronomen verwenden, wenn wir von Gott sprechen. Im Allgemeinen benutzen wir das Pronomen „Er", aber wir sollten daran denken, dass dieser göttliche „Er" jenseits der Begrenzungen der Persönlichkeit ist. Überdies müssen wir auch verstehen, dass der fundamentale, formlose Gott Gestalt annehmen kann und es auch tut, wobei er einen Teil Seines unbegrenzten

Selbst in die begrenzte Form hineinbringt. In der Tat lehrt Baba die vedantische Doktrin, dass Gott alle Gestalten um uns angenommen hat, einschließlich derjenigen, die du siehst, wenn du in einen Spiegel schaust.

Wir können Gott in jeder Gestalt finden, vorausgesetzt, wir sehen die göttliche Quintessenz in der Form. In der Tat wurde Gott seit Erschaffung der Welt in Tausenden von Formen verehrt – menschlichen und anderen. Aber obwohl es viele Formen gibt, gibt es nur den Einen Gott. Swami benutzt die Analogie der Elektrizität, um dies zu illustrieren; wenn man den Schalter dreht, wird die Glühbirne erleuchtet. Aber es ist die gleiche Elektrizität, die alle anderen Birnen erleuchtet. Die Glühbirnen, die am hellsten mit göttlicher Elektrizität brennen, sind diejenigen, welche wir als Formen Gottes verehren.

Wenn ein Autor eine Geschichte oder ein Drama erschafft, bringt er einen Teil von sich in alle Charaktere ein, vielleicht in einige mehr als in andere. Obwohl er in seinen Charakteren existiert, ist jenseits von ihnen viel mehr von ihm. Auf die gleiche Weise existiert Gott unbegrenzt jenseits Seiner Schöpfung. Im Wald, in der Blume, dem Vogel, dem wilden Tier und den Menschen ist Er der eingeborene Gott. Jenseits von all dem ist Er der transzendente Gott.

Er ist dir näher als dein eigener Atem und zur gleichen Zeit weit weg im Unendlichen. Wir können Ihn niemals sehen oder verstehen. Aber wir können Ihn erfahren.

Menschen

„Wer bist du?“, fragt Baba häufig die Menschen. Sie wissen, dass er sie nicht nach ihrem Namen fragt und so kommen sie ins Schwimmen, nicht wirklich wissend, wer sie sind.

Das erste, was er uns eintrichtert, ist, dass wir nicht unser Körper sind. Der Körper ist Teil des sich ständig ändernden Universums. In der Tat ist er selbst ein Miniuniversum, ein Abbild des größeren – und deshalb ein Mysterium.

Genauso wie Gott in und jenseits Seines großen Universums ist, so ist der wahre Mensch in und jenseits dieses Miniuniversums.

Dieser wahre Mensch mag Göttlicher Geist oder Seele oder – wie Swami ihn nennt – Atman genannt werden.

Dieser Geist des Menschen wurde nicht erschaffen, als der Rest der Welt erschaffen wurde. Er hat existiert und wird in Ewigkeit existieren. Auf eine unerklärliche, geheimnisvolle Weise ist der wahre Mensch eins mit Gott und daher gemeinsam mit Ihm ewig.

Die einfache Antwort auf Swamis Frage heißt daher: „Ich bin der Atman oder der Göttliche Geist.“ Er wird ebenso zufrieden sein, wenn du antwortest: „Ich bin Ich“, denn das bedeutet dasselbe.

Die Tatsache, dass wir – in der Quintessenz – eins mit Gott sind, ist vielleicht der herausragende Punkt in Babas Lehren. Wenigstens scheint er ihn mehr als alles andere zu betonen. Natürlich ist es kein neues Konzept. Man findet es in den Upanishaden der Antike und es ist von den großen spirituellen Lehrern festgestellt worden. Sie haben es sozusagen kurz im Vorübergehen ausgesprochen, aber nicht betont. Nun wird es wirklich betont, als ob der Göttliche Verstand wüßte, dass die Zeit reif ist, um mit dieser machtvollen Wahrheit konfrontiert zu werden. Vielleicht können wir sie jetzt wenigstens empfangen.

Aber wenn wir Menschen alle von Gott herkommen, von Einem Gott, wie Swami lehrt, warum haben wir es vergessen, warum sind wir uns unserer wahren Identität dann so völlig unbewusst? Es ist, als ob eine Wolke der Unwissenheit unseren Geist umhüllt, wenn wir geboren werden. In der frühen Kindheit erhaschen wir kurze Schimmer der Herrlichkeit durch die Wolke – „Andeutungen von Unsterblichkeit“, wie es die Dichter nennen. Aber im Laufe der Jahre werden wir mehr und mehr von den sinnlichen Verlockungen und Bindungen der Welt umgarnt. Indem wir unsere wahre Identität vollständig vergessen, nehmen wir eine neue an, die auf unseren animalischen Instinkten, Wünschen und weltlichen Ambitionen basiert. Dies ist das niedere, lästige Ego.

Der Grund, weshalb wir hier in der Schule der Erde sind, ist sicherlich der, damit wir einige wertvolle Lektionen lernen und einen starken, edlen Charakter entwickeln – wie Swami lehrt. Aber warum müssen wir deshalb vollständig vergessen, wer wir sind? Viele spekulative Theorien sind betreffend dieser tiefgründigen Frage aufgestellt worden. Die wirkliche Antwort ist, so denke ich, nur Gott bekannt – und Er hütet das Geheimnis. Es bleibt ein Mysterium mit einer Lösung in der Ewigkeit.

Die Lektionen, die wir zu lernen haben, die Entwicklung unseres Charakters, den wir erreichen sollen, unser letztliches Erwachen zu unserem wahren Selbst, sind Dinge, die viele Lebenszeiten benötigen. So steht die Lehre der Reinkarnation, wie sie Sai Baba lehrt, in Einklang mit der spirituellen Philosophie des Hinduismus und des Buddhismus.

Das Universum

Das Universum der zahlreichen Formen, vom unsichtbaren mikroskopischen Leben bis zu den unsichtbaren weit entfernten Sternen, hatte einen Anfang; so wird es natürlich ein Ende haben. Es wurde vom ewigen Gott geschaffen, nicht aus nichts, sondern aus Seinem unendlichen Selbst. Der Eine erschuf die Erscheinung des ständig wechselnden Vielen, wobei Er immer noch der Eine bleibt.

Das Universum wird – weil es als viele Dinge erscheint – die „Werdende“ Weise Gottes genannt. Der Eine hinter der dynamischen Erscheinung ist als die „Seiende“ Weise bekannt. Wenn wir die Seiende Weise, das unwandelbare Göttliche, in und jenseits der ständig „Werdenden“ Weise sehen könnten, würden wir wahrhaft sehen.

Aber normalerweise sehen wir diesen Gott-im-Universum nicht. Darüber hinaus sehen wir nicht einmal diese sich verändernde Weise, wie sie wirklich ist. Wie die Weisen aller Zeiten und Zonen, einschließlich Sokrates, gesagt haben, gaukeln uns unsere Sinne und der Verstand etwas Falsches vor. Sie erzeugen ein Bild fester, vielfarbiger, dreidimensionaler Objekte, wohingegen – wie die Wissenschaft jetzt bestätigt – das, was wirklich unseren Sinnen mitspielt, ein Netz von Energiemustern ist, die sich mit allerhöchster Geschwindigkeit in riesigen leeren Räumen fortbewegen.

So ist das, was wir zu sehen glauben, Täuschung (māyā); es ist nicht wirklich vorhanden. Und das, was wirklich vorhanden ist, wechselt ohnehin andauernd – außer dem ständig unwandelbaren Einen hinter all dem. Swami vergleicht es mit einer Filmvorführung. Flimmernde Muster aus Licht und Schatten werfen die Illusion sich bewegender Gestalten auf die unbewegte unveränderliche Leinwand. Wenn die Filmspule zu Ende ist, verschwinden die

Gestalten, aber die Leinwand bleibt. Sie repräsentiert die „Seiende“ Weise Gottes.

Aber eine andere Vorführung wird bald beginnen. Ein anderes Kosmisches Schauspiel wird auf die Leinwand des „Seienden“ Gottes projiziert. Erscheinungen von Universen kommen und gehen periodisch. Wir selbst sind Teil dieses Kosmischen Schauspiels. Zumindest sind es unsere Körper und unser Verstand. Aber in jedem von uns ist das unwandelbare Göttliche Wesen. Und das ist das wahre Selbst.

Der Zweck des Lebens

In schwierigen Zeiten oder in Krisenzeiten – wenn nicht zu anderen Zeiten – stellen sich die Menschen die Frage: Was ist der Zweck des Lebens? Die meiste Zeit haben sie sich so verhalten, als sei der Zweck der Existenz viel Geld zu verdienen, eine bedeutende Position zu erlangen, berühmt und mächtig zu werden, oder vielleicht sich bloß zu amüsieren und in der Welt sinnlicher Begierden zu schwelgen. Sie glauben, das Erreichen solcher Ziele wird ihnen Glück bringen.

Aber dann eines Tages, wenn sie vielleicht aus dem einen oder anderen Grund dem Tod direkt ins Angesicht sehen müssen und feststellen, wie nah er immer ist, beginnen sie die Gültigkeit solcher Ziele zu bezweifeln. Aber wo ist das wahre Ziel, fragen sie sich. Was wird den Zustand bleibenden Glücks bringen, nach dem sich das menschliche Herz beständig sehnt? Kann er nur in einem Himmel der Wunscherfüllung dort oben gefunden werden?

Sai Baba lehrt, dass der Zweck des Lebens der ist, herauszufinden, wer wir wirklich sind. Der Mensch ist, wie er sagt, wie der Prinz, der als Baby von Räubern entführt wurde. Er wuchs in dem Glauben heran, er sei einer der Räuber. Aber wenn er herausfindet und ihm jenseits aller Zweifel klar wird, dass er ein Prinz mit einem wunderbaren Erbe ist, wird sich sein Leben und seine Einstellung völlig ändern.

In ähnlicher Weise wird sich unser Leben, wenn wir das direkte zweifelsfreie Wissen über unsere wahre Identität erlangen, auf eine höhere Ebene erheben, und unsere Einstellung wird sich völlig ändern. Begleitet wird diese Veränderung von bleibender Freude, unbeeinflusst von den Höhen und Tiefen der Lebensumstände. Die Entdeckung, wer wir sind, setzt diese Freude frei, die Teil unserer wahren Natur ist.

Wir brauchen nicht zu warten, bis wir sterben und eine andere Existenzebene betreten, um die große Entdeckung zu machen. In der Tat ist es besser, wenn wir sie hier machen – und das ist der Zweck unseres menschlichen Lebens auf Erden.

Wenn wir das wahre, verborgene Selbst gefunden haben, haben wir Gott gefunden, denn Er ist eins mit diesem Selbst. Die nach innen gerichtete Reise zum Selbst und zu Gott mag aus drei Stadien bestehen. Zuerst ist da das Gefühl, dass Gott der Meister ist – ein großes Wesen irgendwo dort draußen – und dass wir Seine Diener sind. Dann kommen die Sucher näher und verstehen, dass jeder von ihnen der Sohn, ein Nachkomme Gottes ist. Schliesslich erkennen sie, dass sie eins mit Gott sind.

Wenn Sucher erkennen, dass sie eins mit Gott sind, dann werden sie auch wissen, dass sie mit allem Leben eins sind, denn Gott ist alles Leben. Während sie fortfahren, in der Welt zu leben, wird danach das Leben von diesem Gefühl harmonischer Einheit beherrscht sein. Sie werden Glück und Zufriedenheit nicht in den Dingen der Welt suchen. Das Glück wird immer mit ihnen sein. Sie werden nur danach streben, ihren Mitmenschen zu dienen, um alle Menschen zu dem Ziel zu bringen, das sie selbst erreicht haben.

Wie der Zweck erfüllt wird

Da gibt es keine Aladinlampe, die wir reiben können, damit der Schatz plötzlich vor uns liegt. Auch müssen wir nicht um die Welt reisen, um den Schatz zu finden, wie der Mann, der ihn in jedem Land suchte, dann zurückkehrte, um ihn in seiner bescheidenen Hütte unter dem Fußboden zu finden.

Jeder große Lehrer, der Richtlinien zum Erreichen des Lebensziels gegeben hat, gab etwas, das als „Formel“ bezeichnet werden könnte. Aber es ist niemals eine magische „Formel“, die gemixt und gerührt wird, um unmittelbare Ergebnisse zu zeitigen. Es ist stets eine Formel, nach der wir zu leben bestrebt sein müssen. Wenn uns das gelingt, sind die Ergebnisse sicher.

Wie zu erwarten ist, sind die Formeln grundsätzlich die gleichen, wenn wir sie richtig analysieren können – wie wir in späteren Kapiteln sehen werden. Die einzigen Unterschiede liegen in der Art, wie sie dargestellt sind, wieweit der eine oder andere Faktor betont wird oder in der Einführung einer neuen Zutat, um dem Zeitgeist oder den erweiterten Vorstellungen der Menschen, die suchen, zu entsprechen.

Sai Baba hat uns eine Formel aus vier Hauptzutaten gegeben. Aber vielleicht sollten wir sie nicht als Zutaten ansehen, sondern sie als vier Richtlinien auf dem Sai-Pfad betrachten. Wenn wir diesen Richtlinien folgen, werden wir das Ziel sicher erreichen. Ihre Namen auf Sanskrit lauten prema, satya, Dharma und shānti. Ich werde zu erklären versuchen, was jeder in Babas Lehre beinhaltet.

Prema

Prema ist Göttliche Liebe, die Liebe, die von Natur aus unentwegt gibt, ohne etwas zurückzuverlangen. Sie ist die Liebe, die Gott für alle Geschöpfe hat. Wir alle können diese Liebe entwickeln, da sie uns als Teil unserer göttlichen Natur innewohnt. Aber der Weg muss erst geöffnet werden, damit diese Liebe, die im spirituellen Herzen gefangen ist, nach außen fließen kann.

Von der Quelle im Herzen fließt der Strom der Liebe hin zu dem großen Ozean der Liebe, welcher Gott ist. Weil Gott in allen Menschen ist, fließt Göttliche Liebe vom Herzen des Einzelnen zu allen. Sie hat, wie Swami sagt, „die Qualität des Mitgefühls, jenes Mitgefühls, das einen glücklich macht, wenn andere glücklich sind, und unglücklich, wenn andere unglücklich sind." Sie zeigt sich selbst „als eine Reihe kleiner Handlungen, geleitet von einer Haltung der Ehrfurcht vor der Göttlichkeit aller Wesen".

Ich weiß aus Erfahrung, dass Swami selbst als die große „Verkörperung der Liebe" den Weg öffnet, um die Quelle im spirituellen Herzen freizugeben. Um ihn herum ist eine solch mächtige Aura der Liebe, die wie eine Flamme die Trümmer verbrennt, die den Strom von prema von unserer wahren menschlichen Natur fernhalten. Dann beginnt der wunderbare Strom zu fließen, zu Gott und zu allem Leben hin.

Aber er kann wieder von den schweren Ablagerungen der Selbstsucht, des Egoismus, des falschen Denkens und von all dem Schlamm, der aus dem Sumpf der Wünsche stammt, verschüttet werden. Baba gibt viele Anweisungen, wie man in der Welt leben und dennoch den reinen Strom von prema fließen lassen kann. Hier sind ein paar davon:

„Betrachte die Fehler der anderen immer – wie groß sie auch sein mögen – als unbedeutend und vernachlässigbar, und betrachte deine eigenen Fehler – wie unbedeutend und vernachlässigbar sie auch sein mögen – als groß, und bereue."

„Erkenne, dass der eine und einzige Gott in den Herzen aller Geschöpfe wohnt und bemühe dich, sie alle zu lieben. Versuche, die Vaterschaft Gottes und die Bruderschaft aller Geschöpfe zu verstehen. Erkenne, dass Gott reine Liebe ist, dass Er die Verkörperung der Liebe (premasvarūpa) ist."

Wir sollten diese Bruderschaft gegenüber allen Geschöpfen in die Praxis umsetzen, sagt er, indem wir uns jeden Tag erinnern, „den Tag mit Liebe zu beginnen, den Tag mit Liebe zu füllen und den Tag mit Liebe zu beenden. Das ist der Weg zu Gott, denn Gott ist Liebe."

Welch einen Unterschied wird es in unserem Alltag ausmachen, wenn wir uns an diese Maxime jeden Morgen, wenn wir erwachen, erinnern und sie uns von Zeit zu Zeit ins Gedächtnis rufen, während die Ereignisse des Tages vorüberziehen.

Aber warum sind wir dann mit der Fähigkeit zur Kritik ausgestattet, wenn wir uns der Kritik und der Beurteilung anderer Menschen enthalten sollen? Swami lehrt, dass wir die Handlungen eines Menschen kritisieren sollen statt die Person selbst. In der Tat müssen wir uns sorgfältig vor der Beurteilung anderer hüten und davor, über ihre Fehler und Schwächen zu reden.

Aus dem einen Grunde, wir können nicht tief in das Herz unseres Bruders sehen. Um dies zu illustrieren, erzählt Swami die Geschichte von einem Ehepaar, das durch einen Wald zu einer Pilgerstätte wanderte. Der Ehemann, der voranging, sah im Sand auf dem Weg einen Diamanten glitzern. Schnell schob er etwas Sand über den Stein, damit seine Frau ihn nicht sähe. Er hatte Angst, sie würde ihn aufheben und durch den Flitter zum Sklaven gemacht werden – als solchen sah er den Diamanten an.

Aber die Frau hatte den Edelstein und die Fußbewegung gesehen. Sie schalt ihren Mann, weil er im Geist einen Unterschied zwischen dem Diamanten und dem Sand machte. Für sie, so sagte sie, sei beides gleich. Der Mann hatte also mit Sicherheit versagt, in das Herz seiner Frau schauen zu können.

Wenn unsere spirituelle Wahrnehmung genügend entwickelt ist, um tief in die menschliche Seele zu blicken, wird unser Gefühl der Einheit mit allen so stark sein, dass wir jede Kritik, die wir üben müssen, in freundliches Verstehen und Liebe einbetten. Swami selbst gibt hierfür ein Beispiel. Seine Kritik, die er mit Liebe und Verständnis übt, ist die einzige Art, durch die jeder jemals lernen wird. Alles andere sind einander anbellende Egos, die nichts erreichen, wie das Gekläff von Hunden.

Wenn wir den Richtlinien von prema gemäß den Weg entlang gehen, werden sich unsere Bindungen an weltliche Dinge eine nach der anderen auflösen. Gleichzeitig wird unsere Bindung an Gott gestärkt, so dass wir Seiner Gegenwart ständig gewahr sind. Wir beginnen auch das okkulte Gesetz zu verstehen, dass alle Dinge, die wir in der Welt brauchen, uns gegeben werden, wenn wir das Königreich Gottes suchen.

Swami drückt es einfach aus: „Wenn wir vollständigen Glauben haben und uns Gott vollständig hingeben, dann wird Gott selbst – so wie die Katze ihre Kätzchen versorgt – für unser Wohl sorgen, wo immer wir sind."

Aber selbst wenn wir einsehen, dass es richtig ist, unseren Willen mit dem Göttlichen Willen zu vereinen – was Hingabe bedeutet –, wie lernen wir Gottes Willen kennen? Wie können wir ihn in allen Situationen ahnen?

Die Blockade, die verhindert, dass wir Gottes Willen wahrnehmen, ist unser eigener Egoismus. Es ist etwas, sagt Baba, „das dem Menschen seit Zeitaltern innewohnt und das seine Fangarme mit jedem weiteren Leben tiefer und tiefer aussendet." Hingabe an Gott, sagt er, ist das Wasser, mit dem dieser Schmutz von Zeitaltern weggewaschen wird. In dieses Wasser aus Hingabe jedoch sollen wir das zweifache Reinigungsmittel des Unterscheidungsvermögens und der Bindungslosigkeit hinzufügen – Unterscheidung zwischen dem Falschen und dem Wahren – und unsere Bindung an das Falsche lösen. Die Seife spiritueller Übung (sādhana) muss außerdem benutzt werden, um den letzten Bodensatz an Egoismus wegzuwaschen.

Das Ego, das falsche „Ich", stirbt einen langsamen und schmerzlichen Tod am Kreuz des sādhana. Aber sterben wird es und dann folgt die Auferstehung des wirklichen „Ich".

Wie es der früheste Sufi-Dichter Persiens, Bābā Kūhī, ausdrückte: „Ich verstarb in das Nichts, ich verging, und siehe da, ich war das All-Lebende – ich sah nur Gott."[13]

Auf dem Sai-Pfad ist die Richtlinie der prema die allerwichtigste. Sie führt zur wachsenden Hingabe an Gott und wird durch die Seligkeit erhalten, die aus der Hingabe erwächst. Sucher helfen einander, indem sie sich zusammenfinden, um von der Herrlichkeit Gottes zu singen oder zu sprechen oder eine spezielle Gestalt Gottes zu verehren. Sie sollten Kontroversen vermeiden, denn diese führen zu Egoismus und zur Liebe am Erobern. Da es Raum für Unterschiede in den Ansichten gibt, können Kontroversen niemals zu einer abschließenden Schlussfolgerung führen. Statt Zeit mit Debattieren zu vergeuden, sollte der Sucher jede Minute nutzen, um die Hingabe an Gott zu fördern.

„Höchste Liebe und höchste Weisheit sind eins", sagt der große Weise Nārada. „Singt also das Lob des Herrn, damit Er in den Herzen aller wohnen möge ... und ihnen immerwährenden Frieden bringt."[14]

Aber obwohl der Gipfel der Liebe Weisheit ist, können die Sucher auf dem Weg der Hingabe zu emotional werden, bevor dieses hohe Ziel erreicht ist. Dann kann, wie Swami aufzeigt, die Hingabe weggeblasen werden wie Distelflaum. Es muss einen Anker zunehmenden Wissens geben, oder ansonsten verliert die Hingabe sich in der Leere. Und deshalb gibt er uns die Richtlinie der Wahrheit (satya).

Satya

Dieses Wort stammt von dem Sanskritwort „sat" ab, was „Wahres Wesen" bedeutet, und satya ist die von Sathya Sai Baba gegebene

13 Bābā Kūhī of Shīrāz, Teil eines Gedichts, zitiert in Reynold A. Nicholson: The Mystics of Islam, London, 1914, p. 59

14 Narada: Naradas Bhakti Sutras, Madras, 1972

Richtlinie, um uns auf der Suche nach der Wahrheit des Seins durch den Erwerb von Wissen zu leiten.

Es gibt zwei Arten von Wissen – weltliches und heiliges. Beide werden in den von Sai Baba errichteten Lehrinstitutionen gelehrt. „Wenn wir keine Information sammeln, ist es nicht möglich, Transformation zu erreichen", sagt er. Die Transformation, die seine Erziehungsprogramme erzielen sollen, ist hauptsächlich die des Charakters. Beide Arten von Wissen werden hierfür gebraucht.

In seinen Schriften und Ansprachen, von denen viele in Buchform veröffentlicht sind, konzentriert Baba sich auf heiliges Wissen – das mentale Verständnis, soweit es in Worten wiedergegeben werden kann, von Gott, dem Universum und unserem Zweck hier auf der Erde. Die Quintessenz seiner Lehren über diese Themen wurde zuvor kurz in diesem Kapitel aufgezeigt, aber in seinen Reden bringt er viele Variationen zu diesen ewigen Themen.

Es ist Bedarf für solche Variationen vorhanden, für verschiedene verbale Ansätze, für Nachdruck und Illustrationen, wegen der unterschiedlichen mentalen und spirituellen Ebenen und der vielfältigen kulturellen Hintergründe seiner Zuhörer. Auf diese Weise versorgt er alle mit Nahrung.

Vielleicht klingen Swamis Lehren für den Durchschnittsmenschen, der seine Zähne an irgendeiner orthodoxen Religion ausgebissen hat oder an keiner Religion zunächst ziemlich seltsam oder gar revolutionär – im Besonderen das Konzept, dass wir eins mit Gott sind. Aber wenn wir unsere eigenen Schriften durchforsten, werden wir dort die gleiche Wahrheit finden wie in den Schriften der Mystiker.

Dem Schüler der uralten Weisheit, die man an der Basis aller Religionen findet, klingen Swamis verbale Lehren nicht fremd. Sie verleihen nur den spirituellen Wahrheiten, die so alt sind wie die Zeit, neues Leben und neue Kraft. Aber der Staub der Zeit hat sich auf der ewigen Glocke der Wahrheit angesammelt; sie muss gereinigt und poliert werden, damit sie wieder die Göttliche Botschaft in die Welt läuten kann. Baba ist damit beschäftigt, dies zu tun.

Trotzdem lehrt Baba gleichzeitig, dass Wissen, das mit dem Verstand erworben wird, uns alleine niemals an das Lebensziel bringen kann. In der Tat liegt das Zentrum von satya tief im spirituellen Herzen. Und von dort stammen die tiefgründigsten Eingebungen und grundlegenden Ideen. Jedoch müssen sie durch den Verstand kanalisiert werden, damit sie in Gedanken und Worte gefasst werden können. Die tiefsten Herzenswahrheiten in Worten auszudrücken ist indes ein schwieriges Unterfangen, das vielleicht niemals vollständig erreicht wird. Von daher ist die Mythologie notwendig, um solch unaussprechliche Wahrheiten anzudeuten.

Einige Menschen müssen – aufgrund ihres Temperaments und ihrer Ausbildung – die Suche nach der letzten Wahrheit über das Wissen, das heißt, auf dem Pfad der Weisheit (jnāna) beginnen. Alle werden jedoch feststellen, dass sie an einem bestimmten Punkt auf den Pfad der Liebe und Hingabe treffen und sich mit diesem vereinen müssen. Wissen allein wird das Herz austrocknen und zu Egoismus und spirituellem Stolz führen. Deshalb ist es höchst wichtig, es so bald wie möglich mit dem Schmiermittel Göttlicher Liebe zu vermischen.

Adi Shankara, der auf dem Pfad der Weisheit den Gipfel der Glorie und Ehre als berühmter Weiser erreichte, sagte schließlich: „Der göttliche Name von Lord Hari und nur dieser allein ist meine Stütze und Zuflucht; es gibt keinen anderen wirksamen Weg, um in diesem gegenwärtigen Zeitalter (kaliyuga) Erlösung zu erlangen." Mit dem Ziel, die Liebe in den Herzen der Menschen zu fördern, komponierte Adi Shankara und gab der Welt viele devotionale Hymnen, einschließlich des bekannten Liedes „Bhaja Govindam".

Während Baba Hingabe voranstellt, ist er bestrebt, diese durch Wissen auszubalancieren. Sathya Sai-Gruppen überall auf der Welt treffen sich zum Singen von devotionalen Liedern (bhajana). Sie erfreuen sich vor allen Dingen an dieser Praxis und manche würden bei den Treffen am liebsten nichts anderes tun. Aber Swami besteht darauf, dass sie sich auch regelmäßige zu Studium und Gespräch treffen, um ihr Wissen und Verständnis zu vergrößern und um zu einer ausgeglichenen Entwicklung zu gelangen.

Der Sai-Weg integriert Herz, Haupt und auch Hand. Daher gibt es als weitere Richtlinie Dharma.

Dharma

Von der Sanskrit-Wurzel „dhri" (halten) abgeleitet, ist Dharma „das, was unsere inneren und äußeren Aktivitäten zusammenhält". Eine einfache Definition von Dharma ist: prema und satya in Aktion.

Wenn Göttliche Liebe unsere Wege leitet und der Weg von Göttlicher Weisheit erleuchtet ist, wird alles, was wir tun, wahr sein gemäß dem höchsten Dharma. Aber bis diese Zeit erreicht ist, müssen wir vermeiden, nach den Launen des Wunschdenkens zu handeln und das unser Dharma zu nennen.

Was soll dann unser Führer sein? Hinweisschilder für die Richtung unserer Handlungen sind in den Schriften der großen Religionen aufgestellt. Daher sind die Schriften ein Führer zum rechten Dharma in seinen Aspekten der Rechtschaffenheit, Tugendhaftigkeit, Güte und Gerechtigkeit.

Heute haben wir auch die erläuternden Lehren Swamis zu unserer Führung. Er hat die alten Hinweisschilder erneuert und neu gestrichen. Aber wenn wir es dennoch manchmal schwierig finden, die richtige Entscheidung zu treffen, ist Babas Gnade immer da, um uns zu helfen.

Zusätzlich gibt es die Formel des Karmayoga, den Weg des selbstlosen Handelns, den Swami oft als das Ideal erwähnt, das wir uns bei allem Tun vor Augen halten sollen. „Hungert nicht nach den Früchten eurer Handlungen. Erfüllt eure Pflicht mit Liebe im Herzen und legt die Ergebnisse all eurer Handlungen in Gottes Hände."

Dies ist ein Ideal, das schrittweise erreicht werden muss. Wenn wir vorrangig für das Wohl unserer Familie arbeiten, ist das ein Anfang. Wenn wir das Wohl der Menschheit mit eingeschlossen haben, sind wir dem Ideal nahe gekommen. Es ist erreicht, wenn wir die Göttliche Absicht in allen Dingen wahrnehmen können und in Harmonie damit wirken. Natürlich verlangt das große Liebe und große Weisheit, aber wir müssen uns ununterbrochen darauf zubewegen.

Hier sind einige Hinweise, die Baba gegeben hat, um zu verhindern, dass unsere Schritte in die Irre gehen.

„Wer immer den Egoismus unterdrückt, selbstsüchtige Wünsche bezwingt, animalische Gefühle und Impulse zerstört und die natürliche Tendenz aufgibt, den Körper als das Selbst zu betrachten, ist sicherlich auf dem Weg des Dharma."

„Bei all euren weltlichen Aktivitäten solltet ihr darauf achten, die Anstandsregeln oder die Grundsätze natürlichen Instinkts nicht zu verletzen. Ihr solltet den Eingebungen der Inneren Stimme nicht misstrauen, das heißt ihr solltet jederzeit bereit sein, die Gebote des Gewissens zu respektieren. Ihr solltet eure Schritte beobachten, um zu erkennen, ob ihr jemandem im Weg seid. Ihr solltet ständig wachsam sein, um die Wahrheit hinter der schillernden Vielfalt der Welt zu entdecken."

Aber „die objektiven Regeln des Dharma in Bezug auf weltliche Aktivitäten und das tägliche Leben müssen – wenn sie auch in ihrem eigenen Bereich wichtig sind – mit der vollen Kenntnis und dem Bewusstsein des Dharma des Göttlichen Inneren Selbst (ātmadharma) befolgt werden. Nur dann kann das innere und äußere Drängen zusammenarbeiten und den Segen harmonischen Fortschritts erbringen." Weil es unser grundlegender Zweck ist, unseren Weg zu Gott zurück zu finden, und dieser Zweck letztendlich erreicht werden muss, ist Dharma „eine Lichtflamme, die niemals ausgelöscht werden kann". Aber obwohl die Flamme nicht ausgelöscht werden kann, kann sie manchmal verfinstert werden, wie es bei den Verhältnissen der heutigen Welt der Fall ist.

Swami sagt: „Wenn Dharma nicht dazu verwandt wird, das menschliche Leben umzuwandeln, wird die Welt von Qual und Furcht heimgesucht; sie wird von stürmischen Revolutionen geplagt."

In der Tat „ist das makellose Antlitz des Dharma bis zur Unkenntlichkeit befleckt worden, gerade so wie wunderschöne Felder durch Vernachlässigung zu nicht wieder erkennbarer dorniger Wildnis werden. Im Verlauf der Zeit gewöhnen sich die Menschen an den Zustand der Dinge um sie herum und bemerken nicht den Verfall. Das ist im Fall des Dharma geschehen."

Aber die dornige Wildnis des Dharma der Welt muss gesäubert werden und wieder zu den lächelnden Feldern, die sie sein sollte, werden. Das kann vom Avatar und seinen Helfern vollbracht werden. Alle, die das Gute und das Wahre lieben, müssen bei der Wiederherstellung der sauberen Felder des Dharma helfen, indem sie wenigstens den Hass auf andere aufgeben und danach streben, Toleranz, Eintracht und Freundschaft zu pflegen.

„Durch Eintracht und Freundschaft wird sich die Welt Tag für Tag mehr zu einem Ort des Glücks entwickeln – frei von Unruhe, Disziplinlosigkeit, Unordnung und Ungerechtigkeit."

Drei Sai-Maximen, die dem Einzelnen helfen, ein Leben des Dharma zu führen und auf diese Weise die verfallene Ordnung der Welt wiederherzustellen, sind:

„Tu Gutes; sieh Gutes; sei gut; Gott liebt die Guten."

„Pflicht mit Liebe ist wünschenswert. Liebe ohne Pflicht ist göttlich."

„Wo Dharma ist, ist Gott; und wo Gott ist, da ist Sieg."

Shānti

Dies ist der wolkenlose innere Frieden, der unablässig weiterbesteht, wie Göttliche Seligkeit, unabhängig von Höhen und Tiefen, von „Schatten und Schimmer" der persönlichen Umstände und der Geschäfte der Welt.

Swami sagt: „Diese shānti ist die innere Natur." Deshalb gewinnt man Frieden nicht, indem man etwas von außen erwirbt, sondern indem man etwas, das bereits vorhanden ist, aufdeckt. Jede spirituelle Praxis (sādhana) hilft bei diesem Prozess des Aufdeckens. Eine wichtige Übung der spirituellen Disziplin ist das Schärfen des Unterscheidungsvermögens. Der Aspirant sollte bewusst zwischen dem Falschen und dem Wahren unterscheiden, zwischen dem Zeitlichen und dem Ewigen, dem Unwichtigen und dem Lebensnotwendigen. Wenn er diese Prioritäten lernt, sollte er sich mehr mit den wichtigen, wahren, ewigen Realitäten beschäftigen.

Unserem alltäglichen, gewöhnlichen Bewusstsein erscheinen die Dinge, die wir begehren, natürlich als die wichtigsten. Wenn wir aber die oben aufgeführte Unterscheidungskraft benutzen und gleichzeitig tief im Herzen und im Geist nachforschen, werden wir herausfinden, dass unsere weltlichen Wünsche Feinde des Friedens sind. Sie sind Wolken, die den hellen Himmel des „Friedens, der alles Begreifen übersteigt", verdunkeln.

Der ununterbrochene Kampf, die ersehnten Gegenstände zu erwerben, bringt Furcht, Frustration, Ablehnung, Ärger und Hass mit sich. Der Wettbewerb mit anderen bei diesem Kampf führt darüber hinaus zu Neid, Eifersucht und anderen negativen Gefühlen. Es kann keinen wahren Frieden geben, solange der Geist ein Tummelplatz für derlei Emotionen ist.

Was können wir also tun? Das Verlangen ist ein wesentlicher Teil unserer animalischen Natur. In den zurückliegenden Äonen der Evolution hat das tierische Leben sich seiner und der emotionalen Reaktionen, die es hervorruft, bedient, um das Überleben des

Einzelnen und der Spezies sicherzustellen. Es ist ein Teil der Ausstattung zum Überleben.

Instinktive Wünsche steigen im Geist ähnlich wie bei anderen Tieren auf. Die Gefühle, die die Wünsche begleiten, werden ebenfalls im Geist empfunden, finden aber ihren Ausdruck im Körper. Durch das dauernde Spiel starker negativer Emotionen wie Hass, Furcht, Ärger und dergleichen leidet der Körper an Disharmonie und wird krank. Unkontrollierte Gefühle sind sowohl Feinde der Gesundheit wie auch des Friedens.

Gemäß der alten Hinduphilosophie gibt es einen Wunschkörper, kāmarūpa genannt, der mit dem physischen Körper verwoben ist. Der Schöpfer gab uns diesen, damit er uns während unseres Erdenlebens dient. Er ist als Diener gedacht, aber für die meisten Menschen ist er zum Herrn geworden. Indem er uns Erregung und all die lustvollen Vergnügungen sinnlicher Freuden bringt, macht der kāmarūpa unseren Geist und unseren Körper zu Sklaven. Er lebt unser Leben statt wir selbst.

Wenn wir uns unseres Spirituellen Zuhauses erinnert haben und wie der Verlorene Sohn unsere Schritte darauf zulenken, müssen wir uns mit dem kāmarūpa abfinden. Wir werden natürlich noch gewisse notwendige instinktive Wünsche und Bedürfnisse haben, wie den Wunsch nach Nahrung, Unterkunft und guter Gesundheit, aber der ganze Sack voll überflüssiger, schädlicher Wünsche muss für einen einzigen Wunsch eingetauscht werden. Swami vergleicht das mit dem Eintauschen von vielen schweren Münzen gegen eine leichte Banknote. Die eine unbeschwerliche Banknote ist der Wunsch, die ewige Göttliche Shānti – das Gelobte Land des Friedens – zu erreichen. Dieser „Währungswechsel" ist kein plötzlicher Prozess. Er geschieht schrittweise, wenn man den Richtlinien oder den Leitlichtern von prema, satya, Dharma und shānti folgt.

Obwohl shānti ein Ergebnis aus den anderen Dreien ist, können wir danach streben, sie direkt zu erlangen, indem wir in allen Situationen Gleichmut bewahren und indem wir schrittweise die Taue, die uns an die weltlichen Dinge binden, zerschneiden. Besitzstreben und das Festhalten an Bindungen sind die Ursache für viele Ängste, Sorgen, Eifersüchteleien und andere Feinde des Friedens.

Deshalb müssen wir versuchen zu begreifen, dass wir in diesem Leben nichts besitzen. Alle unsere sogenannten Besitztümer haben wir von Gott zur Verwaltung bekommen und mit Sicherheit wird der Augenblick kommen, in dem er alles fortnehmen wird – entweder durch Tod oder durch irgendwelche anderen Umstände. Als gute Verwalter müssen wir natürlich auf alles, was er uns anvertraut hat, achtgeben, aber immer bedenken, dass nichts von dieser Welt uns wirklich gehört.

„Wenn ihr diese Haltung der Unberührtheit und der Bindungslosigkeit einmal erlangt habt", sagt Swami, „werdet ihr unerschütterlichen Frieden (shānti), Selbstkontrolle und Reinheit des Geistes haben."

Gleich von Anfang an müssen alle vier Richtlinien wie Leuchttürme benutzt werden. Sie sind alle unentwegt da, scheinende Leuchtfeuer, die uns auf dem Kurs halten. Jedoch gibt es ein Licht, das wichtiger als die anderen ist. Es leuchtet am hellsten in der dunklen Nacht, um uns sicher auf dem Sai-Weg zu halten. Dieses eine ist prema.

Swami sagt: „Der Brennstoff selbstloser Liebe (prema) bringt die göttliche Flamme des Friedens (shānti) hervor. Liebe (prema) bringt die Einheit der ganzen Menschheit zustande; und diese Einheit wird in Verbindung mit spirituellem Wissen den Weltfrieden hervorbringen."

8. Meditation

DES LEBENS ÄUSSERE Reise findet – wenn sie von den Sai-Lampen Liebe, Wahrheit, Pflicht und Frieden geleitet wird – Hilfe und Inspiration durch regelmäßige Expeditionen auf eine Reise einwärts, die mit Gebet und Meditation unternommen wird. Beides, Gebete und Meditation, sind Versuche, sich direkt mit Gott oder mit unserem Höheren Selbst zu verbinden, wie immer wir es betrachten wollen. Gebet ist das leichtere, weil es verbal ist. Und wenn es aufrichtig ist, erhebt es das Bewusstsein über das weltliche Ego und ist wirksam. Die Meditation bringt uns dem Göttlichen Selbst näher, da sie die Hindernisse des Geistes transzendiert, und transformiert unseren Charakter und unser Leben. Beides, Gebet und Meditation, sollten regelmäßig praktiziert werden.

Für die Meditation gibt Baba allgemeine Regeln, die jeder befolgen kann. Niemand wird fehlgehen, wenn er sie als grundlegende Richtlinien annimmt und sie durch Erfahrung und Experiment an die eigenen Bedürfnisse und die eigene Art anpasst – denn Meditation ist eine höchst individuelle Kunst. Menschen, die in Swamis Nähe leben und ihn als Sadguru, den wahren Meister, betrachten, bekommen, wenn nötig, individuelle Instruktionen von ihm. Aber seine allgemeinen Regeln dienen als Führung und Hilfe für alle. Er hat sie von Zeit zu Zeit vor verschiedenen Gruppen und Versammlungen verkündet und erläutert, und alle Worte, die im folgenden in Anführungsstrichen wiedergegeben werden, sind Swamis Worte.

Wir können Gott nicht erkennen, ohne zuerst uns selbst zu erkennen, erklärt Swami. Daher müssen wir tief in das Innerste von uns selbst eintauchen, um das Innerste Gottes in Seiner Größe zu erreichen – was Gegenstand der Meditation ist. Wir müssen durch das Ego-Bewusstsein dringen, durch den Misthaufen selbstsüchtiger Wünsche, durch den Leierkasten des Geistes. Es klingt nach einer großen Operation und in der Tat, es ist eine! Aber sie ist nicht unmöglich, weil es ein ausprobiertes und erprobtes Know-how dafür gibt. Alles was wir brauchen, ist der Wille, die Geduld und die Entschlossenheit, einen fairen Versuch für uns selbst zu machen.

„Nehmt euch zuerst jeden Tag ein paar Minuten dafür Zeit und dehnt die Zeit später aus, sobald und wenn ihr die Seligkeit verspürt, die ihr daraus erhaltet."

Die Haltung für die Meditation muss bequem sein, ruhig und entspannt, in aufrechter Sitzhaltung, entweder auf einer Matte oder auf einem Stuhl mit gerader Rückenlehne. Wenn du stehst, wirst du zu schnell ermüden; wenn du dich hinlegst, schläfst du wahrscheinlich ein. Dennoch gibt es manche Menschen, die erfolgreich in der stehenden oder hingestreckten Position meditieren. Aber keine von beiden wird als allgemeine Regel empfohlen.

Nachdem du zuerst sichergestellt hast, dass der Körper im Sitzen völlig entspannt ist, musst du als nächstes die Aufmerksamkeit vom Bereich der fünf Sinne zurückziehen, welche die Gedanken im Allgemeinen ständig von einem Platz zum anderen springen lassen wie Affen auf einem Baum. Indem du die Augenlider leicht schließt, kannst du den Gesichtssinn beherrschen. Jedoch einige andere Sinne lassen sich nicht so leicht ausschalten, ebensowenig das geistige Auge mit seiner ununterbrochenen Flut von Bildern.

Eine gute Möglichkeit, alle Ablenkungen der Sinne und des Verstandes zu beherrschen, besteht darin, innerlich ein Mantra oder einen Vers über die Herrlichkeit Gottes zu rezitieren. Durch völlige Konzentration darauf in der Tiefe des Geistes und auf seine Bedeutung erhebst du dein Bewusstsein auf eine höhere Ebene und die Ablenkungen der alltäglichen Welt fallen weg.

Anstatt eines Mantras kann ein Name Gottes herangezogen werden. Diese Praxis wird japa genannt. Während du den Namen wiederholst – jedweden Namen, der dir lieb ist –, stelle dir vor dem geistigen Auge die Gestalt vor, die er repräsentiert. „Wenn dein Geist sich von der Namensrezitation wegbewegt, richte ihn auf das Bild der Gestalt. Wenn er sich vom Bild wegbewegt, führe ihn zum Namen. Lasse ihn entweder bei dieser oder jener Süße verweilen. So behandelt, lässt er sich leicht zähmen. Das Vorstellungsbild, das du gezeichnet hast, wird sich in das emotionale Bild verwandeln, das dem Herzen lieb und im Gedächtnis fixiert ist. Allmählich wird daraus eine wahre Schau, weil der Herr die Gestalt annimmt, um deinen Wunsch zu erfüllen. Für Anfänger ist dies die beste Art von Meditation (dhyāna)."

Lasst euch nicht entmutigen, fügt Swami hinzu, wenn ihr euch am Anfang nicht lange konzentrieren könnt. Er vergleicht das Problem damit, wie man Fahrradfahren lernt. Zuerst haben wir große Schwierigkeiten, die Balance auf dem Fahrrad zu halten, aber mit Übung können wir diese leicht halten, sogar in überfüllten Hauptverkehrsstraßen. Deshalb wird Übung uns auch befähigen, die für die Meditation notwendige Konzentration in schwierigsten Situationen für lange Zeit aufrechtzuerhalten. Deshalb besteht das Geheimnis in regelmäßiger Übung.

Falls Anfänger feststellen, dass ihnen die Meditation auf den Namen und die Form nicht liegt, gibt es eine andere Art, die praktiziert werden kann. Swami nennt sie eine „universelle und wirksame Form“ der Meditation.

Nachdem du die richtige Haltung eingenommen und den Körper entspannt hast, schaue beständig in die Flamme einer Lampe oder Kerze vor dir. Die Flamme sollte ziemlich ruhig sein. Sieh sie als Symbol für das Göttliche Licht an, das mit immerwährendem Glanz erstrahlt. Es ist die goldene Glorie Gottes, die alle Atome der Schöpfung durchstrahlt. Sie ist deshalb ein sehr geeigneter Gegenstand für die Meditation. Am Anfang schau so lange, wie du kannst oder so lange, wie du willst, auf die leuchtende Flamme, indem du dich auf ihre Form und die tiefste symbolische Bedeutung konzentrierst. Dann schließe leicht die Augen und stelle dir die Flamme in deinem Inneren vor, zwischen deinen Augenbrauen.

Dann „lass das Licht in den Lotos deines Herzens hinabgleiten und dabei den Weg erleuchten. Wenn es ins Herz gelangt, stelle dir vor, dass sich die Blätter des Lotos eines nach dem anderen öffnen und jeden Gedanken, jedes Gefühl und jede Emotion in Licht baden und dadurch alle Dunkelheit von ihnen entfernen“. Nun stelle dir vor, wie sich dieses Licht in jeden Teil des Körpers weiterbewegt. Zuerst wird dies nur eine Übung im Visualisieren sein, aber mit der Zeit wirst du das wirkliche Licht sehen, das jede Zelle deines Körpers und jede Ecke deines Geistes durchdringt. Das Licht wird dein ganzes Wesen reinigen und harmonisieren.

Aber du behältst das Licht nicht für dich selbst. „Lass es sich von dir aus in immer größer werdenden Kreisen ausbreiten, wobei es die Personen, die du liebst, einhüllt, deine Verwandten, deine Freude und deine Kameraden und auch deine Feinde und Rivalen, in der Tat alle Männer und Frauen, wo immer sie sich befinden, alle Lebewesen, die ganze Welt.“ So wirst du eins mit dem Göttlichen Licht, das alles umfasst.

Swami lehrt und empfiehlt auch eine Meditation, die eine Kombination der zwei oben genannten ist, das heißt, du kombinierst Meditation auf Gott-mit-Form und auf das Licht, das heißt Gott-ohne-Form.

„Wenn du Gott in irgendeiner Form verehrst, versuche diese Form in dem allesdurchdringenden Licht zu visualisieren. Denn Licht ist Gott und Gott ist Licht." Nachdem du dich für eine Weile auf die geliebte Gestalt im Zentrum des strahlenden Lichtes konzentriert hast, kannst du die Gestalt mit dem Licht verschmelzen lassen, wobei du dich erinnerst, dass Gott nicht auf eine Form beschränkt ist und tatsächlich besser von klarem reinem Licht repräsentiert wird. Obgleich die Gestalt verschwindet, wird das Licht selbst von der Göttlichen Erhabenheit durchdrungen sein, die in der Gestalt erfahren wurde: Liebe, Freude, Kraft, Wahrheit und Frieden. Das Göttliche Licht ist nicht unpersönlich.

Egal welche Art von Meditation verwendet wird – wenn du sie beendest, stehe nicht ruckartig auf. Du hast dich in einem veränderten Bewusstseinszustand befunden, und es ist besser, wenn du langsam, schrittweise, auf eine gemächliche Art daraus zurückkehrst. Dann strecke deine Glieder, stehe unbeschwert auf und gehe an deine alltäglichen Pflichten.

Bringe dir während dieser Pflichten von Zeit zu Zeit die Freude und das neue Gewahrsein in Erinnerung, die du in der Meditation erfahren hast. Diese Freude und dieses Gewahrsein sollten deine Einstellung gegenüber jedermann und in jeder Situation verändern. „Meditation ohne Mitgefühl ist eine Verneinung von Religion. Spiritualität ohne Liebe ist eine Übung in Nutzlosigkeit. Deine Gedanken, Worte und Handlungen sollten von reiner, selbstloser Liebe inspiriert sein."

Mit anderen Worten, Meditation ist nicht etwas, das für etwa eine halbe Stunde durchgeführt und dann vergessen wird. Sie ist etwas, das dein tägliches Leben durchdringen sollte und ein beständiges Gefühl der Einheit, Liebe zu allem Leben mit sich bringen und demgemäß deine Handlungen leiten sollte. Obwohl du nicht deine gesamte Zeit mit der Reise nach innen verbringen kannst, solltest du das innere Leben das äußere Leben erleuchten und leiten lassen.

Swami zeigt übrigens oft auf, dass die Technik, die wir Meditation nennen, nicht dasselbe wie Konzentration ist. Es ist wichtig, daran zu denken, egal welche Technik du gewählt hast. Konzentration ist eine vorbereitende Übung für Meditation. Aber wenn du in den Zustand der Meditation selbst gelangst, befindest du dich in einem Zustand entspannten, aber wachen Gewahrseins. Jemand verglich ihn treffend mit dem Alleinsitzen in einem stillen

Raum. Du erwartest nicht, dass irgendetwas geschieht, aber du bist wachsam für den Fall, dass etwas geschieht. Wenn irgendjemand in den vorgestellten Raum hereinkommt, kann das durch eine beliebige Tür geschehen; deshalb konzentrierst du dich nicht auf einen bestimmten Eingang, du wartest einfach in äußerster Stille.

Wenn du in dieser mentalen Stille vergisst, dass du meditierst, dann beginnst du wirklich zu meditieren. Erwartungen, Versuche, ein Ergebnis zu erzielen, werden das Ergebnis null und nichtig machen. Hohe übersinnliche oder spirituelle Erlebnisse sind immer etwas „Gegebenes". Wir können uns nur vorbereiten, sie zu empfangen.

Mit der Zeit und mit Übung wird die Meditation in den samādhi-Zustand, welcher der Höhepunkt und das Ziel ist, münden. Samādhi ist der Ozean, in den alle spirituelle Übung (sādhana) fließt. Jede Spur von Name und Form verschwindet in diesem Ozean. ... Da ist nur das Selbst, nichts sonst – das ist samādhi. Wenn da etwas anderes ist, handelt es sich nicht um samādhi."

Die Gesamtheit des Lebens des Suchers sollte in einer Kampagne bestehen, um Gott näher zu kommen. In dieser Kampagne ist eine regelmäßige Zeit für Meditation in einer erprobten Methode, um die Barrieren zwischen uns und Gott niederzureißen, eine große Hilfe. Meditationssitzungen sind nicht etwas Getrenntes, sondern eher die Höhepunkte des spirituellen Lebens.

Verschiedene religionsphilosophische und spirituelle Gruppen haben verschiedene Meditationstechniken vorgegeben und Swami selbst hat fortgeschrittene Schüler andere Methoden gelehrt. Aber sie sind alle auf denselben grundlegenden Prinzipien des Rājayoga, des Königlichen Yoga, zur Erlangung von samādhi aufgebaut. Sie alle erfordern eine korrekte Haltung, Kontrolle des Körpers, der Sinne, des Geistes und einsgerichtete Konzentration der Aufmerksamkeit, die zu den Zuständen der Meditation und des samādhi jenseits von Gedanken weiterführt.

Swamis Meditationsmethode ist eine Methode der Hingabe, die das Herz und das Bewusstsein durch die Inspiration der Liebe erhebt. Ihre Techniken sind daher für alle auf dem Pfad der Hingabe (bhakti) sehr geeignet und besonders für jene auf dem Sai-Pfad, welcher bhakti oder Hingabe an erste Stelle setzt.

Es sind nicht nur alle Meditationsmethoden eins in Bezug auf Zweck und grundlegende Prinzipien, sondern das gleiche kann von allen Religionen gesagt werden. Religion hat zum Ziel – von ihrem Namen abgeleitet (re = zurück und legare = binden) –, den Menschen zurück an Gott zu binden. Was auch immer ihre äußeren Praktiken, Rituale und formulierten Glaubenssätze sein mögen, der innere Zweck jeder Religion ist – wie der seiner Tochter, der Meditation –, uns zu Gott zurückzubringen und uns wieder mit der göttlichen Quelle zu vereinen.

Swami lehrt diese großartige innere Einheit aller Religionen unaufhörlich. „Es gibt nur eine Religion", sagt er, „die Religion des Herzens – die Religion der Liebe".

Gott, sagt er, ist wie der Goldschmied, der religiöse Bilder und Statuen aufkauft. Was für eine Figur es sein mag – Krishna, Christus, Shiva, der Buddha oder andere –, der Goldschmied bezahlt nur nach dem Gewicht des Goldes in jeder. Ihn kümmern die religiösen Figuren an sich in keiner Weise.

Ähnlich „wägt Gott ab, was sich in unseren Herzen befindet, nicht ob wir dieser oder jener Form gefolgt sind, diesem oder jenem Lehrer, diesem oder jenem Glauben. Es ist die Qualität unseres Herzen, die zählt."

Wenn Babas „Religion des Herzens" die Grundlage aller Religionen ist, sollten deren fundamentale Lehren dasselbe beinhalten wie Swamis Lehren und diese dasselbe untereinander. Welche Unterschiede es auch geben mag, sie sollten oberflächlich und unwichtig im Vergleich zum Hauptthema sein. In den nächsten Kapiteln wollen wir die Lehren einiger Hauptreligionen mit denen Sai Babas vergleichen. Auf diese Weise mag es uns gelingen, die Quintessenz von Religion an sich herauszufiltern und die universelle Herzens-Religion der Menschheit zu finden.

9. Sai Baba und Christus

ALS CHRIST AUFGEWACHSEN und immer sehr am Neuen Testament interessiert, sehe ich viele faszinierende Parallelen zwischen Sai Baba und Christus. Diese betreffen das gesamte Spektrum ihres Lebens, ihrer Lehren und ihrer Arbeit für die Menschheit; aber in bestimmten Aspekten sind sie besonders offensichtlich.

Wunder

Die wunderbaren Kräfte beider gehören zu ihrer Göttlichen Natur. Die großartige Kraft der Heilung fließt genauso reichlich von Sai Baba wie sie von Christus floss. In keinem Fall war es von Bedeutung, ob der Kranke nahe oder viele Meilen weit entfernt war. Wenn Patienten den Glauben haben, die Kraft zu empfangen, werden sie geheilt, wo immer sie sein mögen.

Christus pflegte zu sagen: „Geh und sündige nicht mehr." Baba sagt das gleiche mit anderen Worten. Er weist darauf hin, dass wir unser inneres Wesen reinigen und unsere Art zu denken richtig stellen müssen, um von Krankheit frei zu sein.

Beide Gott-Menschen haben neben der Heilung „unheilbar" Kranker Menschen vom „Tod" zurückgeholt.

Indem er seine Macht über Atome und Moleküle offenbarte, verwandelte Jesus bei der Hochzeit zu Kanaan Wasser in Wein. Er tat das, so scheint es, aus schierer Freundlichkeit für einen in Verlegenheit geratenen Gastgeber.

Wie in einem früheren Kapitel beschrieben, hat Baba bei mehreren Anlässen Wasser in Benzin verwandelt. Er hat auch einmal Flusswasser in Fruchtsaft verwandelt, um einen Bus voll durstiger Devotees zu erfreuen. Jedoch geschahen die Verwandlungen beider Gott-Menschen nur in seltenen, besonderen Situationen. Keiner von beiden hat mit den Molekülen von Mutter Natur so herumjongliert, um ihr ökonomisches Gleichgewicht zu stören.

Beide, Christus und Baba, haben auch, wenn es notwendig war, aus Freundlichkeit gegenüber Menschen die Nahrungsmenge vermehrt. Bibelschüler kennen wohl die Geschichten, wie Christus kleine Mengen Nahrung vermehrte, um Tausende zu speisen. Wie es scheint, tat er das bei mindestens zwei Anlässen. Baba hat dasselbe mehrere Male getan.

Einmal scheint übrigens sein Motiv – wie das von Jesus in Kanaan – gewesen zu sein, eine Gastgeberin vor einer peinlichen Verlegenheit zu bewahren. Er war bei diesem Anlass bei einer sehr armen Familie in Puttaparthi zu einer Hochzeitsfeier eingeladen. Die Brautmutter hatte für die wenigen Gäste, deren Bewirtung ihr möglich war, Essen zubereitet. Da Baba erwartet wurde, wartete sie auf seine Ankunft, bevor sie das Essen auftrug.

Als er ankam, erschrak sie, als sie sah, dass er an die Hundert seiner Anhänger mitgebracht hatte. Sie war so schockiert und verlegen, dass sie sich hinter einer Türe versteckte, weil sie nicht wusste, was sie tun sollte. Swami fand sie bald und sagte ihr, sie solle mit dem Servieren des Essens beginnen, da alle Gäste warteten. Sie erklärte unter Tränen, dass sie nicht genug für alle habe. Swami lächelte sanft und sagte: „Leg nur die Blätter aus und beginne das, was du hast, zu servieren."

Sie breitete die Bananenblätter aus, die als Teller dienten, und ging zurück zu den Kochtöpfen. Swami kam und berührte die Nahrung und sagte: „Akshaya" (was „nichtendend" bedeutet).

„Nun serviere das Essen ohne dich zu sorgen", sagte er zu ihr.

Sie tat so und stellte zu ihrer Freude fest, dass reichlich Essen für jeden da war.

Einer der hundert zusätzlichen Gäste, die Swami auf das Fest mitgebracht hatte, war Nagamani Purnaiya aus Bangalore, der mir später die Geschichte erzählte.

Liebe

Jesus Christus wird häufig der Prinz der Liebe genannt und Sai Baba ist als Verkörperung der Liebe bekannt. In Babas Gegenwart fühlen wir, wie Liebe von ihm ausstrahlt, und wenn wir fortgehen, umgibt und erfüllt uns diese Liebe immer noch. Diejenigen, die zu Jesu Lebzeiten um ihn herum waren, haben sicherlich die gleiche Aura von Liebe gefühlt und sogar jetzt, so lange danach, berührt die Christusliebe noch die Herzen seiner aufrichtigen Anhänger.

Über die Jahrhunderte haben die heiligen Anhänger Christi Lobeshymnen verfasst, die so gut den Weg der Hingabe, des

Glaubens und der Selbstaufgabe, der der Christliche Weg – und auch der Sai-Weg – ist, beschreiben. Die Worte der christlichen Hymnen treffen, wie ich finde, genauso auf Baba zu. Nur der Name muss geändert werden und wie Swami lehrt, hat Gott Tausende von Namen und antwortet auf jeden und auf alle von ihnen.

Im Geist des Pfades der Hingabe (bhaktimārga) bezeichnen die Hymnen Gott als Freund, Vater, Mutter, Meister, Geliebten, Schafhirten und Erlöser. In welcher Rolle unsere Liebe Gott auch sieht, er antwortet entsprechend. Diese großartige Wahrheit des Pfades der Hingabe wurde vom alten Weisen Nārada in seinen Bhaktisūtras gelehrt, und sie wird von Sai Baba in seinem Leben aufgezeigt. Verschiedene Augen sehen ihn in all den verschiedenen Rollen, die von Nārada erwähnt und in den christlichen Hymnen besungen werden.

Christus lehrte, dass wir unsere Feinde lieben sollen, und er vergab sogar denjenigen, die ihn kreuzigten. Baba lehrt dasselbe und gibt auch das Beispiel. Er vergibt zum Beispiel denjenigen, die verleumderische Lügen über ihn schreiben. Er vergab denjenigen, die versuchten, ihn zu vergiften (bei zwei Gelegenheiten), und denjenigen, die früh in seinem Leben versuchten, die Hütte, in der er lebte, niederzubrennen. Es wird von seinen wahren Devotees erkannt, dass Swami alle liebt – diejenigen, die ihn hassen, ebenso wie diejenigen, die ihn lieben.

Die Quintessenz sowohl der christlichen als auch der Sai-Lehre ist Liebe für alle Menschen und für alles Leben. Heute, in diesem wissenschaftlichen Zeitalter, lehrt Swami den ursprünglichen Grund für diese universelle Liebe – die Vedantische Wahrheit, dass wir alle Teile des Einen Ganzen sind. Es liegt in der Natur der Teile, zum Ganzen und zueinander hingezogen zu werden. Sie alle gehören zusammen und werden schließlich wieder in eine harmonische Einheit zurückkehren. Anziehung – nicht Abstoßung – und daher Liebe – und nicht Hass – ist das Gesetz unserer Natur.

Gleichnisse und Karma

Beide großen Lehrer benutzen reichlich Gleichnisse. Für die Menschenmengen verpackte Jesus die tiefsten spirituellen Wahrheiten in die Form von Gleichnissen, von denen auf verschiedenen Ebenen des menschlichen Verstehens Bedeutungen abgeleitet werden können.

Sai Baba gebraucht das Gleichnis oder erläuternde Geschichten genau so häufig, aber auf eine etwas andere Weise. Er legt die spirituelle Wahrheit direkt dar und benutzt das Gleichnis, um sie zu illustrieren. Deutet das vielleicht darauf hin, dass es heute eine höhere Ebene spirituellen Verstehens gibt als es zur Zeit des Römischen Reiches gab?

Es gibt noch eine weitere auffallende und ziemlich unerwartete Ähnlichkeit in der Weise, in der beide Lehrer das Gesetz des Karma oder der Kompensation behandeln – das Gesetz, das besagt, dass die Menschheit individuell und kollektiv die Ernte aus ihren guten und schlechten Taten einbringen muss.

Im Allgemeinen neigen Hinduismus und Buddhismus dazu, dies als unerbittliches sittliches Gesetz zu lehren, dem es keine Möglichkeit zu entkommen gibt. Jeder falsche Akt, jedes falsche Wort oder falsche Gedanke wird unweigerlich als Ergebnis Leiden nach sich ziehen. Das Gesetz kennt keinerlei Vergebung, keine Gnade. Es wirkt so unpersönlich, so unbarmherzig wie ein Gesetz der Mechanik. Nur durch solch ein Gesetz, so lehren sie, werden die Menschen lernen, rechtschaffen zu leben.

Obwohl Christus auch lehrte, dass wir ernten, wie wir säen und für unsere Sünden büßen müssen, zeigte er einen Ausweg an. Es war dieser: Wenn Menschen ihre Sünden bekennen, wahrhaft bereuen und beschließen, nicht mehr zu sündigen, wird ihnen vergeben. Sie werden erlöst und werden nicht die karmischen Konsequenzen ihrer Taten zu erleiden haben. Alle Menschen – mit der eventuellen Ausnahme einiger Heiliger – sündigen natürlich weiter, das heißt, sie begehen Fehler, solange sie leben. Deshalb müssen das Bekenntnis, die Reue und das Vorhaben, nie mehr zu sündigen und das Gebet um Vergebung ein fortwährender Prozess sein. Dennoch ist es an sich ein Prozess, der den Menschen Gott näher bringt, und durch Seine Gnade können die schrecklichen Ergebnisse unserer falschen Lebensart erlassen oder erleichtert werden. Wir werden auf diese Weise vom Rad des Karma befreit.

Da Sai Baba als Hindu geboren wurde, könnte man erwarten, dass seine Erklärungen und Interpretationen von Karma im Allgemeinen die gleichen sind wie im Hinduismus. Aber das Wesentliche seiner Lehre zu diesem Thema scheint in der Tat dem von Christus näher, obschon er die Wirkung des karmischen Gesetzes mehr als

Christus betont. Er lehrt, dass wir viele Leben auf Erden verbringen, wohingegen Christus dieses nicht getan zu haben scheint. Christus hat übrigens die Lehre von der Reinkarnation nicht geleugnet, wenn in seiner Gegenwart auf dieses Konzept angespielt wurde, aber die Schriften zeigen auf der anderen Seite nicht, dass er es erläutert.

Baba lehrt, dass die Früchte unserer Handlungen in diesem oder in einem späteren Leben geerntet werden können. Das karmische Gesetz hat wenig Respekt vor der Zeit. Das kommt daher, weil unsere Taten, Gedanken und Wünsche bestimmte karmische Neigungen in uns erzeugen. Aus diesen werden entweder die Dornen des Leidens hervorsprießen oder die himmlischen Früchte der Freude. Die Dornen können nur ausgerottet werden, indem ihre Wurzeln – falsche karmische Neigungen – ausgerissen werden.

Diese Wurzeln liegen tief und können im Allgemeinen nur durch schwierig zu lernende Lektionen auf dem Rad von Geburt und Tod und durch Leiden entfernt werden. Jedoch durch spirituelle Praxis (sādhana) kann, wie Swami lehrt, ihre Beseitigung schneller erarbeitet werden. Solches sādhana schließt ein, dass wir unsere Fehler anschauen und uns bemühen, uns zum Besseren hin zu verändern; es umfasst das Gebet zu Gott um Hilfe hierfür und die Unterwerfung unseres egoistischen Willens dem Göttlichen Willen. Diese Anforderungen sind den christlichen für Erlösung sehr ähnlich. Beide, Baba und Christus, stellen fest, dass durch solch spirituelle Praktiken und Opfer die Gnade Gottes zum Aspiranten kommt und dass dies das Allerwichtigste für Erlösung ist.

Wir können das auf andere Weise betrachten. Als ein berühmter christlicher Prediger sagte: „Christus ist größer als Karma", meinte er, wie ich mir sicher bin, dass dann, wenn der Christus (das Göttliche Selbst) nach der Kreuzigung des niederen Ich im Menschen auferstanden ist, das vergangene Karma ausgelöscht ist. Eine neuer Mensch ist geboren und das zu dem alten Menschen gehörende angehäufte Karma ist nicht länger wirksam. Aber solche Erlösungen erfolgen eher schrittweise als plötzlich.

Diese Vorstellungen stehen in Einklang mit Swamis Lehren, die besagen, dass unsere schlechten karmischen Neigungen desto schneller ausgerottet werden, je mehr wir in Einklang mit unseren wahren Göttlichen Zentren leben. Jegliche Überbleibsel solchen Karmas werden dann durch Gottes Gnade und Erbarmen erträglicher.

Der Gott der Liebe hat keinerlei Verlangen zu bestrafen. Leiden jedoch ist notwendig, damit wir unsere Lektionen lernen und zur Vollkommenheit heranwachsen. Aber in dem Maße, in dem Fortschritte gemacht werden, nimmt das Leiden ab. Wenn das Licht vollständig heraufdämmert, gibt es kein Leiden mehr. Das ist die Botschaft von beiden, Christus und Sai Baba.

Der Sadguru

Als Christus, wie es in der Bibel heißt, sagte: „Ich bin die Tür; jeder, der durch mich eintritt, wird gerettet werden“ (Joh. 10,9), und auch: „Ich bin der Weg, die Wahrheit und das Leben; niemand kommt zum Vater, außer durch mich“, sprach er sicherlich als Sadguru – als jemand, der seine Anhänger den ganzen Weg zu Gott führt.

Einige Christen glauben, dass diese Worte bedeuten, niemand könne Gott erreichen, außer durch Jesus persönlich. Aber kann irgendein vernünftiger Mensch eine so engstirnige Interpretation einer Feststellung eines großen spirituellen Lehrers akzeptieren? Wenn die Aussage nicht von biblischen Schreibern verzerrt worden ist, muss sie eine umfassendere Bedeutung haben wie: „Niemand kommt zu Gott, es sei denn durch die Hilfe eines Erleuchteten.“

Es gibt eine bemerkenswerte Übereinstimmung bei derartigen Feststellungen. Alle Sadgurus haben gesagt oder implizit geäußert, dass es schwierig, wenn nicht unmöglich ist, Gott ohne die Führung von jemandem, der das Ziel erreicht hat und sich völlig der Einheit mit dem Göttlichen bewusst ist, zu erreichen.

In Shirdi sagte Sai Baba, indem er als Sadguru sprach: „Ich werde meine Herde den ganzen Weg zu Gott führen.“ Weniger große Lehrer mögen ihre Schüler ein Stück des Weges mitnehmen, aber nur der Sadguru, der wahre Meister, kann sie den ganzen Weg mitnehmen. Beide, Christus und Sai Baba, sprechen als Hirten, die ihre Herden der Gläubigen sammeln und sie direkt zum Ende der Reise mitnehmen, indem sie genau die Tür zur Göttlichen Gegenwart öffnen. Aber keiner von ihnen ist der einzige Sadguru oder Hirte.

Heute sagt Sathya Sai Baba, dass sein Leben seine Botschaft ist. Nicht nur die Worte, die er spricht, sondern auch und vielleicht noch mehr sein Leben der Wahrheit und Liebe stellt seine Botschaft dar und zeigt den Weg zu Gott und dem ewigen Leben. Daher kann auch er „der Weg, die Wahrheit und das Leben“ genannt werden.

Aber Swami hat niemals gesagt, dass sein Name und seine Form den einzigen Zugang bilden. Es gibt nur einen Gott, stellt er häufig fest, und jede von Gottes Namen und Formen wird dich, aufrichtig verehrt, zum spirituellen Ziel führen.

Vedanta bei beiden

Swami lehrt, dass der erste Schritt auf dem Weg zu Gott dualistisch ist. Um den Weg der Hingabe – den einfachsten Weg zu Gott – zu praktizieren, müssen wir uns Ihn als eine getrennte Wesenheit denken und Ihn als solche verehren. Dieser dualistische Ansatz wird uns irgendwann zum inneren Göttlichen Selbst führen, welches wir als Teil und Zelle des Göttlichen erkennen. Von diesem Standpunkt aus wird das letztendliche Konzept realisiert; wir werden wissen, dass es nichts gibt außer Gott, und jeder von uns ist Er. Der Teil ist, paradoxerweise, zum Ganzen geworden.

Solche Konzepte, jenseits selbst der Gedankenaxiome, sind für das menschliche Bewusstsein nicht leicht zu begreifen. Während wir also ihre letztendliche Wahrheit philosophisch einräumen, verfolgen wir das spirituelle Ziel auf dem dualistischen oder qualifiziert dualistischen Weg in den glücklichen Feldern der Hingabe.

In der Terminologie der Vedanta-Philosophie hat Christus auch Dualismus (dvaita), qualifizierten Non-Dualismus (vishishtādvaita) und Non-Dualismus (advaita) gelehrt. Er betete zu Gott als dem Vater, einem getrennten Wesen, und lehrte uns das gleiche zu tun. Er sagte seinen Anhängern jedoch auch, sie seien Söhne Gottes. Im Wesen sind Söhne eins mit dem Vater, und daher repräsentiert dieses Konzept einen qualifizierten Non-Dualismus. Zu Zeiten machte Christus auch Aussagen wie: „Ich bin im Vater, und der Vater ist in mir, und ihr seid in mir, gerade so wie ich in euch bin“, und „Der Vater und ich sind eins“, was das non-dualistische Verständnis ist, wo Gott das Eine ohne ein Zweites ist.

Beide, Christus und Sai Baba, bemessen den Stoff ihrer Lehren nach dem Maß ihrer Schüler: Dualismus für die Mehrheit; Non-Dualismus für diejenigen, die mehr philosophisch orientiert sind.

Wir müssen begreifen, dass keine Philosophie die ganze Wahrheit enthält; jede ist nur ein Teil davon. Deshalb bevorzugen selbst die Fortgeschritteneren, die das Gefühl haben, dass Non-Dualismus der letzten Wahrheit näherkommt, was das auch immer heißen mag, in der Praxis den Dualismus. Paramahansa Rāmakrishna brachte die Sache auf den Punkt, als er sagte, dass er lieber die Süße von Zucker koste als selber Zucker zu werden.

Christliche Symbole

Die Gestaltung der Weihnachtsfeiern in Prasanthi Nilayam bezieht üblicherweise das Singen einiger Weihnachtslieder von westlichen Devotees mit ein, Ansprachen von Sai-Devotees mit christlichem Hintergrund und – als Höhepunkt – eine Ansprache von Sai Baba, in der er einen Aspekt der christlichen Geschichte offenbart.

Weihnachten im Ashram ist immer ein einfaches, rein spirituelles Ereignis – so wie es überall sein sollte. Ich habe gehört, wie Christen sagten, dass eine in der Gegenwart von Sai Baba verbrachte Weihnachtsnacht die heiligste sei, die sie je erlebt hätten.

Christliche Symbole aber materialisiert Baba zu jeder Zeit des Jahres, wie Anhänger, welche die Gestalt Christi tragen, und bei einem Anlass schuf er – für John Hislop – ein Kruzifix aus antikem Holz. Manchmal trägt ein Medaillon Christus auf der einen und Sai Baba auf der anderen Seite und lehrt auf diese Weise die wichtige Sai-Lektion über Göttliche Namen und Formen.

Ein australischer Devotee sah einmal ein Kreuz um Swamis Hals, obwohl Freunde, die sich in der Nähe in der Menge befanden, es nicht wahrnahmen. Dies war eine nur für eine Person bestimmte Manifestation, genauso wie die für eine Frau aus dem Westen, die Babas Gesicht sich vorübergehend in das Gesicht Jesu verwandeln sah.

Die Erfahrung eines Mannes, der sich selbst bekennender Christ nennt, Lawrence Galante aus New York, ist in Verbindung mit diesem Vergleich interessant. Galante war 1976 während der Weihnachtszeit im Ashram und wurde von Swami gebeten, zu einer Menge von etwa zwanzigtausend Menschen über Jesus Christus zu sprechen. Von dem Tag an war, wie Galante sagt, sein Geist mit Visionen aus dem Leben Christi erfüllt. Er glaubt, dass

Baba diese Visionen hervorgerufen hat, die ungefähr einen Monat andauerten.

Auf Galantes Rede über Jesus folgte eine Ansprache von Baba, in der er, wie Galante zitiert, erklärte: „Christus war eine Göttliche Inkarnation. ... Jesus war der Bote Gottes, der Sohn Gottes und eins mit Gott.“ Ich habe Swami die gleiche Feststellung an anderen Weihnachtsfeiern machen hören.

Das Ergebnis seines Besuchs in Prasanthi Nilayam war, dass Lawrence Galante ein besserer Christ wurde. Er sagt: „Ich erhielt von Sai Baba die Bestätigung, dass Jesus wirklich mein Gott ist und dass Sai Baba mein Göttlicher Lehrer war, der mich zu Ihm bringen würde.“ Galante kehrte nach Amerika zurück, um seine Doktorarbeit über „Sai Baba: Contemporary Mystic, Master and God“ (Zeitgenössischer Mystiker, Meister und Gott) an einer Universität in New York zu schreiben.

Einige Parallelen in den Lehren

Verhaltensregeln und Grundsätze für die Führung des spirituellen Lebens werden täglich von Sai Baba gegeben, wie es bei Jesus war. Obwohl sie sich in der Sprache unterscheiden, sind sie dem Inhalt nach gleich. Indes ist das nicht verwunderlich, da eine solch spirituelle Führung auf der Uralten Weisheit beruht, die lange vor der Zeit Jesu existierte. Um sie an die Zeit, in der er lebte, anzupassen, legte Christus einen Teil dieser Weisheit in einem Stil, mit den Vorstellungen und der Betonung dar, die von Millionen Menschen dieses Zeitalters akzeptiert werden konnten. Obwohl die Führung heute grundsätzlich die gleiche ist, müssen darin einige Veränderungen in der Betonung und eine Vertiefung des Verständnisses für das Zeitalter, für das die Lehren Sai Babas bestimmt sind, vorhanden sein. Denn wie Tennyson schrieb: „Dennoch bezweifle ich nicht, dass durch die Zeiten ein ansteigender Zweck verläuft und das Denken der Menschen mit dem Fortschreiten der Sonnen erweitert wird.“[15]

Swami betont und betont immer wieder die Wahrheit über Gottes Immanenz in der Menschheit und dass der innere Gott in der Tat

15 Alfred Lord Tennyson: Locksley Hall, Vers 69

unser wirkliches Selbst ist. In den christlichen Evangelien, wie sie uns überliefert sind, finden wir nichts darüber, dass Jesus die Menschen diese großartige Wahrheit lehrt. Aber er lehrt sie doch. Indem er sagt: „Ich und der Vater sind eins“ (Joh. 11,30) und „Ich bin in euch“, stellt er als Schlussfolgerung fest: „Gott ist in dir.“ Er bringt das Konzept noch in anderer Weise, wenn er sagt: „Das Königreich Gottes befindet sich in euch.“ (Luk. 17,21).

Der heilige Johannes berichtet, dass Christus zu einer Gruppe zweifelnder, feindseliger Juden auf Salomons Tempelveranda sagt: „Steht nicht in eurem Gesetz geschrieben: ‚Ich habe gesagt, ihr seid Götter?'“ (Joh. 10, 34). Im Psalm 82 lesen wir: „Ihr seid Gott und ihr alle seid Kinder des Allerhöchsten.“

In den antiken Papyrusblättern, die zu Beginn dieses Jahrhunderts in Ägypten entdeckt wurden, bekannt als die Worte Jesu von Oxyrhynchus, ist diese Lehre stärker betont: „Wer immer sich selbst kennt, wird es finden (das Reich Gottes im Inneren). Und wenn du es gefunden hast, wirst du selbst wissen, dass du in Gott und Gott in dir ist.“ Der Papyrus wurde im dritten Jahrhundert nach Christus geschrieben, in derselben frühen Zeit, wie einige andere Evangelien auch.

Der heilige Paulus, der Apostel Christi, erklärte die gleiche ewige Wahrheit mit diesen Worten: „... Ihr seid der Tempel Gottes, und der Geist Gottes wohnt in euch.“ (I Kor. 3,16). Für christliche Mystiker war dies eine offenbarte Wahrheit, über die sie auf unterschiedliche Weise schrieben.

Aber die Kirchenführer verloren die Lehre oder ließen sie fallen – vielleicht, weil sie für den gewöhnlichen Menschen unpassend war. Überdies zeigt die Geschichte, dass die kirchliche Obrigkeit diejenigen schwer bestrafte, die diese höchst wichtige Offenbarung über die Natur des Menschen lehrten.

Abschließend hier einige Parallelen in den Lehren über das Thema der spirituellen Ethik, die in sehr ähnlicher Weise ausgedrückt sind.

Sai Baba: Vermeidet es, anderen Dinge anzutun, von denen ihr selbst nicht wollt, dass andere sie euch antun.

Christus: Was immer ihr wünscht, dass andere für euch tun, solltet ihr gleichermaßen für sie tun.

Sai Baba: Anstatt nach den Fehlern anderer zu suchen, sucht eure eigenen Fehler; entwurzelt sie, werft sie fort. Was immer jemand über irgendwelche Fehler sagt, von denen ihr wisst, dass ihr sie nicht habt, fühle dich nicht betroffen. Bezüglich der Fehler, die ihr habt, versucht sie zu korrigieren, noch bevor andere sie erwähnen. Hegt keinen Ärger und keine Rache gegenüber Menschen, die eure Fehler aufzeigen; reagiert nicht, indem ihr ihre Fehler aufzeigt, sondern zeige ihnen eure Dankbarkeit. Es ist gut, seine Fehler zu kennen.

Christus: Weshalb schaust du auf den Splitter in deines Bruders Auge, beachtest aber nicht den Balken in deinem eigenen Auge?

Oder wie kannst du zu deinem Bruder sagen: „Lass mich den Splitter aus deinem Auge ziehen“ und dabei ist in deinem eigenen Auge ein Balken. Richtet nicht, damit ihr nicht gerichtet werdet.

Sai Baba: Entwickelt Wahrheit (satya) und Liebe (prema) und alles wird euch hinzugefügt werden, ungefragt.

Christus: Suchet zuerst das Reich Gottes und seine Rechtschaffenheit und alle diese Dinge werden euch hinzugefügt werden (Mat. 6, 33).

Sai Baba: Alle sind eure Reisegefährten, nicht nur Bruder Mensch, sondern auch Bruder Tier und Bruder Pflanze; nicht nur der Bruder „das Gute“, sondern auch der Bruder „das Böse“; nicht nur der Bruder „der Spirituelle“, sondern auch der Bruder „der Gemeine“. Alle sind im gleichen Strom, der zu Unendlichem Frieden eilt. Verbreitet Brüderlichkeit durch Mitgefühl und vertieft das Mitgefühl durch Wissen.

Christus: Liebt eure Feinde, segnet jene, die euch verfluchen, tut Gutes denen, die euch hassen, ... damit ihr Kinder eures Vaters sein möget, der im Himmel ist; denn er lässt die Sonne aufgehen über das Gute und das Böse und lässt es auf Gerechte und Ungerechte regnen (Mat. 5, 44–45).

Sai Baba: Der Mensch wurde nicht für die Suche nach materiellem Reichtum geboren. Er wurde geboren, um sich auf die Suche nach dem Göttlichen zu machen. Ihr müsst in dieser Welt leben, aber lasst die Welt nicht in euch leben. Das Leben wurde uns von Gott gegeben, um uns zu befähigen, Gott zu suchen und zu erreichen.

Christus: Was nützt es dem Menschen, wenn er die ganze Welt gewinnt, aber sich selbst verliert oder an seiner Seele Schaden leidet? (Luk. 9, 25). Sammelt nicht Schätze für euch selbst auf Erden, wo Rost und Motten sie vernichten und wo Diebe einbrechen und stehlen. Aber sammelt Schätze im Himmel, wo weder Rost noch Motten sie vernichten (Mat. 6, 19–20).

Sai Baba: Wenn ihr mir einen Schritt entgegengeht, werde ich euch drei Schritte entgegenkommen. Ich bin am glücklichsten, wenn jemand mit einer schweren Last Elend zu mir kommt, denn er bedarf am meisten dessen, was ich habe.

Christus: Kommet alle zu mir, die ihr mühselig und beladen seid, denn ich will euch erquicken (Mat. 11, 28).

10. Sai Baba und der Islam

In der Geschichte haben zwei große Religionen über Jahrhunderte Seite an Seite gelebt, voll von gegenseitigem Misstrauen, Feindseligkeit und gelegentlichen Ausbrüchen von Gewalt. Diese beiden sind der Hinduismus und der Islam. Sehr wenige Menschen haben Versuche gemacht, die beiden auf der Grundlage von gegenseitiger Toleranz und Verständnis zusammenzubringen. Unter den wenigen Namen, die uns einfallen, sind Kabir, Mahatma Gandhi und Sai Baba.

Grundsätzlich lehren beide Religionen die gleiche Wahrheit: Es gibt nur einen Gott – den Einen jenseits aller Formen, jenseits aller Namen, Bilder und Eigenschaften, die der Geist Ihm zuschreiben könnte. Der Hauptunterschied zwischen den zwei Religionen ist dieser: Der Hinduismus behauptet, dass Gott sich Selbst in jeder Form manifestieren kann und dass wir Ihn zu Recht in jeder beliebigen Form verehren können. Im Gegensatz hierzu besteht der Islam darauf, dass wir für unsere Verehrung des formlosen Gottes keine Form und kein Bild heranziehen sollen.

Zweifellos besagt die islamische Vorstellung folgendes: dadurch, dass Gott in einer Form gesehen wird, werden viele dazu tendieren, das allgegenwärtige Göttliche auf ihre eigene erwählte Form zu beschränken und andere Gottesformen, die von der Menschheit verehrt werden, zurückzuweisen. Daraus wird ein Konflikt entstehen. Das ist natürlich eine ständig lauernde Gefahr und in der Tat ist das viele Male in der traurigen, blutigen Geschichte der organisierten Weltreligionen geschehen.

Dennoch wird das Denken, das bis zum Herzen der Dinge vordringt, viele Punkte erkennen, an denen die beiden Religionen mit gegenseitigem Respekt für den Standpunkt des anderen zusammengebracht werden können. Einer, der unermüdlich daran arbeitete, war der Heilige und Dichter Kabir im fünfzehnten Jahrhundert. Wenngleich er selbst ein Hindu war, gewann er doch viele moslemische Anhänger. Er wurde sogar das Oberhaupt der Sufi-Meister, einer mystischen moslemischen Sekte mit einem fundierten Verständnis des Islam. Die Sufis stellten Kabirs Gedichte an die erste Stelle ihrer Praxis (sādhana) für spirituellen Fortschritt. Seine Gedichte atmen Göttliche Liebe, die das Wesen des Sufismus ausmacht, so wie es für den Pfad der Hingabe (bhakti) im Hinduismus gilt.

Während seines Lebens in Shirdi hat sich Sai Baba häufig auf Kabir berufen, Lieder von Kabir gesungen, und er hat in der Tat bekanntgegeben, dass er selbst eine Inkarnation des göttlichen Dichters ist. Shirdi Sai Baba stammte von Hindu-Eltern ab und hatte in seiner Jugend zwei spirituelle Gebieter. Einer war ein moslemischer Fakir, der andere ein ergebener Hindu. Als er in das Dorf Shirdi kam, um dort zu wohnen, begründete er seine Wohnung in einer alten ungenutzten Moschee; doch sein erster Anhänger war ein Hindupriester genannt Mhalasapati.

Die Hindus, die zu Baba kamen, mussten eine gewisse islamische Färbung akzeptieren. Zum Beispiel trug Baba moslemische Kleidung, sprach in einer moslemischen Sprache (Urdu) und bezog sich häufig auf Gott als Allah oder „der Große Fakir".

Einer der Moslems, die nach Shirdi kamen, war ein Mann namens Abdul, der sich ungefähr dreißig Jahre lang mit Baba verband. Er kam 1890 und blieb, bis Baba 1918 starb. Abduls Hauptaufgabe bestand darin, die fünf ewig brennenden Lampen mit Brennstoff zu versorgen und sie am Brennen zu halten.

Wenn er in der Moschee saß, öffnete Baba gelegentlich den Koran und ließ Abdul Abschnitte von der Stelle, die er geöffnet hatte, vorlesen. Baba pflegte manchmal Abschnitte aus dem Koran zu zitieren und Abdul schrieb Babas Äußerungen in ein Notizbuch. Er betrachtete alles, was von Babas Lippen kam, als heilig und hielt alles in dem Buch fest. Das Notizbuch wurde zu Abduls Koran, und er betrachtete es als ausreichenden Führer für sich selbst und für jedermann sonst.

Abdul blieb viele Jahre nach Babas Vereinigung mit dem Absoluten (mahāsamādhi) in Shirdi, schmückte das Grab, stellte Blumen darauf und empfing die erste gesegnete Speise (prasāda) für seinen Unterhalt. Wenn irgendjemand in einer misslichen Lage Hilfe brauchte und Abdul darum bat, pflegte er sein Buch mit Babas Äußerungen zu öffnen und die Antwort stand auf der Seite, die aufgeschlagen war. Diese Methode erwies sich als effektiv. Da war zum Beispiel ein Brunnen bei dem Tempel (Sai-Mandir) gegraben worden, aber das Wasser war brackig. Abdul befragte sein Buch und die Antwort war: „Wenn der Brunnen tiefer gegraben wird, wird das Wasser süßer." Entsprechend wurde der Brunnen zwei Fuß tiefer gegraben und das Wasser war nicht länger brackig.

Auf der anderen Seite hatten die moslemischen Devotees eine Anzahl unangenehmer Praktiken zu schlucken, wie dass Baba mit einem Hindu-Ritual verehrt wurde und als Avatar Gottes angesehen wurde – ein Konzept, welches die Moslems nicht akzeptieren.

Das Ausmaß der Kräfte, der Liebe, der Weisheit und des Verständnisses von Sai Baba war so groß, dass während seiner Zeit in Shirdi sowohl eine große Anzahl Moslems als auch Hindus und Menschen anderer Glaubensrichtungen Sai-Anhänger wurden. Auf diese Weise hat Baba das Werk Kabirs sein ganzes Leben lang fortgeführt, eine Brücke zwischen den beiden antagonistischen Religionen zu bauen.

In seinem jetzigen Leben als Sathya Sai Baba fährt er mit dieser schwierigen Aufgabe fort. In der Familie der Religionen, sagt er, müssen der Großvater (Hinduismus) und der Enkel (Islam) sich besser verstehen. Sie müssen im Brunnen der Wahrheit tiefer graben, um zu den süßeren Wassern der Harmonie und der Bruderschaft zu gelangen.

Harmonie und Eintracht, lehrt er immer, müssen genau dort anfangen, wo wir uns befinden – Zuhause, im Dorf, in der Gemeinschaft am Ort. Folgerichtig begann seine Arbeit mit den Moslems in seinem Dorf Puttaparthi. Während ihres heiligen Monats Ramadan werden die Moslems aus dem Dorf immer von Swami dazu eingeladen, jeden Morgen vor der Dämmerung nach Prasanthi Nilayam zu kommen, um ihre Hymnen zum Lobe Allahs zu singen.

Vor einigen Jahren ließ Baba für die armen Moslems in Puttaparthi eine Moschee bauen. Vorher waren sie gezwungen, für ihre Gebete in der Gruppe drei oder vier Meilen zu Fuß zu einem anderen Dorf zu gehen. Die neue Moschee wurde im Monat Ramadan im Jahr 1978 fertiggestellt. Baba wohnte selbst der Eröffnungszeremonie bei und hielt eine Ansprache vor den versammelten Moslems, vorwiegend Bauern, Handwerker und kleine Händler.

In der Ansprache sagte Swami, dass der Koran, der dem Propheten Mohammed im Monat Ramadan offenbart worden ist, eine Göttliche Mitteilung sei. Sie erreichte den Propheten mittels Wellen Göttlicher Schwingungen, auf dieselbe Weise wie die Wahrheiten der Veden, der Bibel, des Zend Avesta und anderer großer heiliger Schriften der Menschheit offenbart wurden. Er erklärte, dass die Größe des Koran, enthalten in den fünf Prinzipien

Barmherzigkeit, Wahrheit, Opfer, Vergebung und Toleranz, auch in all den anderen heiligen religiösen Texten der Menschheit zu finden sei.

Indem er wie immer die tiefere Bedeutung der religiösen Praktiken ansprach, sagte Swami, dass das im Islam während des Ramadan vorgeschriebene Fasten mehr umfasse als sich von Sonnenaufgang bis Sonnenuntergang vom Essen zu enthalten. Es schließe auch Enthaltsamkeit von Gewalt, Falschheit, Zorn, Neid und Verleumdung anderer Menschen ein. „Befolgt nicht bloß rituelle Gebete und Fasten, sondern praktiziert Freundlichkeit und rechte Lebensführung, um Glück in der Gesellschaft zu schaffen.“ Die Enthaltung von Essen und Trinken sollte in der Tat ein äußeres Zeichen des wichtigeren inneren Fastens sein – das heißt, der Sinneskontrolle und der Reinigung des Geistes, die uns Gott näher bringen.

Wenn die Dörfler die tiefere Wahrheit in diesem kostbaren Vermächtnis, dem Koran, aufnähmen, würden sie harmonisch mit Menschen anderer Religionsbekenntnisse zusammenleben. Und sie würden anderen Menschen ein gutes Beispiel geben. Nach der Ansprache materialisierte Baba durch seinen göttlichen Willen sieben silberne Anhänger in der Form der arabischen Inschrift „Allah“ und gab sie dem Vorsitzenden des Moschee-Vorstands, um sie an die anderen Mitglieder zu verteilen.

Die Freude, die alle über Babas Geste des guten Willens, der in der Errichtung der Dorfmoschee symbolisiert wurde, empfanden, zeigte sich in der Art, wie die Dörfler – Moslems und Sai-Anhänger anderer Religionen – sich am Eröffnungstag auf dem Weg zur neuen Moschee drängten. Mit Hymnen in Urdu und Telugu, die speziell für diese Gelegenheit komponiert worden waren, hießen sie Baba willkommen und priesen ihn.

Moslems werden nicht nur aus allen Teilen Indiens zu Baba hingezogen, sondern auch aus so entfernten Gegenden wie dem Libanon, Irak, Iran und Libyen. Sie sehen ihn als großen Propheten, einen Göttlichen Mystiker, oder sie haben das Gefühl, wie es einer ausdrückte, „dass das Licht, das durch alle Religionsgründer der Vergangenheit schien, heute in der Person von Sathya Sai Baba gegenwärtig ist“.

Zwei unserer guten Freunde, die ergebene Moslems und Anhänger von Sai Baba sind, sind Professor S. Bashiruddin und seine Frau Zeba. Der Professor ist Leiter der Abteilung für Kommunikation und Journalismus an der Osmania Universität von Hyderabad in Indien und berichtet in fließendem Englisch über die Beziehung zwischen Sai Baba und dem Islam. Er schickte mir freundlicherweise das Manuskript eines Artikels, den er geschrieben hatte, mit dem Titel: „Sathya Sai Baba: Der Göttliche Mystiker" mit der Erlaubnis, über seine Vorstellungen zu schreiben und seine Worte, wie ich wünschte, zu zitieren.

An einer Stelle schreibt er: „Ich höre in Baba die Bedeutung der Verse aus dem Koran und sehe ihn als die barmherzigste, verzeihendste göttliche Kraft an, die Allahs wohlwollendem Geist eine konkrete Bedeutung und Erfahrung verleiht ...".

Und „im Koran wird darauf hingewiesen, dass ‚Gott nicht zwischen den ursprünglichen Lehren einer Religion und der anderen unterscheidet' (11, 136), sondern lediglich die Reinheit der frühen Schriften bestätigt. Auch, dass die Quintessenz der ursprünglichen Lehren aller Religionen dasselbe zum Gegenstand hat, lediglich mit Anpassungen an die örtliche Kultur, Geographie und weitere umgebungsbedingte Faktoren. Shrī Sathya Sai Baba betont, dass die Veden und Purānas nicht Indien oder einem anderen Land angehören, nicht einmal irgendeiner Religion. Sie sind für alle Menschen als die Stimme Gottes (Wahrheit) bestimmt ...".

Die islamische Vorstellung von Gott, als anfangslos, endlos und jenseits allen menschlichen Verstehens ist genau das, was Swami über die höchste Göttliche lehrt. Überdies sagt Swami, dass Gott in jedem als Atman gegenwärtig ist; wobei Gott im Koran feststellt: „Ich bin in eurer eigenen Seele. Warum seht ihr das nicht?" Und dieser immanente Gott, lehrt und zeigt Swami, kennt all eure geheimsten Gedanken und Gefühle. Im Koran wird dieselbe erstaunliche Wahrheit gelehrt: „Gott kennt das allerinnerste Flüstern des menschlichen Geistes."

Professor und Frau Bashiruddin haben wie Tausende andere Menschen die Göttliche Allwissenheit durch Sai Baba bei einer Anzahl von Gelegenheiten erfahren. Hier ist eine, über die er berichtet, von der er sagt, dass sie „auf die schwierige Weise gelernt haben".

„Als wir Swami das erste Mal gemeinsam begegneten, mussten wir fünf Tage warten, bevor er uns zu einem Interview rief, da wir mit gewissen Vorbehalten gegenüber dem anderen in unseren Herzen nach Puttaparthi gekommen waren – vermutlich hatten wir beide starke Egos. Als bei mir die Erkenntnis aufblitzte, dass das der Grund sein könnte, weshalb Swami uns nicht zum Interview rief, gelobten wir am Abend des fünften Tages Besserung, verziehen einander und löschten die Spuren vergangenen Grolls. Gleich am darauffolgenden Tag segnete Swami uns mit einem Interview. Seine erste Bemerkung mit einem strahlenden Lächeln war: ‚Wie geht es eurem Streit?‘ Als wir uns schamerfüllt bewusst wurden, dass Swami dessen, was heimlich zwischen ihnen vorgegangen war, gewahr war, beeilten wir uns zu antworten, dass es den Streit nicht mehr gebe.“

Der Professor hatte gehört, dass Swami manchmal seinen Devotees Mantras gab, und spürte den starken Wunsch, eins für sich zu bekommen. Es war bei einem Interview anlässlich der Dasara-Feiern im Jahre 1977, als Bashiruddin um ein Mantra für seinen persönlichen Gebrauch bat.

„Welches Mantra?“, fragte Swami, indem er seine Hand hob und unter dem Hemdkragen des Professors einen Silberanhänger hervorholte, der die arabische Inschrift „Allah“ trug. Baba hatte diesen Anhänger bei einem früheren Interview im Dharmakshetra-Zentrum in Bombay materialisiert. Ohne ein weiteres Wort schob Swami den Anhänger an seinen Platz zurück. „Dies überzeugte mich“, schreibt der Professor, „dass das für mich bedeutende Mantra bereits um meinen Hals hing.“

Dieser moslemische Devotee Babas sagte, dass es eine Krise im Zusammenhang mit seiner Arbeit – die mit einem Vertrauensverlust zu tun hatte – war, die ihn zuerst zu Baba geführt hatte. Und obwohl das Problem nun gelöst ist und der Vergangenheit angehört, stellt er fest, dass die fortdauernde Gnade Babas wie ein Anker ist, welche Zeit der Not auch kommen möge, oder um einfach den alltäglichen Problemen, die sich ergeben, entgegenzutreten. Sein Glaube an die ständig gegenwärtige Hilfe Babas wurde durch viele persönliche und familiäre Wunder – greifbare und nicht greifbare – intensiviert und vergrößert.

Die gelehrte Zeba Bashiruddin ist eine von zwei Moslemdamen, die für Baba inspirierte Gedichte schreiben. Die andere ist die ausgezeichnete persische Dichterin Begum Tahira Bano Sayeed, die den Geist des Propheten in Sai Baba spürt. Sie ist jetzt seit über einem Jahrzehnt Sai-Devotee.

Professor Bashiruddin teilte mir mit, dass seine Frau Zeba, als sie zu Swami kam, eine sehr orthodoxe Moslemin war. Ich weiß, dass sie eine sehr gebildete Frau ist, kultiviert, sensibel, doch jederzeit bereit, im Dienst des Herrn niedrige Aufgaben zu übernehmen.

Zeba hat ein dünnes Bändchen hingebungsvoller Gedichte für Swami veröffentlicht. Sie sind in Urdu verfasst, mit englischer Übersetzung, und haben eine ausgeprägte sufistische Färbung, bei der Gott als der Geliebte des menschlichen Herzens angesehen wird. Sie überließ meiner Frau gütigerweise eine Kopie des Buches. Das Thema ihres Vorwortes zu diesem kleinen Gedichtband ist ein Ansatz und Verständnis von Sai Baba aufgrund sufistischen Denkens. Der Sufismus, der das tiefe, wahre Herz des Islam ist, ist gewiss das beste Gegengift und Korrektiv für den religiösen Fanatismus, der heutzutage unter den Moslems in einigen Ländern zu finden ist.

Zeba schreibt in dem Vorwort: „Als ich Baba zum ersten Mal sah, war ich eine traditionell aufgewachsene Moslemin. Meine frommen und gebildeten Eltern sind in den islamischem Mystizismus eingetaucht. Mein mystischer Hintergrund ließ mich an Babas Göttlichkeit halb glauben. Das erste Interview, das so erfreulich schien, befreite auch geheime Kräfte. Ein tiefverwurzelter Konflikt begann zwischen dem traditionellen Glauben und dem magnetischen Sog der Liebe zu brodeln. Dann folgte eine Periode unbeschreiblicher Qual, bis Babas Stimme eines Nachts meine Sinne im Halbschlaf durchdrang: ‚Du kennst nicht einmal deine eigene Religion. Wie kannst du mich kennen?' Am folgenden Morgen begann ich wie ein Schulkind, den islamischen Mystizismus zu studieren, und als die Türen des Sufismus schließlich aufgestoßen waren, fand ich mich zu Füßen Sai Babas wieder."

Zeba wurde vieler Ähnlichkeiten zwischen dem Koran und den Veden gewahr, welche die Basis der Sai-Lehren sind. Sie fand zum Beispiel, dass zwei wichtige Vorstellungen in Babas Botschaft Liebe zu Gott und Liebe zur Menschheit – ausgedrückt als Dienst – sind. „Dienst an der Menschheit ist Dienst an Gott", erinnert uns Swami beständig. Zeba schreibt, wobei sie die Parallelen aufzeigt: „Der Prophet des Islam beobachtete oft, dass ‚die ganze Menschheit Gottes Familie ist und derjenige am meisten von Gott geliebt wird, der für seine Familie das höchste Wohl tut."

Der Sufismus lehrt, dass alles, was wirklich im Universum existiert, Gott ist und dass die äußeren Formen, die sich ständig ändern, unwirklich oder illusorisch sind. Baba betont oft den Unterschied zwischen dem Wirklichen und dem Unwirklichen und sagt: „Nur der Paramatman ist wirklich, der Paramatman ist Wahrheit, der Paramatman ist Liebe."

Baba lehrt auch, wie wir sahen, dass der ganze Zweck der menschlichen Existenz darin besteht, Gott zu erkennen und in Seine Herrlichkeit einzugehen. Für die moslemischen Sufis ist die Vereinigung mit dem Geliebten die letzte Vollendung. Mansur Ibn Hallaj schrieb: „Ich sah meinen Herrn mit dem Auge meines Herzens. Ich fragte: ‚Wer bist du?'; Er antwortete: ‚Du'."

Zeba fand viele andere Ähnlichkeiten zwischen Sai Baba und dem Sufismus. Alle heben, sagt sie, die Einheit der beiden hervor, die in Zeit und Raum so weit auseinander liegen und dennoch von Grund auf so untrennbar sind. Sie sieht auch viele bemerkenswerte Parallelen zwischen den Wundern Sai Babas und denen großer moslemischer Heiliger.

Mohammed hat einmal bemerkt, dass jeder Heilige und Botschafter der Wahrheit besondere Gaben hat. Durch Beobachtung dieser Gaben werden die Menschen zum Glauben an die Gültigkeit der Mission bewegt. Daher ist es das grundsätzliche Ziel des göttlichen Wunders, den Glauben zu stärken und die Wahrheit in der Menschheit zu fördern. Bei der Verfolgung dieser Ziele haben moslemische Heilige, wie Zeba sagt, „unheilbare Krankheiten geheilt, ihren Anhängern in Not auf geheimnisvolle Weise geholfen, die Armen durch plötzlichen Reichtum beschenkt, zahlreiche unmögliche Wünsche erfüllt, Gegenstände von nirgendwoher geschaffen und Menschen, die für tot erklärt waren, ins Leben zurückgeholt. Für mich als Moslemin bringen Babas Wunder die gleiche Göttlichkeit zum Ausdruck, die vom Propheten Mohammed und späteren moslemischen Mystikern manifestiert wurde."

Sie zieht Parallelen zwischen einigen speziellen festgehaltenen Wundern, die von moslemischen Heiligen der Vergangenheit vollbracht wurden, und denen, die heute um Sai Baba herum bezeugt werden. Diese Demonstrationen göttlicher Macht – egal in welchem Zeitalter sie vorgenommen werden –, stellt sie fest, verwandeln die Einstellung und das Leben vieler Menschen und bringen sie Gott näher.

Immer und überall ist die mächtige Kraft hinter der großen Vielfalt göttlicher Wunder, bestätigt sie, Liebe. Dennoch „kann der begrenzte menschliche Verstand diese Liebe weder begreifen noch alle Wunder auflisten. Bestenfalls kann er die mystische Wahrheit akzeptieren, dass Baba der Liebende, die Liebe und der Geliebte ist“.

Lasst mich dieses Kapitel mit einigen Zeilen aus Zeba Bashiruddins Gedichten der Liebe zu Lord Sai beschließen.

In der Stille, ohne mein Wissen, oh Herr,
Hast Du meine Welt mit einem Blick verändert,
Indem Du mit sanftem Glanz
Ihr schattiges Schweigen berührtest.
Die Dämmerung gleitet nun die Korridore der Nacht entlang,
Sanft, still, ungehört –
Wie die vorübergehenden Schritte Deiner Lotosfüße.
Der zweifach erleuchtete Himmel erinnert sich für immer
An das anmutige Dahingleiten Deines orangefarbenen Gewandes.
Und die leeren Momente meines überfüllten Lebens
SEHNEN SICH
Nach dem Reichtum Deiner überfließenden Liebe.

11. Baba und der Buddhismus

UNTER DEN MENSCHEN mit unterschiedlichem religiösem Hintergrund, die zu Sai Baba strömen, befinden sich buddhistische Priester aus vielen Ländern. Was suchen sie dort, diese Männer mit den ockerfarbenen Gewändern, die jenem spirituellen Pfad ergeben sind, der vor langer Zeit von dem großen Weisen Sakya Muni vorgezeichnet wurde?

Es könnte interessant sein, die Sai-Lehren mit denen zu vergleichen, die in Nordindien vor zweieinhalbtausend Jahren vom Krieger und Prinzen Gautama, der nach langer Meditation unter dem Bodhi-Baum Erleuchtung erlangte, vermittelt wurden. Danach wurde der Prinz als Buddha bekannt, was der Erleuchtete bedeutet (abgeleitet von der Sanskrit-Wurzel „budh" = erleuchten, wissen).

Die Mission Buddhas fiel in eine Zeit großer philosophischer Unruhen und Verwirrung in Indien. Seine Lehre war im Kontrast dazu empirisch und praktisch. In der Tat vermied er alle metaphysischen Spekulationen.

Als der Erleuchtete durch das Land dieser lange vergangenen Welt wanderte und die menschliche Situation beobachtete, sah er – wie er es heute sehen würde – Menschen, die ständig auf der Suche nach dem Glück waren, jedoch die meiste Zeit in einem Zustand der Unzufriedenheit, Not oder irgendeines Leidens verharrten. Sai Baba, der dieselbe Situation sieht, sagt: „Vergnügen ist nur ein Intervall zwischen zwei Schmerzen."

Der Buddha wusste, wie alle Erleuchteten, dass in Wahrheit Glück und Freude unser Normalzustand gemäß unserer wahren Natur ist. Wenn dem so ist, welche Ursache gibt es dann für den anormalen Zustand, den wir vorfinden? Wir glauben, dass die Ursachen unseres Unglücklichseins, für Frustration und Leiden in den Dingen um uns herum liegen – solche Dinge wie Schicksalsschläge, schlechte Bedingungen, die Feindseligkeit anderer Menschen, Handlungen Gottes usw. Aber der Buddha sah, wie es Baba sieht, dass die Ursache für die Krankheit im Patienten liegt. Sie ist in Begierden verwurzelt, die zum Streben – und Festhalten – nach den vergänglichen Dingen der Welt führen. Selbstsüchtige Wünsche sind eng an Täuschung und Unwissenheit darüber, wie die Dinge wirklich sind, gebunden. Deshalb würde eine wahre graphische Darstellung der menschlichen Situation uns in einem Wagen, genannt Täuschung, darstellen, der vom wahnsinnigen Fahrer mit Namen Begierde gesteuert wird.

In Anbetracht dieser uralten menschlichen Krankheit hat Swami gesagt: „Entledigt euch solcher Dinge wie Täuschung, Illusion und des Gefühls von ‚Ich' und ‚Mein' und dann könnt ihr in Frieden sein." Weiter auch: „Werft das Laster des Egoismus, das Übel der Gier und das Gift des Neides von euch. Wenn ihr nach Freude in etwas außerhalb von euch sucht, erinnert euch daran, dass viel größere Freude in eurem eigenen inneren Bewusstsein auf euch wartet." Auf viele verschiedene Weisen hat Baba erklärt, dass Unkenntnis der Wahrheit der Grund für Fehler und beständiges Selbst-Märtyrertum ist. Wenn wir die Situationen objektiv und analytisch betrachten, muss dies sicher jeder von uns zugeben.

Gibt es eine Heilung für die Krankheit? Der ganze Zweck für die Evolution des Bewusstseins besteht darin, uns – schrittweise und schmerzlich – vom Animalisch-Menschlichen zum Menschlich-Göttlichen zu erheben. Wenn das vollbracht ist, wird die durch Täuschung entstandene menschliche Krankheit sich wie der Morgennebel auflösen. Aber gibt es eine Behandlungsmethode, ein Rezept, um den Leidenden zu helfen?

Der mitfühlende spirituelle Arzt, genannt der Buddha, schrieb ein Rezept nieder, oder besser, er sagte das Rezept seinen Anhängern, denn in jenen Tagen gab es wenig Geschriebenes. Seine Anhänger überlieferten es an ihre Anhänger und so weiter über die Generationen durch drei Jahrhunderte. Dann schließlich wurde das großartige Rezept niedergeschrieben.

Ob es wohl einige Änderungen durch die verbale Übermittlung über einen so langen Zeitraum erfahren hat? Es ist anzunehmen. Aber wir können zumindest die Essenz von Buddhas „Heilmethode" mit denen vergleichen, die von anderen erleuchteten spirituellen Ärzten der Menschheit verordnet wurden.

Die Verordnung des Buddha ist als der Edle Achtfache Pfad bekannt. Er wird auch der Mittlere Weg genannt, weil er einen Pfad zwischen den beiden Extremen des sinnlichen Schwelgens auf der einen und sehr herber Strenge auf der anderen Seite beschreibt. Die Zutaten des Rezepts werden von verschiedenen Verfassern über den Buddhismus etwas unterschiedlich bezeichnet. Daher müssen wir uns bemühen, die Bedeutung von Buddhas Aussage hinter den verschiedenen heute verwendeten Begriffen zu sehen. Hier werden die Begriffe von einem Verfasser benutzt, der direkt aus dem Pāli übersetzt hat, der Sprache, in der der Edle Achtfache Pfad zuerst niedergeschrieben wurde. Die ersten beiden befassen sich damit, uns zur richtigen Einstellung und Absicht zu bringen.

1. Rechte Sicht (sammadithi). Patienten müssen zuerst die richtige Sicht der Dinge erlangen. Sie müssen durch den Schleier der Täuschung hindurchdringen und die menschliche Situation sehen, wie sie wirklich ist. Sie müssen einsehen, dass alle Erscheinungsdinge vorübergehend sind, dass jeder Anfang unabdingbar ein Ende haben muss. Sie müssen, zumindest bis zu einem gewissen Grad, wahrnehmen, dass das einzige Konstante in dieser Welt beständiger Wandel ist. Diese rechte Sicht und dieses Verstehen werden helfen, die anderen Anforderungen der Behandlung zu erfüllen.

Das ist eine Sicht des Universums, die nachdrücklich von Sai Baba gelehrt wird, und sie wird von der modernen Physik unterstützt. Die Kern- oder Hochenergie-Physik hat gezeigt, dass hinter der festen Welt der Formen, die unser Geist und unsere Sinne konstruiert, nichts weiter ist als ein beständig wechselndes Energiemuster. Nichts existiert außer den dynamischen Energiebündeln. Der Rest ist eine vom menschlichen Geist erschaffene Illusion. Sogar mit wissenschaftlicher Unterstützung ist es für den Menschen schwierig, durch die hypnotische Sicht der Sinnenwelt zu dringen. Daher ist dieser erste Schritt zur Weisheit hin kein leichter.

2. Rechte Entscheidung (sammasankappa). Patienten, die die Natur der Dinge richtig sehen und wissen, dass die Verstrickung in die vergängliche, nicht substanzielle Welt der Grund für Disharmonie und Unglück ist, müssen sich fest entschließen, die Wünsche zu kontrollieren und den Knoten der Anhaftung an falsche Dinge zu zerschneiden. Ohne diesen festen mentalen Entschluss und den Gebrauch von Willenskraft, um ihn umzusetzen, wird nichts erreicht.

Die nächsten drei Anforderungen befassen sich mit den Beziehungen der Patienten zu anderen Menschen und ihrer Haltung gegenüber dem Handeln in dieser Welt.

3. Rechte Sprache (sammavacha). In der Zeit des Buddha war die Sprache praktisch das einzige Mittel der Kommunikation zwischen Menschen. Aber heute betrifft die Forderung nach rechter Sprache alle geschriebene und visuelle – als auch mündliche – Kommunikation. Wir müssen zu jeder Zeit unsere Worte beobachten, wie Baba sagt. Worte können vergiftete Pfeile sein oder – richtiger – vergiftete Bumerangs.

In ähnlicher Weise können Worte kraftvolle Mittel der Täuschung sein und werden heutzutage oft absichtlich in dieser Weise im Kommerz und in der Politik benutzt.

Stattdessen sollten sie geflügelte Botschafter der Wahrheit und Liebe sein, die erhebende Freude und Frieden mit sich bringen. Im besten Fall können geschriebene Worte unsterbliche Boten sein, welche die Korridore der Zeit entlang in die Herzen der noch Ungeborenen gelangen, wie die Worte aller großen erleuchteten Lehrer es taten.

Wenigstens sollten Patienten, die von ihrer Krankheit geheilt wurden, wahr sprechen und zum Ziel haben, ihren Brüdern zu helfen, aber niemals sie zu verletzen.

4. Rechtes Verhalten (sammakammanta).

5. Rechtes Leben (Sammajiva). Diese beiden hängen eng miteinander zusammen. Das erste bedeutet, dass Handlungen entsprechend einem hohen moralischen und ethischen Code richtig sein müssen. Sie dürfen anderen kein Leid verursachen und – soweit wie möglich – die Verletzung jeder Form von Leben vermeiden. Im Idealfall sollten alle Handlungen von Liebe, Wohlwollen und gutem Willen motiviert sein. Hilfreich ist dabei, wenn alle negative Motivation wie Hass, Neid, Gier, Lust, Zorn usw. aus dem Geist entfernt wird.

Aspiranten wird bei der Erlangung dieses Ideals geholfen, indem sie Anforderung Nummer fünf beachten und geeignete Mittel wählen, um den Lebensunterhalt zu verdienen. „Rechtes Leben" auf dem spirituellen Pfad bedeutet, dass die tägliche Arbeit der Menschheit irgendetwas Gutes bringen sollte. Zumindest sollte sie anderen keinen direkten Schaden zufügen.

Aspiranten für Ganzheit sollten daher den Beruf genau erforschen, um festzustellen, ob er direkt oder indirekt der Menschheit irgendeinen Schaden zufügt. Wenn er es tut, sollten sie zu einem anderen Mittel für den Lebensunterhalt wechseln, ansonsten halten die karmischen Auswirkungen der Arbeit den Fortschritt zurück. Selbst wenn die Art des Lebensunterhalts rechtens ist, sollten sie alle Arbeit dem Höchsten als ein Sakrament widmen; dann wird sie zum Yoga, einer Hilfe beim Aufwärtsklettern. Baba fasst es in dem Satz zusammen: „Arbeit ist Gottesdienst."

Die drei letzten Merkmale des Achtfachen Pfades befassen sich mit inneren mentalen Disziplinen. Sie beziehen sich auf die Rājayoga-Schule der hinduistischen Seher (rishi).

6. Rechtes Bemühen oder Streben (sammavayama). Halbherzige, unklare Anstrengungen werden niemals zum hohen Ziel führen. Das Streben muss für diese gewaltige Verlagerung in unserem Gravitationszentrum beständig, unerschütterlich, einsgerichtet sein.

Durch Verstehen und Konzentration auf das Ziel reduzieren wir unsere inneren Konflikte, werden wir mehr Energie freisetzen und in der Lage sein, weitere Anstrengungen zu unternehmen, um unsere Schritte auf dem Mittleren Weg zu halten. Sai Baba ist ein lebendes Beispiel für das, was alle durch das Erlangen vollkommener innerer Harmonie leisten können. Seine Energie scheint für uns grenzenlos zu sein – und vielleicht ist sie es. Gibt es irgendwelche Grenzen, wenn die Quelle der Energie selbst angezapft wird?

7. Rechtes Gewahrsein, Aufmerksamkeit und Achtsamkeit (sammasati). Das Ziel ist dabei, jederzeit dessen gewahr zu sein, was wir tun, denken und sagen. Auf diese Weise hören wir auf, so zu sein, wie wir normalerweise sind – automatische Maschinen, die instinktiv und impulsiv reagieren. Gurdjeff nannte dieses besondere Gewahrsein „Selbst-Erinnerung“. Das heißt, du erinnerst dich selbst und beobachtest dich selbst, in jeder Situation – so als seist du ein Zeuge, der sich selbst objektiv beim Handeln zuschaut.

Sai Baba verwendet die Buchstaben des Wortes WATCH, um uns dabei zu helfen, uns selbst zu beobachten. Er sagt: „Beobachte deine Worte (**w**ords), beobachte deine Handlungen (**a**ctions), beobachte deine Gedanken (**t**houghts), beobachte deinen Charakter (**c**haracter), beobachte dein Herz (**h**eart), d. h. die Emotionen; – WATCH – Beobachte!“

8. Rechte Kontemplation (sammasamadhi). Diese ermöglicht die direkte mystische Erfahrung der Realität, die das Ziel aller Bemühungen ist. Aber wie Baba ebenfalls lehrt, müssen wir, um dieses direkte Wissen zu erlangen, sowohl Konzentration, Kontemplation und Meditation praktizieren als auch einsgerichtet leben. Jeden Tag müssen wir den ganzen Tag über danach streben, die Wahrheit des Seins von der Falschheit der Erscheinungen zu unterscheiden; wir müssen das Leben führen, das uns läutert, um die Schau der Wahrheit zu empfangen; und wir müssen nach innen gehen, jenseits des Verstandes, um die Wahrheit unseres Selbst zu erfahren.

Ein zeitloser Augenblick dieser einigenden Erfahrung wird uns – über alle Zweifel erhaben – zeigen, wer und was wir sind. Durch weitere Bemühungen auf dem Pfad werden wir einen dauerhaften Erleuchtungszustand erreichen, der unsere wahre Natur der Buddhaschaft offenbart. Damit sind die Feuer des Konflikts und des Leidens aus Mangel an Brennstoff aus Wünschen ausgegangen und wir befinden uns an der Schwelle zum Nirvana. Der Hinduismus nennt das Befreiung (moksha); das Christentum nennt es Erlösung.

Die acht Stufen des Mittleren Wegs dürfen nicht getrennt – einer nach dem anderen – genommen werden. Stattdessen sollten wir sie als Bestandteile einer Heilmischung betrachten, die täglich verabreicht werden soll. Oder man betrachte sie in einer anderen Analogie als acht Speichen eines Rades, bei dem jede notwendig für das richtige Funktionieren der anderen sieben ist.

Die für diesen Pfad formulierten großen Wahrheiten wurden lange vor Buddha gelehrt und sind auf andere Weise und mit anderen Worten von erleuchteten Lehrern nach ihm gelehrt worden. Baba verkündet heute dieselbe Botschaft, die im Wesentlichen besagt, dass wir unsere egozentrierten Wünsche und Anhaftungen überwinden müssen und danach streben müssen – durch rechtes Wissen, rechte Handlung und Sprache, Selbsterforschung und eine tiefgehende Reise nach innen –, die Verwirklichung unserer Einheit mit „Das“, das jenseits aller Dinge liegt, wie wir sie kennen, zu erreichen. Es macht keinen Unterschied, ob dieses letztendliche Ziel Nirvana, Dharmakāya, Brahman oder das Spirituelle Absolute genannt wird.

Die Lehren des Buddha führen uns in die Halle der Wahrheit durch das, was Aldous Huxley die tiefere Tür genannt hat. Mit einem bloßen Minimum philosophischer Erklärungen gab der Buddha diese Lebensregeln. Indem diese vertrauensvoll befolgt werden, wird der Aspirant möglicherweise ein tieferes Verstehen erreichen.

Wenn die obere Tür zuerst zu einer Betrachtung der Metaphysik und Philosophie als Vorbedingung für das Handeln führt, dann können wir von Baba annehmen, dass er uns durch die zentrale Tür führt, an der Gedanken und Handlung sich treffen. Er gibt Regeln und Richtlinien für das spirituelle Leben, wie der Buddha es tat, aber er vermittelt gleichzeitig viel mehr metaphysische Erklärungen über die Wahrheit des Seins.

Der Buddha gab einen Do-it-yourself-Kurs in Erleuchtung: „Suche deine eigene Rettung“, riet er. Swami bietet – indem er lehrt, dass wir sicherlich eine ganze Menge selbst tun müssen – auch die Hilfe der Gnade Gottes an. Er weiß, dass die große Mehrheit der Menschen etwas zum Verehren braucht, so dass für sie für eine Weile Dualität notwendig ist. Am Ende oder gegen Ende der langen Reise werden sie erkennen, dass der Gott, den sie liebten und verehrten, mit dem Göttlichen Funken in ihnen selbst identisch ist. Aber bis diese Zeit erreicht ist, müssen sie zu einer Gestalt der Liebe, Weisheit und Macht weit jenseits ihres eigenen Selbstbildes aufblicken. Deshalb fügt Swami eine neunte Speiche am Rad für die mühsame Reise hinzu – das ist Glaube an Gott. Und für diejenigen auf dem Sai-Weg der Hingabe (bhakti) ist die Nabe des Rades Liebe.

Es wäre natürlich weit von der Wahrheit entfernt zu behaupten, dem Weg des Buddha würde es an Liebe mangeln. War er nicht bekannt und ist er nicht immer noch bekannt als der Mitfühlende? Seine Liebe umfasste alles Leben. Er empfand nicht nur Mitgefühl mit den Leidenden, sondern auch mit denen, die in ihrer Unwissenheit und Täuschung den anderen Leid zufügten.

Aber ohne Zweifel ist es leichter, die prema, die metta im Buddhismus, die Göttliche Liebe, in der aktuellen physischen Gegenwart eines Erleuchteten zu erfahren. Die Liebe wird dann zu einer fühlbaren Kraft, zur alchimistischen Macht, die eine innere Wandlung bewirkt, eine Inspiration, die des Pilgers Füße ständig anhält, aufwärts zu wandern. Aber der physische buddhistische „Körper des Mitgefühls" verschwand vor zweieinhalbtausend Jahren von der Erde, und einige moderne Anhänger scheinen die Liebe auf einen Rücksitz verbannt zu haben. Vielleicht kommen deshalb die buddhistischen Priester zu Baba, um zu erfahren, wie es ist, wenn die Verkörperung der Liebe auf dem Vordersitz Platz nimmt.

Es mag auch andere Gründe geben, weshalb die ockerfarbenen Gewänder in Sais Menge auftauchen. Soweit die Berichte zeigen, war der Erleuchtete in Bezug auf das Thema Gott schweigsam. Jedoch sehnen sich alle Menschen nach etwas Einsicht in dieses Thema und die Mahāyāna-Buddhisten haben aus dem Schweigen des Buddha selbst Schlussfolgerungen und metaphysische Doktrinen abgeleitet. Diese Doktrinen sind jenen des Hinduismus und jenen der Lehren Swamis über dieses ursprüngliche Thema eines transzendenten Gottes und eines immanenten Gottes sehr ähnlich.

Baba hat selten eine Rede gehalten, ohne das Wort GOTT in ihr zu benutzen. Aber wenn wir näher hinsehen, werden wir merken, dass das, was er sagt, im Wesentlichen mit dem übereinstimmt, was der Buddha vermutlich mit seinem bedeutungsschweren Schweigen impliziert hat.

Das Höchste Göttliche Prinzip, Brahman, sagt Baba, ist ohne Attribute und daher jenseits aller menschlichen Konzepte und Definitionen. Zweifelsohne lehrte der Buddha mit seinem Schweigen diese selbe Wahrheit. Die Mahāyāna-Buddhisten glauben es und nennen dieses unaussprechliche Prinzip das Absolute Uranfängliche Dharmakāya, den Uranfänglichen Buddha, oder das Klare Licht der Leere.

Beide – Buddhismus und Baba – lehren, dass sich das formlose, eigenschaftslose Göttliche Prinzip in allem befindet und gleichzeitig alles transzendiert. Der Buddha stellte fest, dass die wahre Natur jedes menschlichen Wesens die eines Buddha ist, während Swami hervorhebt, dass die wahre Natur jedes menschlichen Wesens Brahman ist. So ist jeder Unterschied bloß ein semantischer.

Der Gott, auf den sich Swami bei seinen Gesprächen meistens beruft, ist eine Manifestation des formlosen Brahman: Es kann Shiva, Vishnu, Krishna, Rāma oder ein anderer Name oder eine andere Form sein, die wir gerne verehren. Der Buddha sprach scheinbar nicht von solch einer speziellen Manifestation des Göttlichen Prinzips. In den Doktrinen der Mahāyāna-Buddhisten jedoch wird der Buddha als eine Manifestation des Dharmakāya oder des Uranfänglichen Buddha angesehen.

Der Buddhismus lehrt ferner, dass es hochentwickelte Wesen, genannt Bodhisattvas, gibt, die geschworen haben, allen anderen Wesen zu helfen, das Nirvana zu erlangen, bevor sie in den unmanifestierten, befreiten Zustand selbst eintreten. Dies besagt, dass die innere Hilfe auf feinstofflichen Ebenen geschieht. Es bedeutet daher, dass diejenigen, die auf dem Pfad unterwegs sind, letztlich bei ihrem Kampf nicht völlig allein sind. Es gibt Hilfe von höheren Ebenen, auch wenn die Buddhisten es nicht „Gnade“ nennen.

Der relative Nachdruck auf den Faktoren der Selbsthilfe und der Hilfe von höheren Ebenen des Bewusstseins, wie er vom Buddha und Baba gelehrt wird, mag sich unterscheiden, aber das Prinzip ist das gleiche: ständige eigene Anstrengung ist notwendig, aber mitfühlende Hilfe von oben ist auch immer da. Diese große Wahrheit wird auf unterschiedliche Weise ausgedrückt und vielleicht von allen großen Erleuchteten Lehrern der Menschheit unterschiedlich betont.

Aber diese evolutionären und epochemachenden Lehrer kommen nur in weit auseinanderliegenden Zeitintervallen. Mit dem Lauf der Zeit zwischen ihrem Erscheinen verliert der Aufschwung, den sie brachten, seine Kraft und ihre ursprünglichen Lehren verlieren viel von ihrer Reinheit und tieferen Bedeutung. Ferner geht das Verbindende der Liebe verloren oder wird sehr geschwächt. Kein Zweifel, einige der ockerfarbenen Besucher suchen nicht nur nach der verlorenen Verbindung der Liebe, sondern kommen, um einen erneuten spirituellen Aufschwung von Sai Babas dynamischem Sein zu erhalten und um wieder die reinen immerwährenden Lehren von einer Stimme der Autorität zu hören.

12. Von anderen Lampen beleuchtet

SIKHS AUS DEM Pandschab mit leuchtenden Turbanen, unauffällige Jainas aus Gujerat, blassgesichtige Parsen aus Bombay und Juden aus aller Welt sind oft in der Menge um Sai Baba verstreut. Welches ist das Licht, das von diesen vier religiösen Lampen ausgeht und wie kann es mit dem Licht von Sai verglichen werden?

Die Religion der Sikhs

Während drei von ihnen sehr alte Lampen sind, ist eine weitere – die Religion der Sikhs – die neueste der Weltreligionen. Der Begründer des Sikhismus, Nanak, wurde 1469 nach Christus in ein Indien hineingeboren, in dem die beiden führenden Religionen, Hinduismus und Islam, in ununterbrochenem Konflikt miteinander lagen.

Es wird berichtet, dass Nanak als junger Mann viel Zeit im Wald mit Meditation und Umherwandern verbrachte. In dieser Zeit wurde die Richtung seines zukünftigen Lebens durch eine göttliche Vision und eine rechtzeitige Botschaft Gottes bestimmt. Die Botschaft besagte, dass es keinen moslemischen und keinen hinduistischen Gott gibt; es gibt nur einen Gott. Nanak gelobte, sein Leben dem Dienst an dem Einen Gott zu widmen.

Durch Nanaks Arbeit und Lehren wurde eine neue Religion ins Leben gerufen – eine Religion, deren Schlüsselmerkmal hingebungsvolle Jüngerschaft ist. Das Wort Sikh bedeutet in der Tat Jünger.

Guru Nanak, wie er bekannt wurde, hatte hintereinander neun Nachfolger als Sikhführer oder Gurus; der letzte der Linie war Guru Govindsingh. Die Lehren, die Aussprüche und die Hymnen aller Gurus sind in dem heiligen Buch der Sikhs, genannt Granth Saheb, niedergeschrieben. Dieses Buch wird nun als der Guru betrachtet. Von ihm wird auf dem Altar jedes Sikh-Tempels eine Kopie aufbewahrt und von den Gläubigen mit großer Ehrfurcht behandelt.

Die Grundzüge der Lehre des Sikhismus sind folgende: Gott ist eine Macht und Erleuchtung, die alle Dinge durchdringt. Man bezieht sich auf ihn als Sat Nam, was wörtlich der Eine Wahre

Name bedeutet, und Er wird ansonsten namenlos belassen. Menschen sollten sich nicht anmaßen, Gott mit Namen zu kennen.

Die Welt, wie wir sie sehen, ist eine Illusion. Ihre wahre Natur liegt jenseits menschlicher Konzepte und daher ist all unser Wissen von der Welt Teilwissen und flüchtig. Der einzige Weg, auf dem wir wahres Wissen erwerben können, ist der, im Gottesbewusstsein absorbiert zu sein. Von den Praktiken, die zu solcher Absorption im Göttlichen führen, ist die Meditation über das Göttliche Licht (jyotis) und über Gurus, die Verkörperungen dieses Lichts waren, sehr wichtig.

In seiner ersten Vision von Gott wurde dem jungen Nanak mitgeteilt, er solle den Namen Gottes häufig wiederholen – vermutlich die Worte Sat Nam. Konsequenterweise misst der Sikhismus dieser Praxis, bekannt als japa, große Bedeutung als weiterem Schlüssel zur Tür der göttlichen Verwirklichung bei.

Wegen der besonderen Zustände in der Zeit ihrer frühen Entwicklung hat die Sikh-Religion gewisse kriegerische Aspekte, die sich in ihrem äußeren Schmuck zeigen. Mut, Disziplin und Hingabe an die Ursache werden sehr gerühmt.

Alle diese Grundzüge des Sikhismus stehen im Einklang mit dem Sai-Pfad. Das Licht, das scheint, ist dasselbe Licht. Aber vielleicht benötigt die Lampe der Sikhs nach fünf Jahrhunderten etwas Politur. Die Zeit trübt das Glas der Lampen aller Religionen. Es mag daher sein, dass die großen, bärtigen Gestalten in ihren kirschroten und türkisblauen Turbanen in Swami ihren Göttlichen Polier finden.

Ferner lehrt die heilige Wissenschaft, dass ein Buch, egal wie heilig es ist, niemals als alleiniger spiritueller Lehrer betrachtet werden sollte. Schriften können die Wahrheiten in ihrer Tiefe nicht übermitteln und sollten sicherlich niemals verehrt werden. Vielleicht ist es dann so, dass einige moderne Sucher unter den Sikhs in Sai Baba das finden, was ihre Vorfahren in den zehn lebenden Gurus fanden.

Die Religion der Jainas

Der Jainismus ist eine der alten Religionen des indischen Subkontinents. Es heißt, er habe seit undenkbaren Zeiten existiert, sei aber von Jina Vardhamana Mahāvīra, der im Jahre 569 vor Christus geboren wurde, ungefähr ein Jahrzehnt vor Siddharta Gautama, dem Buddha, in eine zusammenhängende Form gebracht worden. Das Wort jina bedeutet Eroberer und wird für jeden verwendet, der sein niederes Selbst erobert und Perfektion erreicht hat. Mahāvīra bedeutet großer Held.

Da sind einige interessante Parallelen zwischen den beiden Zeitgenossen Vardhamana, dem Großen Helden, und Gautama, dem Erleuchteten. Beide wurden als Söhne der herrschenden Kaste geboren. Beide verließen ihr Zuhause im mittleren Alter, um Einfachheit zu üben. Als Führer im weltlichen Sinne geboren, wurden beide stattdessen Führer in den zeitlosen Bereichen des Geistes. Einige frühere Könige Indiens nahmen die Religion des Buddhismus an, andere wurden Jainas.

Ferner postulierte keiner dieser religiösen Führer die Existenz eines Gottes-in-Form. Beide legten großen Wert auf Freundlichkeit und das Vermeiden von Verletzungen aller Formen des Lebens. Die Anhänger beider Religionen haben daher im Allgemeinen eine besondere Qualität der Sanftheit.

Ein Unterschied ist, dass der Jainismus – anders als der Buddhismus – die Existenz individueller Seelen lehrt, die er jīva nennt. Der jīva ist von Natur aus, sagt der Jainismus, frei von jeglicher Bindung, aber er wird in die Materie verstrickt und durch sein Streben nach materiellen Vergnügungen lässt er sich auf Handlungen ein, die bindendes Karma schaffen. Auf diese Weise wird der jīva an die Erde gebunden und ständiger Wiedergeburt unterworfen.

Aber die individuelle Seele (jīva) muss sich selbst von der Bindung an die Materie befreien. Der Weg, dies so zu tun, wie Buddha und andere spirituelle Lehrer gelehrt haben, führt über rechtes Wissen, das zu rechtem Sehen führt oder zum Verständnis der Wahrheit. Was ist dieses rechte Wissen? Es ist nicht von der Art, die durch die fünf Sinne gewonnen wird; es ist von einer höheren Art, die direkt in den Sinn gelangt und dabei die Sinne umgeht.

Die Straße zur Vorbereitung für solch direktes Wissen führt über bestimmte spirituelle Disziplinen und ethische Verhaltensweisen, wie sie in allen Religionen niedergelegt sind. Wahrheitsliebe, Ehrlichkeit, Bindungslosigkeit, Freisein von Habsucht, Nichtverletzen sind einige der wichtigen Anforderungen für ein spirituelles Leben, das zur Befreiung von Bindungen führt.

Ein Großteil wird durch das Gebot der Jainas zur Gewaltlosigkeit (ahimsā) abgedeckt; jede Art von verletzenden Handlungen oder Worten – von simpler Beleidigung bis zum Mord – ist eine Sünde. Die Jainas legen außerdem großen Wert auf Glauben und Arbeit – die Art humanitärer Arbeit, die aus Mitgefühl für die Unglücklichen entsteht.

Durch die Selbstdisziplin, nach einem reinen spirituellen Leben zu streben, wird der jīva über viele Inkarnationen ein Eroberer (jina). Das bedeutet, dass die Seele das Karma besiegt, welches durch ihre eigenen Irrtümer geschaffen wurde und wieder eine freie Seele wird. Es gibt Grade der Freiheit, aber im Zustand vollkommener Reinheit, wenn das Karma vollständig ausgelöscht ist, wird die Person ein Arhat – ein Vollkommener, eine Heilige Person.

Der Heilige Jaina Vijaya Dharma Suri, der in moderner Zeit lebte, versicherte, dass es falsch sei, die Jainas als Atheisten zu bezeichnen, wie manche es tun. Der Jainismus, sagte er, akzeptiert das Konzept des Paramatman, des Höchsten Selbst, des Göttlichen Geistes, der alle Dinge durchdringt. Dies ist Gott-ohne-Form. Zur gleichen Zeit, denke ich, können die Vollkommenen, die bei den Jainas verehrt werden, mit dem Gott-mit-Form des Hinduismus gleichgesetzt werden.

Das letztendliche Lebensziel ist für die Jainas der Segen, der Nirvana genannt wird. In diesem Zustand hört die Seele nicht auf zu sein, sondern setzt ihre Existenz in einer absoluten Freiheit und Stille, die nicht beschrieben werden kann, fort.

Dieses Nirvana der Jainas ist sicherlich dem Hindukonzept von moksha und dem Verschmelzen mit Brahman (ebenfalls ein Zustand jenseits der Beschreibung) nicht unähnlich. Noch ist es verschieden vom Nirvana der Buddhisten, von dem Edwin Arnold schrieb:

Wenn irgendjemand lehrt, Nirvana heiße aufhören zu sein,
Sagt demjenigen, dass er lügt.
Wenn irgendjemand lehrt, Nirvana heiße leben,
Sagt demjenigen, dass er irrt; weil er dies nicht weiß,
Weder, welches Licht jenseits ihrer zerbrochenen Lampen scheint,
Noch welche leblose, zeitlose Glückseligkeit.[16]

16 Sir Edwin Arnold: The Light of Asia, London, 1938, p. 153

Man kann sehen, dass es wirklich keinen wesentlichen Unterschied zwischen den religiösen Vorstellungen der Jainas und den Sai-Lehren gibt. Es mag Unterschiede in der Betonung geben, aber grundsätzlich sind die beiden eins. Warum werden aber dann die Jainas zu dem großen Magneten Sai hingezogen?

Alle, die ich zu Sais Füßen traf, haben mir berichtet, dass Swami ihnen eine spirituelle Qualität und ein Charisma offenbart habe, die sie niemals in ihrer eigenen angestammten Religion gefunden haben. So habe er sie zu der wahren Religion zurückgebracht, die, so sagt Baba, eins ist. Ob die Jainas Sai Baba für einen Vollkommenen halten, einen großen Heiligen oder etwas jenseits der Konzepte ihrer eigenen Religion, haben sie nicht gesagt. Es ist auch nicht wichtig. Ein Avatar ist, egal wie genannt, gleich bezaubernd und inspirierend.

Parsen: Die Religion des Zarathustra

Weit zurück in den Nebeln der Zeit wurde im alten Persien, jetzt Iran genannt, ein großer Prophet geboren. Die Gelehrten haben sein Geburtsdatum nicht mit Sicherheit datieren können, aber es hat den Anschein, dass es um 600 Jahre vor Christus geschah. Der Prophet war den Persern als Zarathustra und den Griechen als Zoroaster bekannt. Die auf seinen Lehren begründete Religion heißt Zoroastrismus, ist aber in Indien als die Religion der Parsen bekannt.

Es ist eine wahrhaft alte Religion, und sie hatte in frühen Zeiten Einfluss auf die Entwicklung des hebräischen Glaubens und konsequenterweise auf dessen späteren Abkömmling, das Christentum.

Wie die meisten Begründer der Weltreligionen begann Zarathustra als Reformer der existierenden religiösen Praktiken, die er um sich herum vorfand. Das war die politheistische Verehrung vieler verschiedener, manchmal miteinander konkurrierender Götter-mit-Form. Zoroaster lehrte, ebenso wie alle anderen großen spirituellen Lehrer, dass es nur einen Gott gibt. Die Namen variieren, aber es ist derselbe Eine Gott. Der Name, den Zoroaster für den Einen benutzte, war Ahura Mazda, was „Herr des Lebens und Schöpfer der Materie" bedeutet. Dieses Höchste Wesen ist ohne Form und kann nicht durch die fünf Sinne wahrgenommen werden; Er muss mit dem eigenen Selbst erfahren werden. Und der Pfad zu einer solchen inneren Erfahrung Gottes hat sieben Aspekte.

Der erste Aspekt ist das Verständnis, dass sich der göttliche spirituelle Funken im Inneren befindet. Dies wird durch das Feuer, das in zoroastrischen Tempeln beständig brennt, symbolisiert. Es ist das wichtigste Symbol der Religion. Durch dieses verehren die Zoroaster den immanenten Gott-ohne-Form, welcher der Guru im Herzen ist, und das Ewige Feuer, das allen Schmutz des Irrtums verbrennt und die dunklen Ecken der Unwissenheit im menschlichen Verstand erleuchtet. Genauso wie Swami es lehrt, wurde der innere Gott von Zoroaster als der wichtigste Aspekt des spirituellen Pfades betrachtet.

Der zweite der sieben zoroastrischen Aspekte oder Facetten wird Ashā genannt, was mit dem Sai-Satya-Dharma oder „Wahrheit-im-Verstehen" und „Wahrheit-im-Handeln" gleichgesetzt werden kann. Ashā wird als das ewige Gesetz Gottes betrachtet, das alle Tugenden, die auf Wahrheit beruhen, umfasst.

Ein anderer Aspekt wird Vohu-Mano genannt, dessen Bedeutung das unschuldige, liebende Gemüt und reine Liebe, die sich auf alles Leben bezieht, einschließt. Das ist die prema, die Liebe, des Sai-Pfades.

Der vierte Aspekt des Parsen-Pfades wird Kshathra-Vairi genannt, was als Dienst, inspiriert von Liebe und Weisheit, definiert werden kann, der von der Stärke der Rechtschaffenheit unterstützt wird. Das ist Dharma-prema-satya: Rechtes Handeln auf Liebe, Wahrheit und Weisheit basierend.

Die restlichen drei der sieben Facetten sind wirklich Geschenke Göttlicher Gnade, die demjenigen, der den Pfad beschreitet, zuteil werden. Eine ist Armaiti, ein Name, der Glauben, Frieden und Gleichmut bezeichnet. Es ist dem shānti des Hinduismus verwandt. Eine andere ist Haurvatāt oder die Süße der Vollkommenheit; der letzte höchste Aspekt ist Ameretat, der Zustand vollständiger Glückseligkeit oder ānanda, Freude, der aus der Befreiung der Seele von Bindungen herrührt.

Die Schriften des Zoroastrismus, bekannt als der Zend Avesta, lehren über ein zukünftiges Leben, ein letztes Gericht und die Unsterblichkeit der Seele. In späteren Teilen der Schriften wird das Konzept eines göttlich-menschlichen Retters (eines Avatar) gefunden, der kommen wird, um die Macht des Bösen zu zerstören und das Königreich Gottes zu errichten. Dies mag eine der Weisen sein, in der die Religion des Zoroaster die Juden beeinflusst hat, die mit ihr während ihrer babylonischen Gefangenschaft, als das Land von den Medo-Persern beherrscht wurde, in Berührung kamen.

Es kann aus dieser kurzen Darlegung der Essenz des Zoroastrismus erkannt werden, dass sie in Übereinstimmung mit dem Konzept des Sanātana Dharma, der Ewigen Göttlichen Ordnung, wie sie von Sai Baba dargelegt wird, ist. Jeder, der einen detaillierteren Vergleich von Swamis Lehren mit dem Zoroastrismus wünscht, sollte „Vision of the Divine“[17] lesen, das Buch eines Parsen, der ein führender Zahnarzt in Bombay und ein Sai-Devotee ist.

Die Religion des Zarathustra überdauerte im alten Persien viele tausend Jahre und bekämpfte die immer gegenwärtige Tendenz zur Rückkehr zu einem populären Polytheismus. Aber sie wurde schließlich von einer anderen streng monotheistischen Religion vertrieben – dem Islam.

Unter dem Druck der Verfolgung durch fanatische, militante Moslems flohen viele Anhänger Zarathustras im achten Jahrhundert nach Christus nach Indien. Sie wurden dort als Parsen bekannt – vermutlich eine Verfälschung von Farsi, was in Persien „Perser“ bedeutet. Ihre heutigen Nachkommen, die hauptsächlich in Bombay leben, sind die größte Gruppe von Parsen in der Welt. Es gibt jedoch noch einige kleine Gemeinschaften – einige tausend stark – im Iran. Auch einige tausend Menschen in England folgen den Lehren des alten persischen Propheten.

Insgesamt gibt es heute in der Welt weniger als eine viertelmillion Zarathustra-Anhänger. Jedes Wachstum wird ausgeschlossen durch die Tatsache, dass niemand der Religion folgen darf: nur durch Geburt in eine zoroastrische Familie. Immerhin ist der Zoroastrismus, obwohl seine Anhängerschaft heute zahlenmäßig klein ist, historisch gesehen eine der großen Weltreligionen – ein leuchtender Meilenstein auf unserem langen Weg zu Gott.

17 Fanibunda, E.: Schau des Göttlichen, Dietzenbach, in Vorb.

Die Religion der Juden

Vom Gesichtspunkt der Religion können die Juden heute in drei Gruppen aufgeteilt werden: die orthodoxen, die liberalen und die nichtreligiösen Juden. Die letzteren sind eine Mischung aus Atheisten, Agnostikern und Materialisten. Die Juden, die zu Swami kommen, sind wahrscheinlich entweder liberal oder Agnostiker auf der Suche nach spiritueller Wahrheit.

Die Geschichte ihrer Religion zeigt, dass die Juden ein Volk mit Gottesbewusstsein sind, das ständig auf der Suche nach spirituellem Verstehen ist. Die Schriften, die als Altes Testament bekannt sind, offenbaren die Entfaltung dieser Suche nach der Natur und dem Zweck Gottes und unserer Beziehung zu Ihm. Das hebräische Konzept von Gott entwickelte sich aus dem eines Stammesgottes, genannt Jahwe, der sich besonders um die hebräischen Stämme kümmerte, zur Idee eines einzigen universellen Gottes, der das gesamte Universum erschuf und der es transzendiert.

Während ein früheres Konzept Gott mit solch menschlichen Zügen wie Zorn, Eifersucht, Rache und Parteinahme zeigte, ist Er in den späteren ein Gott von unbegrenzter Heiligkeit und Majestät, die Vervollkommnung von tugendhafter Güte und Gerechtigkeit. Diese Entwicklung im Verständnis des Göttlichen wurde im Wesentlichen durch die großen hebräischen Propheten zuwege gebracht, die im Lauf der Jahrhunderte in regelmäßigen Abständen erschienen, angefangen mit der Gestalt des Moses in fernen Zeiten.

Die Mehrzahl der Hebräer tendierte im Laufe der Zeit dazu, dem Polytheismus der verschiedenen umliegenden Völker zu verfallen. Dies scheint, wie wir gesehen haben, eine übliche Tendenz unter den Menschen zu sein. Und sie existiert heute noch. Obwohl die Menschen Lippenbekenntnisse für den Einen Gott abgeben, verehren die Massen praktisch die Götter des Marktplatzes und der Vergnügungsjagd nach Geld, Erfolg, Ruhm, Luxus, Alkohol, Sport, Sex und anderem mehr. Eine ehrliche Selbsterforschung wird uns offenbaren, wer unsere Götter wirklich sind.

Die großen hebräischen Propheten brachten ihr Volk regelmäßig rigoros zu dem Einen Gott und zur alleinigen Verehrung von Ihm zurück. Sie bemühten sich zumindest sehr darum. Die Verehrung Jahwes erforderte ein in aufrechter Gesinnung geführtes Leben mit strikter Beachtung des von Gott eingesetzten Moralkodex – wie von Moses und den späteren Propheten offenbart.

Nach dem Tod eines großen Propheten – die meisten hatten den Grad der Göttlichkeit, der ihnen einige wunderbare Kräfte verlieh, erreicht – übernahmen die Priester die Führung. Sie bemühten sich, die wahre Religion durch regelmäßige rituelle Gottesdienste, religiöse Feste und das ganze äußere Beiwerk einer formalen Tempelreligion aufrecht zu erhalten. Auf diese Weise wurde die Verehrung Jahwes zu einer ethnischen Volksreligion mit rigiden Praktiken, der es an spiritueller Inspiration, spirituellem Atem und Eifer mangelte.

Dann sehnte sich das jüdische Volk wieder nach einem Propheten, der den Ruf des Einen Gottes direkt aussprach. Und ein Prophet pflegte zu erscheinen. Auf diese Weise kam das spirituelle „Manna des Himmels" wieder und wieder zu den Juden.

Aber mit der Zeit begannen sie nach Einem auszuschauen, der mehr war als ein Prophet, nach Einem, den sie Messias nannten. Er würde nicht nur die göttliche Weisheit bringen, sondern auch die Macht haben, die Juden von den Verfolgungen, in die sie historisch häufig zu geraten schienen, zu befreien. Die Erwartung des Messias wurde sehr stark in der Zeit, als sie unter dem Würgegriff der römischen Besatzung litten.

Als Jesus, der Nazarener, in dieser Periode erschien, glaubten manche Juden, er sei der erwartete Messias, aber die Mehrheit glaubte es nicht und akzeptierte den Menschen, der gekreuzigt wurde, nicht als ihren Messias – und akzeptiert ihn immer noch nicht.

Die Juden haben ihre Volksreligion immer noch und viele suchen noch immer nach einer tieferen Bedeutung jenseits davon. Mindestens einige der Juden, die ich bei Sai Baba getroffen habe, glauben, dass er ein Avatar ist – was mit dem Konzept eines Messias gleichgesetzt werden kann.

Die Haltung der jüdischen Sai-Devotees wird in einem Bericht deutlich, den mir Ian Abrahams, ein junger jüdischer Ingenieur, der in Australien lebt, übergab. Er beschreibt einige der Ereignisse, die im Anschluss an die Weltkonferenz und Sai Babas Geburtstagsfeierlichkeiten im Jahre 1980 in Indien passierten und die Reaktionen der Juden darauf.

Am 1. Dezember des betreffenden Jahres rief Swami alle anwesenden Juden (über dreißig) in Brindavan bei Whitefield zu einem Gruppeninterview. Ian Abrahams machte mit ein oder zwei anderen

Teilnehmern Notizen von dem Interview und sie fassten sie dann zu einem Bericht zusammen.

Es scheint, als ob Swami allgemein versuchte, die Gruppe zu einem tieferen Verständnis ihrer eigenen Religion zu führen, indem er ihre Quintessenz offenbarte und ihre grundsätzliche Übereinstimmung mit den ewigen Wahrheiten im Kern aller Religionen. Indem er die Bibel, die Veden, den Koran und andere Schriften verglich, sagte er, die Sprache mag verschieden sein, der Ort und die Zeit des Ursprungs verschieden, aber die tiefere Bedeutung ist dieselbe. Weil jedoch die Menschen mit der Zeit viele Veränderungen an den ursprünglichen Lehren vorgenommen haben, müssen wir tief eindringen, um die wahre innere Bedeutung zu finden.

Eine Person fragte, was er darüber denke, dass die Juden in der Bibel das „Auserwählte Volk“ genannt werden. Swamis Antwort war, dass die ganze Menschheit Gottes Auserwähltes Volk sei, da alle Menschen von Gott geschaffen seien.

Ein anderer fragte: „Warum wurden die Juden immer verfolgt?“

„Das“, antwortete Swami, „ist die Ebene eures Bewusstseins. Ihr müsst die Dinge von einer höheren Warte aus betrachten.“ Er fuhr fort, dass wir nicht immer für alles im Leben einen Grund finden, aber Gott hat immer einen Grund und was Gott auch immer tut, es ist für das Wohl der Menschen.

Swami empfahl der Gruppe, ihrer eigenen Religion zu folgen, aber mit einem tieferen Verständnis. Überdies sollten sie, indem sie ihren eigenen guten Traditionen und Verhaltensnormen mit Liebe folgten, die religiösen Traditionen anderer Menschen ebenso lieben. Ein weiter Horizont sei eine Qualität aller wahren Sai-Devotees, betonte Swami, weil sie die Wahrheit in allen Religionen sehen.

Am Ende des Interviews fragten die Juden Baba, ob Chanukah (das jüdische Lichterfest) in Brindavan gefeiert werden könne, da es zwei Tage später bevorstand. Swami stimmte zu und sagte, Chanukah solle unter dem Sai-Ram-Darshan-Baum gefeiert werden, damit alle – Juden und Nichtjuden – daran teilnehmen könnten.

„Am Abend vor Chanukah“, schreibt Ian Abrahams, „wurde der Menorah, der neunarmige Kerzenleuchter, von Swami selbst angezündet und die traditionellen hebräischen Gebete wurden in seiner Gegenwart rezitiert.

Das Ritual war einfach und wunderschön. Es war etwas Besonderes an dem Darshan, den Swami allen anwesenden Menschen gab. Eine Anzahl Nichtjuden, sowohl aus dem Westen als auch Inder, vergossen Tränen der Freude angesichts des Ereignisses und der Zeremonie."

Chanukah dauerte acht Tage, und während dieser Zeit hielten die jüdischen Devotees in Whitefield im Schülerwohnheim mit Swamis Segen Treffen ab. Sie sangen jüdische religiöse Lieder, entzündeten weitere Chanukah-Kerzen und sprachen über die innere Bedeutung des Judentums und dessen Beziehung zu Swamis Lehren.

„Während dieser wenigen Tage", schreibt Ian, „besonders während der Chanukah-Zeremonie mit Swami, hatten wir alle das Gefühl, dass wir wahres Judentum praktizierten."

Er fährt fort: „Ich habe jahrelang gedacht, dass die gegenwärtige Form des Judentums nicht die reine Form der Lehre sein könne. Ich fühlte jedoch, dass es ganz gefahrlos ist, Swamis Lehren zu folgen und sich um Vervollkommnung zu bemühen. In der Tat haben wir jetzt eine großartige Gelegenheit, da wir in der Lage sind, Swami als lebendes Beispiel zu beobachten und von ihm korrigiert und ermutigt zu werden, während er der Menschheit noch in menschlicher Gestalt verfügbar ist."

Es gibt viele Wege, die zu Gott führen. Weil Menschen aufgrund ihres Temperaments, der spirituellen Ebene und des kulturellen Hintergrunds verschieden sind, sind die verschiedenen Wege, die verschiedenen Religionen notwendig. Das Praktizieren einer einzigen Religionsform für die gesamte Menschheit ist kein wirklich praktikabler Vorschlag.

Dennoch gibt es in allen verschiedenen Religionsformen der Welt, so lehrt Swami, eine grundlegende Religion. Diese nennt er die „Religion der Liebe" oder die „Religion des Herzens". Sie stammt direkt aus dem spirituellen Herzen der großen Weltlehrer, auf deren Botschaften die Gebäude der Religionen errichtet sind. Was für Variationen es im Stil und in der Betonung der Darstellung der Botschaften durch die großen spirituellen Führer auch gegeben hat, die grundlegende Wahrheit in allen ist das Bindeglied der Liebe zwischen Gott und der Menschheit, und deshalb zwischen allen Menschen. Swami hält uns zu dem Versuch an, bei der Ausübung unserer eigenen Religion das Bindeglied der Liebe zu finden, das alle eint. In diesem Tun liegt die Hoffnung für die Menschheit.

Aber da ist auch eine andere Hoffnung. Auch wenn es keine formale Weltreligion geben kann, die für alle passt, besteht die Möglichkeit, eine Religion für diejenigen, die sich als Weltbürger betrachten, zu haben. Diese würde alle Barrieren der Nationalität, Rasse und Hautfarbe transzendieren; sie würde auf dem umfassenden Konzept der „Kaste der Menschheit" basieren, wie Swami es nennt.

Eine solche Religion verletzt nicht die Vernunft, wie es manche tun. Aber sie wäre notwendigerweise überrational, weil ihre Anhänger mit Konzepten konfrontiert werden, die das Verständnis des rationalen Verstandes übersteigen. Grundsätzlich würden die Grundsätze der Religion die des Vedanta sein. Aber die Vedanta-Philosophie allein wird, rational und überrational wie sie ist, das Herz des noch so aufgeschlossenen Weltbürgers nicht berühren.

Das Herz muss tief berührt werden, um eine Philosophie in eine Religion zu verwandeln. Und das kann im großen Stil nur durch eine lebende Verkörperung der Liebe geschehen, durch Einen, der ausschließlich für das Wohl der Menschheit lebt und die tiefe Weisheit hat zu wissen, was dieses Wohl ist. Solch Einer ist, glaube ich, heute in der Welt in der Form von Sathya Sai Baba.

13. Sai Baba und die Theosophie

MEINE FRAU UND ich waren schon einige Jahre Mitglieder der Theosophischen Gesellschaft, bevor wir Shrī Sathya Sai Baba begegneten. Nach einem Studienkurs im Hauptsitz der Gesellschaft in den Jahren 1964 und 1965 machten wir uns an die Erforschung all der spirituellen Lehren, die noch im modernen, unabhängigen Indien gelehrt wurden. Wir waren der Meinung, dass eine solche Reise nicht in Konflikt mit Geist und Zweck der Theosophischen Gesellschaft stehen würde.

Einer der Gründer, Colonel H. S. Olcott, sagte zum Beispiel in seiner Ansprache anlässlich der Gründung der Theosophischen Gesellschaft im Jahre 1875: „Wenn ich den Geist dieser Gesellschaft verstehe, so weiht sie sich dem unerschrockenen und bewussten Studium der Wahrheit. ... Wir sind lediglich Forscher mit ernster Absicht und vorurteilsfreiem Verstand, die alle Dinge studieren, alle Dinge nachweisen, und an dem, was gut ist, festhalten. ... Wir sind Studenten, nicht Lehrer."

Im Jahre 1965 jedoch schien etwas mit diesem Geist freier Erforschung geschehen zu sein. Bestimmte Amtsträger im Hauptsitz begrüßten unsere beabsichtigte spirituelle Expedition in die Seitenwege des heiligen Indiens nicht. Einer von ihnen ermahnte uns sogar: „Es ist nicht notwendig, außerhalb dieses Hauptsitzes Ausschau zu halten; das gesamte Wissen, das ihr je finden könnt, ist in diesen Büchern enthalten."

Eine seltsame Bemerkung, dachten wir, von jemandem, der jenen wichtigen Lehrsatz des spirituellen Weges kennen sollte – dass Bücher das ganze Wissen und die ganze Wahrheit nicht enthalten können.

Jedoch unbeirrt von dieser untheosophischen Schrulligkeit machten wir uns auf unsere faszinierende Safari. Wir hatten eine lange Liste von Ashram-Adressen von einem indischen reisenden Sucher bekommen, der Mitschüler im Theosophischen Kurs war und selbst einige Orte auf seiner Liste besucht hatte. Die aufgeführten Ashrams waren über ganz Indien verstreut, manche an weit entfernten Plätzen. Wir schulterten also unsere Bettrollen und reisten mit Dampfzug, klapprigen Bussen und mit unterschiedlichen Arten von Pferdegespannen durch das wundersame Land Bharat, das genauso von seiner in undenkliche Zeiten reichenden spirituellen Lehre wie auch von den Kräften der Geographie und der Geschichte geschaffen wurde.

Wir verbrachten einige Zeit in den meisten der besser bekannten Zentren des spirituellen Lernens, wie dem Ramana Maharshi Ashram am Fuße des heiligen Berges Arunachala, dem Shrī Aurobindo Ashram in Pondicherry, dem Sivananda Nagar in Rishikesh am Ganges, verschiedenen Radhasoami-Kolonien wie auch anderen weniger bekannten Zentren. Wir sprachen mit Sādhus, Weisen im Himalaja, mit Swamis, Gurus und Führern in der spirituellen Bewegung. Einer oder zwei boten uns sogar an, uns einzuweihen, aber obwohl sie bewundernswerte Männer zu sein schienen, bemüht das spirituelle Leben zu leben und zu lehren, hatten wir nicht das Gefühl, dass ihr spezieller Weg für uns der richtige war. Keiner von ihnen hatte das unbeschreiblich göttliche Charisma, das tief im Herzen eine Glocke zum Klingen bringt.

Diese Glocke läutete, als wir das erste Mal von Shirdi Sai Baba hörten. Selbst als seine Reinkarnation, Sathya Sai Baba, in unser Leben trat, verbrachten wir einige Zeit damit, „alle Dinge zu studieren und alles nachzuweisen“, in echter theosophischer Tradition. Endlich fanden wir in einem inneren Prozess, der nicht analysiert werden kann, „das, was gut ist“, und haben daran festgehalten.

Wir entdeckten bald, dass der Sai-Pfad in keiner Weise in Konflikt mit den festgesetzten Zielen der Theosophischen Gesellschaft steht noch mit den grundlegenden Doktrinen und Prinzipien, die von der Mitbegründerin H. P. Blavatsky in ihrem magnum opus „Die Geheimlehre“ und anderen Werken vertreten wird. Im Gegenteil, Sai Baba erhöht das Verständnis dieser Doktrinen, veranschaulicht sie und macht sie zu lebendigen Wirklichkeiten.

Es gibt drei Ziele der Theosophischen Gesellschaft: 1. einen Nukleus einer Universalen Bruderschaft der Menschheit zu bilden, ohne Unterschied von Rasse, Glaube, Geschlecht, Kaste oder Hautfarbe, 2. das Studium vergleichender Religionswissenschaften, Philosophie und Wissenschaft zu fördern, 3. unerklärte Naturgesetze und die latent im Menschen vorhandenen Kräfte zu erforschen.

Jeder, der Swamis Ansprachen und sein Leben studiert – und niemand sollte ihn oder seine Lehren beurteilen, bevor er das nicht getan hat –, weiß sehr gut, dass die Bruderschaft der Menschheit, ohne irgendwelche Unterscheidungen, eines der hauptsächlichen

Prinzipien seiner Lehren ist. Er vertritt nicht nur die tiefe Wahrheit dieser Bruderschaft – so wie es die Theosophen tun –, sondern er demonstriert diese auch in allen Handlungen seines Lebens.

Menschen vieler Nationen, Glaubensrichtungen, Kasten und Hautfarben kommen täglich zu ihm – in einem ununterbrochenen Strom. Er empfängt sie, segnet sie und hüllt sie in seine Göttliche Liebe ein, und hilft ihnen auf jede Art, die gut und weise ist. Durch seinen Einfluss und sein Beispiel beginnen die verschiedenen Mischungen von Rassen, Glaubensrichtungen und Hautfarben um ihn herum einander als Mitglieder einer Sai-Familie zu lieben. Auf diese Weise entsteht ein Nukleus universaler Bruderschaft, mit Göttlicher Liebe als Lösungsmittel, das alle Differenzen auflöst, und mit einem Bindemittel, das die große Vielfalt der Individuum zusammenhält.

Baba lehrt, dass im Herzen gefühlte Bruderschaft in Handlungen zum Ausdruck kommen muss. Er ermutigt und inspiriert die organisierten Gruppen seiner Anhänger, regelmäßig Dienst für ihre Mitmenschen in Form von Wohltätigkeit und Sozialarbeit zu tun. Er weist sie an, in ihren eigenen Gemeinden nach Bereichen Ausschau zu halten, wo die Not am größten ist. Sie finden diese zum Beispiel in Krankenhäusern, oder indem sie den Armen auf irgendeine Weise helfen, oder indem sie die Hygieneverhältnisse in der Bevölkerung verbessern oder irgendeine besondere Ausbildung anbieten, zum Beispiel Menschen für nützliche Arbeiten vorzubereiten.

Was für Nöte es am Ort auch geben mag, das ist Sai Arbeit, die getan werden muss. Am allerwichtigsten ist, dass sie ohne Wunsch nach irgendeiner Entlohnung und ohne das Ego in den Vordergrund zu stellen und ohne Zurschaustellung getan wird. Die Arbeit muss rein aus Liebe zu Gott und der Menschheit getan werden. Diese Sai Wohlfahrtsarbeit wird in ganz Indien aktiv angegangen und entwickelt sich auch in anderen Teilen der Welt.

Ich sah diese Bruderschaft in Aktion während der Teilnahme am „Shrī Sathya Sai Sommerseminar über indische Kultur und Spiritualität“ im Jahre 1979. Die Vormittage waren den Vorlesungen gewidmet, während die Studenten – tausend junge Männer und Frauen – an den Nachmittagen Bruderschaft in der Praxis lernten. Sie machten sich jeden Nachmittag auf – und es war heiß an den Nachmittagen –, um zu tun, was immer an sozialer Hilfe in dem Gebiet um das College in Brindavan bei Whitefield am meisten gebraucht wurde.

Abgesehen von den umfassenden Prinzipien des Okkultismus gab es keine Doktrin und kein Dogma, das von Theosophen akzeptiert worden wäre. Im Bemühen, einen Namen für die neugebildete Gesellschaft zu finden und bei der Betrachtung historischer Parallelen, durchforstete Olcott das Werk der Neuplatoniker, der Stoiker, der Hermetiker und anderer. Jedoch war das neue Gebilde anders als alles bisherige. „In mancher Hinsicht gleichen wir den Hermetikern des Mittelalters", sagte er, „aber die hatten Dogmen und nach unseren Statuten haben wir die nicht. ... Wir sind Forscher." Die Gesellschaft müsse, sagte er, eine eklektische Haltung aufrechterhalten und jederzeit vorbereitet sein, alle Gegenstände zu erforschen.

Endlich beschloss die Gruppe, den Namen „Theosophie" anzunehmen, was von den Wurzeln her „Göttliche Weisheit" bedeutet. Ihr Zweck war eine unnachgiebige Suche nach Göttlicher Weisheit, wo immer sie gefunden werden mag. Ein wahrer Theosoph weiß, dass diese Suche unaufhörlich weitergeht, denn Wahrheit befindet sich am Grund eines Brunnens. Egal wieviel seines erfrischenden Wassers an die Oberfläche geholt wird, immer wartet unten mehr davon.

Wenn sich einem theosophischen Forscher bei seiner endlosen Suche nach Wissen ein gewisser Glauben und eine Überzeugung auftun, sollte er nicht versuchen, diesen Glauben anderen Mitgliedern aufzuzwingen. Diese Freiheit des Denkens wurde erst kürzlich wieder in einer Erklärung vom „General Council" der Gesellschaft betont, wo es auszugsweise heißt: „Kein Lehrer oder Schriftsteller, angefangen mit H. P. Blavatsky, hat irgendein Recht, seine Lehren oder Meinungen Mitgliedern aufzuzwingen. Jedes Mitglied hat das gleiche Recht, sich an jede Schule des Denkens, die er wählen mag, zu binden, aber kein Recht, seine Wahl irgendjemandem aufzuzwingen."

Ferner gaben die Adepten bei ihrem Versuch, einige Strahlen spirituellen Lichts zu den Fenstern der Erde zu bringen, zu verstehen, dass die Theosophische Gesellschaft nicht das einzige Zentrum sei, durch das sie das Licht übermitteln würden. Am 3. März 1882 schrieb Meister Morya in einem Brief an Mr. Percy Sinnet, Herausgeber des Pioneer, einer Zeitung in Indien: „Die Sonne der Theosophie muss für alle scheinen, nicht nur für einen Teil. Es gibt mehr von dieser Bewegung, als Sie bisher ahnen können, und die Arbeit der T. G. (Theosophische Gesellschaft) ist mit ähnlicher Arbeit, die im Geheimen in allen Teilen der Welt vor sich geht, verbunden.“[24]

Die frühen Führer waren dieser Tatsache gewahr. Dr. Annie Besant, die Colonel Olcott 1907 als Präsidentin nachfolgte, schrieb: „Viele Meister helfen unterschiedlichen Gesellschaften, weil Sie überall Kanäle für das Ausgießen Ihres Lebens auf die Welt suchen.“ Unglücklicherweise jedoch verhalten sich heute einige Mitglieder so, als sei die Theosophische Gesellschaft der einzige Kanal, den die Meister benutzen oder benutzen würden, um Weisheit in die Welt zu bringen. Eine solch enge, Vorschriften machende Haltung ist jedoch eher dazu angetan, die Großen zu demütigeren, einfacheren und reineren Kanälen zu treiben.

Der Pfad, der von den Adepten für ihre direkten Schüler benutzt wird, basiert auf der guru-shishya-Beziehung (Guru-Schüler), die allgemein gurumārga, der Guruweg, genannt wird. Meister Morya war der Guru von beiden, H. P. Blavatsky und H. S. Olcott. Sie bezogen sich häufig auf ihn als solchen und seine Wünsche waren für sie Befehle. In der Tat wurde von dem Tag an, an dem H. P. Blavatsky ihrem Guru zum ersten Mal im Londoner Hyde-Park im Fleisch begegnete, jener die hauptsächliche treibende Kraft in ihrem Leben.

Andere hervorragende Theosophen der ersten Tage folgten in ähnlicher Weise diesem Pfad der vollständigen Hingabe an den Guru. Da war zum Beispiel T. Subba Row, ein Hindu aus einer hohen Kaste und ein von beiden Gründern sehr bewunderter Okkultist. Auch sein Guru war Meister Morya. Ein anderer Brahmane und erster Schriftführer der Gesellschaft, Damodar K. Mavalankar, war ein so glühender Anhänger des gurumārga, dass er schließlich Indien verließ, um in Tibet zu Füßen seines Gurus, Meister Koot Hoomi Lal Singh zu leben.

Nach dem Hinscheiden solcher theosophischer Pioniere und dem Verlust des früheren körperlichen Kontakts mit den Meistern hat sich die Haltung vieler Mitglieder gewandelt. Jetzt verneinen sie den Wert des gurumārga und werfen missbilligende Blicke auf jedes Mitglied, das an einem Guru interessiert ist, und erklären dogmatisch, dass ein Guru nicht nötig ist. Die einzige Führung, die

24 Meister Morya in The Mahatma Letters, To A. P. Sinnett from the Mahatmas M. K. H., geschrieben und zusammengefasst, mit einer Einführung von A. T. Barker, London, p. 271

jemand benötigt, sagen sie, komme aus Büchern und aus einem selbst.

Zweifellos es ist wahr, dass du dann, wenn du mit dem inneren Gott in Kontakt kommen und dich vollständig von ihm leiten lassen kannst, keinen anderen Guru zu haben brauchst. Aber Aspiranten müssen, wie viele der großen Lehrer der Menschheit erklärt haben, weit auf dem spirituellen Weg fortgeschritten sein, bevor sie diesen inneren Kontakt herstellen und aufrechterhalten können. Bis dahin ist es leichter, sich von einem wahren äußeren Guru führen zu lassen, der schließlich die Aspiranten zu ihrem inneren Guru führen wird. Dann wird sich herausstellen, dass die beiden in Wirklichkeit eins sind, dass der liebende äußere Führer auf irgendeine unerklärliche und wunderbare Weise eine Projektion des inneren Führers ist.

Genau das lehrt Sai Baba und warnt auch, dass heute sehr wenige echte Gurus zur Verfügung stehen. Auch wenn du Lehrer treffen wirst, die dich mit viel wertvoller spiritueller Führung versorgen – ich habe selbst einige getroffen –, ist es keine einfache Sache, einen sāmārthya sadguru, einen wahrhaft fähigen Guru, zu finden, der dich den ganzen Weg bis zum Ende der Reise leiten kann.

Demnach bleibt es den Aspiranten überlassen, es selbst in Form von Studium, Meditation und dem Streben, ein reines spirituelles Leben zu führen, zu tun. Sie müssen sich für jenen unerwarteten Augenblick vorbereiten und bereit machen, wenn plötzlich, wie der Bräutigam in der Bibelgeschichte, der Sadguru erscheint.

Die Herrlichkeit und Macht des wahren Gurus beruht auf mehr als dem Auge sichtbar ist und auf mehr als bloße Worte vermitteln können. Im Verständnis dieser Wahrheit gründete Madame Blavatsky eine interne Gruppe ihrer frühen Anhänger, die bereit und willig waren zu versuchen, die spirituelle Wissenschaft in die Praxis umzusetzen. Unter der Leitung ihres Gurus unterrichtete sie ihre Gruppe in der Art und Weise, ein göttliches Leben zu führen.

Unter anderem sollten sie, so lehrte sie, immer danach streben, einen offenen Geist, ein reines Herz, ungeschminkte spirituelle Wahrnehmung und wahre Brüderlichkeit allen gegenüber zu wahren. Während jede persönliche Ungerechtigkeit tapfer ertragen wird, müssen sie jeden, den sie ungerechterweise angegriffen sehen, verteidigen. Das Ideal, wonach sie beständig streben sollten, war menschliches Voranschreiten hin zu jener Vollkommenheit, die wir göttlich nennen.

Der Pfad, entlang dem Blavatsky ihre Schüler führte, wurde Okkultismus genannt, hatte aber, so zeigte sie auf, wenig mit den okkulten Künsten oder mit Parapsychischem als solchem zu tun. Hauptsächlich besteht hoher Okkultismus aus jnāna, dem Yoga des Wissens, plus Disziplinen aus dem Rājayoga – wie geistige Kontrolle durch Konzentration und Meditation – und dem Führen eines reinen Lebens. Das reine Leben, das zu führen ihnen angeraten wurde, schloss Abstinenz von Fleisch, Alkohol, Tabak oder anderen Drogen und von unreinen sexuellen Beziehungen ein.

Diese letztgenannte Abstinenz schloss Promiskuität und, unter normalen Umständen, das Einlassen auf außereheliche Sexualität ein. Innerlich verlangte das reine Leben das Beurteilen anderer, leeres Geschwätz, Verleumdung und alle Aktivitäten, die dem niederen Ego Vorschub leisten, zu unterlassen.

Dies ist sicherlich ein Rezept für das heilige Leben. Seine Zutaten sind älter als die Bergpredigt. Doch, wie alt das Rezept auch sein mag, waren nur wenige Menschen in der Lage, die Hitze der Küche lange genug auszuhalten, um den vollkommenen spirituellen Kuchen zu backen. Niemals wurde angenommen, dass das spirituelle Leben leicht sei, aber „versuchen" war Madame Blavatskys Schlüsselwort. Versucht es weiter und praktiziert, praktiziert!

Wie sehr ähnelt das alles Sai Baba: auch er lehrt die Gesetze und Regeln, um ein spirituelles Leben zu führen. Auch er betont, dass Praxis wichtiger ist als Theorie.

Ein Unterschied zwischen Blavatsky und Baba ist folgender: Blavatsky organisierte, bedingt durch die Umstände ihrer Zeit und den grausamen Kritizismus, der sie von einer unwissenden Öffentlichkeit bestürmte, ihre interne private Gruppe. Auf diese Weise beschützte sie bis zu einem gewissen Grad die Perlen der okkulten Lehren und sich selbst vor den wilden Hunden, die sie belagerten.

Sai Baba stößt, genau wie alle großen Avatare, die wilden Hunde von sich und bietet die Perlen spiritueller Weisheit und Praxis jedermann an. Diejenigen, die bereit sind, werden sie empfangen. Heute, wie damals, gibt es natürlich die wilden Hunde, die diese Perlen als Beleidigung oder als Bedrohung auffassen, und die bereit sind, „umzukehren und den Lehrer fertigzumachen" – wie sie in der Vergangenheit Jesus und andere angegriffen haben. Ihr Kläffen ist noch heute zu hören – aber in einer, so hofft man, erleuchteteren und weniger fanatischen Welt.

Das Studium der Theosophie half mir und meiner Frau sicherlich, Sai Baba zu verstehen. Und umgekehrt sind wir dadurch, dass wir ihn als den Inbegriff der hehren Ziele der theosophischen Bewegung sahen, dass wir ihn die Lehren auf eine neue, belebende Art auslegen hörten und dadurch, dass wir sein Leben beobachteten, zum größeren Verständnis und zu größerer Wertschätzung des Wesens der Theosophie gekommen, als wir es je zuvor taten.

Zusätzlich zu den hier aufgezeigten Parallelen und Zusammenhängen fügt Sai Baba etwas von unschätzbarem Wert hinzu. Es wäre genauer zu sagen, dass er etwas zurückbringt, was die theosophische Bewegung als Ganze verloren hat. Und das ist die Dimension der Liebe und Hingabe. Es gibt keinen Zweifel, dass die beiden Gründer und einige frühe Mitglieder diese erweiterte Sichtweise hatten. Und die Meister versuchten, sie einzutrichtern. Meister K. H. schrieb zum Beispiel an ein Mitglied, dass er die Aufmerksamkeit auf die absolute Notwendigkeit einer „Doktrin aus dem Herzen“ lenken wolle, im Gegensatz zu dem, was lediglich „eine Doktrin aus dem Auge“ ist. „Die moralischen und spirituellen Leiden der Welt“, fügte er hinzu, „sind wichtiger und brauchen mehr Hilfe und Heilung von uns als die Wissenschaft auf irgendeinem Gebiet der Entdeckungen.“

Liebe und Hingabe können nicht durch Vorlesungen gelehrt werden, wie eindringlich und tiefgründig sie auch sein mögen. Sie müssen von Einem inspiriert werden, der die Macht hat, „den Stall unseres Seins zu entflammen“, und der durch seine Anwesenheit in der Welt die Feuer der Liebe in den einzelnen Herzen am Brennen halten kann. Wenn das fehlt, wird das, was als Doktrin des Herzens begonnen hat, schnell zur kalten, trockenen Doktrin des Kopfes. Sai Baba fügt den hohen Idealen und Lehren der Theosophie die Wärme einer göttlichen Liebe hinzu, die das Herz enteist und die dunklen Ecken des Geistes erleuchtet.

Selbst dann jedoch hat der Aspirant seinen eigenen aktiven Part zu spielen. Denn obwohl Liebe nicht durch einen Willensakt geschaffen werden kann, kann sie durch individuelle Absicht und Anstrengung gepflegt und entwickelt werden. Mit den Worten des heiligen Franz von Sales, Bischof in Genua: „Ihr lernt zu sprechen durch Sprechen, zu studieren durch Studieren, zu laufen durch

Laufen, zu arbeiten durch Arbeiten; und genau so lernt ihr Gott und den Menschen zu lieben durch Lieben. ... Wenn ihr Gott lieben wollt, fahrt fort, Ihn mehr und mehr zu lieben. Beginnt als bloßer Lehrling und die Macht der Liebe selbst wird euch weiterführen, um ein Meister in der Kunst zu werden.“[25]

25 Saint Francois des Sales, zitiert bei H.C. Happold, Mysticism, New York, 1963

14. Das Göttliche Geheimnis

VIELE MENSCHEN DENKEN, Swami habe das Geheimnis seiner Herabkunft zum ersten Mal bei der Weltkonferenz im Jahre 1968 in Bombay verkündet. Es mag das erste Mal gewesen sein, dass Ausländer eine solche Ankündigung hörten, aber Baba machte seine Identität seinen Anhängern in Indien viele Jahre zuvor bekannt. In seiner ersten öffentlichen Rede, die in Sathya Sai Baba spricht, Band 1 veröffentlicht ist, sagt er: „Die ‚Ansprache' heute ist eine neue Erfahrung für euch; aber ... für mich ist es nicht neu. Ich habe schon früher großen Versammlungen meinen Rat gegeben, wenn auch nicht in dieser Erscheinung. Wann immer nirākāra (Gott ohne Form) zu sākāra (Gott mit Form) wird, hat Es eine Mission zu erfüllen, und Es vollbringt dies auf verschiedene Weise. Aber um welches yuga oder Zeitalter es sich auch handelt, der eine Zweck der Wieder-Erziehung des Menschen bleibt bestehen."[26]

Er fuhr fort zu wiederholen, dass er seinen Anhängern zuvor gesagt habe, dass während der ersten 32 Jahre seines Lebens līlās und mahimans, spielerische und ernsthafte Wunder, vorherrschen würden, um dieser Generation Freude zu bereiten. „Nach dem 32. Jahr werdet ihr mich mehr und mehr aktiv bei der Aufgabe des upadesha oder des Unterweisens der irrenden Menschheit beobachten, und dabei, die Welt auf den Pfad von satya, Dharma, shānti und prema – Wahrheit, Rechtes Tun, Frieden und Liebe – zu führen. Nicht dass ich entschlossen bin, danach spielerische Wunder und ernsthafte Wunder aus meinen Aktivitäten auszuschließen, ich meine lediglich, dass danach meine Hauptaufgabe sein wird, den Dharma wieder herzustellen, die Verkrümmungen des menschlichen Geistes zu korrigieren, und die Menschen zum Sanātana Dharma, den Ewigen Wahrheiten, zurückzuführen."

Baba sagte das im Jahre 1953, als er 27 Jahre alt war, und es ist geschehen. Er konzentriert sich nun sehr auf die Wieder-Erziehung der Menschen. Die spielerischen Wunder und die mitfühlenden, herzzerreißenden Wunder stehen nicht länger im Vordergrund, aber sie sind nicht von seinen Aktivitäten ausgeschlossen.

Bei besonderen Anlässen betont er manchmal wieder die spielerischen Wunder (līlā) und lässt die Herzen der Menschen um ihn

26 Sathya Sai Baba spricht, Band 1, Bonn, 2. Aufl., 1991

herum wie früher vor Freude höher schlagen. In einem Schreiben an mich über eine Ferienreise, auf die Swami eine Anzahl seiner College-Lehrer im Jahre 1980 mit nach Kaschmir nahm, sagt T. Nityananda Menon, einer der Lehrer: „Während der Fahrt war es faszinierend, Bhagavān wieder so viele Wunder wirken zu sehen – wobei er jede Frucht, die wir uns wünschten, von einem Apfelbaum pflückte, eine Vielfalt von Dingen aus dem Sand erschuf, aus einer Rosenknospe einen Ring für einen Militäroffizier herstellte, eine Handvoll Schnee aufnahm und ihn in Schlüsselanhänger verwandelte, um sie an Soldaten zu verteilen, usw. usw."

In seiner Ansprache während des großen Shivafestes 1955 sagte Baba: „Dieser Avatar wird keinen anderen Ort als Zentrum für seine Göttlichen Spiele (līlā), Wunder (mahiman) und Unterweisungen (upadesha) wählen als den Ort, in dem seine Geburt stattfand. Dieser Baum wird nicht verpflanzt werden; er wird dort wachsen, wo er zuerst aus der Erde hervorkam. Eine andere Besonderheit ist: anders als Erscheinungen wie Rāma, Krishna, usw., deren Leben sich hauptsächlich unter und für die Familienmitglieder abspielte, lebt dieser Avatar nur für die Gläubigen (bhakta), die Aspiranten, die sādhus (Asketen, heilige Männer) und die spirituellen Sucher (sādhaka). Er kennt keine Verehrung; Er wird nichts anbeten, denn Er ist das Höchste. Er unterrichtet euch lediglich, zu verehren und zu beten."

Das Zentrum des Avatar-"Baumes" ist immer noch da, wo es zuerst aus der Erde hervorkam, aber seine Zweige breiten sich über die ganze Welt aus und Aspiranten überall werden seiner Früchte teilhaftig.

Jesus betete zum „Vater"; Sai Baba von Shirdi betete zu Einem, den er den „Großen Fakir" oder „Allah" nannte. Aber meines Wissens hat niemand jemals Sathya Sai Baba beten gesehen oder gehört. In dieser Inkarnation hat der Avatar kein Bewusstsein von Dualität. Er ist vollständig mit Brahman, dem Einen ohne ein Zweites identifiziert.

In einer Ansprache in Prasanthi Nilayam im Jahre 1960 gibt Swami seinen Zuhörern einen Leitfaden in Bezug auf die Merkmale eines Avatars. Sieben dieser Merkmale sind, sagte er: „Herrlichkeit, Wohlstand, Weisheit, Freisein von Bindung, Erschaffung, Erhaltung und Zerstörung – diese sieben sind die unfehlbaren Kennzeichen von Avataren der mahāshakti (Große Kraft, die ist; Gott).[27]

Sogar wenn das Göttliche sich selbst verändert hat, um einen Körper anzunehmen, wenn Es menschliche Erscheinung annimmt, bleiben diese sieben Merkmale bestehen und werden von denjenigen, die „Augen haben zu sehen", wahrgenommen. Wo immer diese sieben Zeichen zu finden sind, fasst Swami zusammen, „könnt ihr die Gottheit identifizieren."

Viele, die Zeit mit Baba verbringen, einschließlich ich selbst, erhaschen einen Schimmer dieser kosmischen Eigenschaften unter dem Mantel von māyā, der weltlichen Illusion. Wir sehen die glänzende Pracht seiner Gegenwart und all seiner Handlungen. Wir sehen das greifbare, unfehlbare Gedeihen seines Werks und seiner Mission. Nach einer Weile, wenn nicht zu Beginn, erwachen wir für seine tiefe, weitblickende Weisheit und erkennen seine Nichtgebundenheit gegenüber allen weltlichen, vergänglichen Dingen. In seinen Wundern durch Materialisation werden wir Zeugen von Symbolen göttlicher Schöpfung und später zeigen uns unsere Erfahrungen, dass Baba unaufhörlich unterstützende Bedingungen – spirituell und zeitlich – für seine Devotees erschafft, wobei er bewahrt, was gut für sie ist, und schädliche Einflüsse, schlechte Bedingungen und überholte, hemmende Formen zerstört.

Manche Menschen stellen die Frage: „Wenn Baba göttliche Allmacht hat, weshalb nimmt er nicht alles Leid und alle Armut von der Menschheit?" Baba beantwortet manchmal diese Frage, indem er die Geschichte erzählt, wie Vidura Lord Krishna eine ähnliche Frage stellte:

Vidura: „Weshalb hast du dich an der Tötung von Hunderttausenden von Soldaten in der Schlacht bei Kurukshetra beteiligt? Du hättest das ganze schreckliche Gemetzel verhindern können, indem du einfach die geistige Haltung der Hauptbeteiligten verändert hättest."

Krishna: „Mein lieber Mann, ich habe jedem eine Menge an Fähigkeiten und Kräften gegeben. Ich habe auch jedem eine gewisse Portion Freiheit zugeteilt, um diese Kräfte zu nutzen, wo sie glauben, angemessen zu sein. Dadurch, dass es auf diese Weise funktioniert, kann jeder besser lernen. Erfahrung ist die beste,

27 Sathya Sai Baba spricht, Band 1, Bonn, 2. Aufl., 1991

wenn auch härteste Schule. Wie oft jemand auch sagen mag, dass Feuer verbrennt, bevor du zum Beispiel tatsächlich deine Finger verbrennst, wird du nicht wissen, was eine Verbrennung ist."

Im weiten Sinne ist die Frage folgende: „Warum entfernt der Allmächtige, All-liebende Gott nicht durch Seine Avatare – Rāma, Krishna, Buddha, Jesus, Sai Baba oder andere – alle Leiden und widrigen Bedingungen von der menschlichen Bildfläche?" Die Antwort ist, dass Gott der Menschheit ein bestimmtes Maß an freiem Willen gegeben hat. Nur dadurch, dass den Menschen erlaubt wird, diese Freiheit des Handelns auszuüben, können sie lernen. Durch selbstverursachte Schmerzen und Sorgen müssen sie lernen. Wenn sie durch göttlichen Erlass gegen alle Widrigkeiten geschützt würden, würden sie niemals die Lektionen lernen, die für ihr spirituelles Wachstum notwendig sind, um zur gottmenschlichen Ebene, zur Vollkommenheit Gottes selbst, die ihre Bestimmung ist, heranzureifen.

Eine andere Frage, die man manchmal hört, ist diese: „Warum zeigt Sai Baba sich uns nicht in all seiner Herrlichkeit, seinem Glanz und seiner Pracht, damit es kein Geheimnis um seine Identität gibt, damit alle auf Erden ihn als Avatar erkennen können?"

Shrī Aurobindo gab uns darauf die Antwort, als er sagte, dass die unbegrenzte Gegenwart in all ihrem ungemilderten Glanz zu überwältigend für die getrennte Kleinheit des begrenzten Individuums sei.

Dr. V. K. Gokak, der östliche und westliche Kultur in sich aufgesogen hat und eine Zeit unter dem gleichen Dach mit Sathya Sai Baba verbracht hat, schreibt: „Die Form des transzendenten und universellen Seins ist eine Quelle der Macht und eine erhebende Vision für den befreiten Geist, aber für den normalen Menschen ist sie überwältigend, erschreckend und nicht vermittelbar." Dennoch sagt er: „Die menschliche Form des Avatars lediglich als menschlich anzusehen, bedeutet die Verbindung des Menschlichen und Göttlichen in der Manifestation als solcher zu übersehen."

Das unterscheidende Auge jedoch kann die Gegenwart des Avatars im menschlichen Rahmen sehen. Darüber schreibt Dr. Gokak: „Man erhascht sie in dem bezaubernden Lächeln und in dem übernatürlichen Schein auf dem Antlitz des Avatars, in seinem wunderbaren Tun und in seiner Aura aus Licht."

Sai Baba schreibt in seiner Bhāgavata Vāhinī über Lord Krishna: „Der geringste Akt von ihm (Krishna) war mit höchster Süße durchtränkt. Sogar die Leiden, die er denjenigen auferlegte, die er bestrafen wollte, waren süß. Daher empfand niemand ihm gegenüber den geringsten Ärger. ... Der Grund dafür war die Liebe (prema), die Grundströmung der Liebe, die alle seine Worte und Handlungen motivierte."

Aus meiner Erfahrung mit Baba und seinen Anhängern habe ich das Gefühl, dass diese Worte gleichermaßen auf Sai Krishna zutreffen, das heißt auf unseren Swami selbst. Süße ist unter jedem oberflächlich bösen Gesicht, das er aufsetzen mag, zu spüren; Liebe ist hinter seinem gelegentlichen ärgerlichen Stirnrunzeln zu spüren. Wir erkennen, dass wahre Liebe ihr scharfes schneidendes Messer haben muss und dass manchmal schmerzhaftes Beschneiden notwendig für unser gesundes Wachstum ist.

Es gibt Sai Devotees im Westen, die glauben, dass der Sathya Sai Avatar der versprochene Eroberer aus der apokalyptischen Vision des Heiligen Johannes ist, die im Buch der Offenbarung des Neuen Testaments niedergeschrieben wurde. Wie alle jenseits der Raum-Zeit-Dimension liegenden Visionen ist die Apokalypse in symbolische Sprache eingebettet. Ihr wurden deshalb von verschiedenen Menschen viele unterschiedliche Interpretationen gegeben. Aber ihr allgemeines Thema ist die Wiederkunft des Gottmenschen, des Avatars, der als Eroberer der bösen Mächte kommen wird und das Königreich Gottes errichten wird.

An einer Stelle schreibt der Heilige Johannes: „Und ich sah den Himmel geöffnet, und siehe, ein weißes Pferd, und derjenige, der darauf saß, wurde der Getreue und Wahre genannt, und er richtet und führt Krieg in Rechtschaffenheit" (Off. 19:11).

In ihrem Buch „The Hidden Manna"[28] ist Patrizia Norelli-Bachelet bestrebt, die Apokalypse entsprechend der kosmischen Astrologie und der Sprache des Tierkreises auszulegen, welche, wie sie sagt, von den Eingeweihten früherer Zeiten verstanden wurde. Sie stellt fest, dass der Eroberer in der Tat der Kalki-Avatar ist, der in den hinduistischen Purānas als auf einem weißen Pferd reitend dargestellt wird.

Swami selbst hat nicht gesagt, dass er der Kalki-Avatar ist, aber Menschen haben in seiner Gegenwart Visionen dieses mit der

28 Patrizia Norelli-Bachelet, The Hidden Manna, Accord, Aeon Books, 1976)

Evolution in Zusammenhang stehenden Avatars auf einem weißen Pferd gehabt.[29]

Der Eroberer aus der Apokalypse ist nach Norelli-Bachelets Interpretation eine Inkarnation von Skanda (Subrahmanya), dem Sohn Shivas. Sai Baba wird von einigen Anhängern als Avatar von Shiva selbst betrachtet. Aber ich habe Swami sagen hören, dass es in Wirklichkeit keinen Unterschied zwischen den verschiedenen Formen des Göttlichen gibt. Wir unterteilen Gott in viele Götter – Shiva, Vishnu, Brahma, Subrahmanya usw. –, aber diese sind nur Facetten des Einen Höchsten.

Im Hinduismus mag dieser Eine Höchste Îshvara oder Mahādeva genannt werden, oder manchmal einfach Shiva. In den Shivapurānas sagt Vishnu, der Herr des erhaltenden Aspekts, zu Shiva: „Wer bist du? Wer bin ich, und wer ist Brahma? Deine eigenen drei Teile – du, der du die höchste Seele bist. Sie sind nur verschieden als Ursache für Schöpfung, Erhaltung und Auflösung. ... Du bist das alleinige Brahman, während wir als mit Eigenschaften ausgestattete Formen Teile deiner selbst sind."[30]

Wenn Shiva als der höchste Gott-in-Form bezeichnet wird, als Manifestation des formlosen höchsten Brahman, wird der auflösende Aspekt der Trimūrti, der Hindu-Trinität, gewöhnlich Rudra genannt. Damit haben wir Brahma (Schöpfung), Vishnu (Bewahrer) und Rudra (Auflösung) – die Dreieinigkeit mit Shiva, der für alle steht.

Skanda, Shivas Sohn, ist nur ein anderer Aspekt des Einen. Dieser Aspekt zieht sich nicht in Meditation zurück – wie die Shiva-Gestalt häufig dargestellt wird –, sondern ist sehr aktiv in der Welt, in der vordersten Linie der großen Schlacht gegen die bösen Mächte.

Es ist in dieser Hinsicht auch bemerkenswert, dass Brahma im Shivapurāna im Gespräch mit den Göttern sagt: „Zu eurem Wohl steht Shiva selbst hier in der Gestalt seines Sohnes"[30] oder um es auf andere Art auszudrücken – Shiva hat den aktiven dynamischen Aspekt, der gewöhnlich durch seinen Sohn Skanda repräsentiert wird, angenommen.

29 Howard Murphet, Sai Baba, Avatar – A New Journey into Power and Glory, San Diego, 1977

30 Shiva Purana, 2 Bände, herausgegeben von J.L. Shastri, Delhi, 1969

Patrizia Norelli-Bachelet glaubt, dass die Hindu Purānas kosmische Offenbarungen sind, die in ihrer Struktur die Zyklen der Zeit und die Manifestationen der göttlichen Wahrheit enthalten, und dass die puranischen Geschichten der Apokalypse des Heiligen Johannes entsprechen.

Es gibt natürlich keinen Zweifel darüber, dass Sathya Sai Baba sehr aktiv und extrem dynamisch ist. Er ist nicht der zurückgezogene Yogi, welcher seine Zeit mit Meditation verbringt. Er ist vor allem der Macher, derjenige, der in der Schlacht gegen die dunklen Mächte mitkämpft, die sich wild gegen die Macht des Lichts erheben, das er bringt.

Baba hat nicht geleugnet, dass er ein Avatar von Shiva ist. Ist er also Shiva, der die Rolle Skandas, seines Sohnes, spielt. Einige westliche Studenten der Sai-Bewegung glauben das und setzen ihn daher mit dem Apokalyptischen Eroberer und dem Kalki-Avatar gleich. Wenn sie Recht haben, können wir gemäß der Apokalypse und den Purānas einige gewaltsame Zusammenstöße der opponierenden Mächte erwarten und davon ausgehen, dass einige die Welt umwälzende Ereignisse vor uns liegen. Der Avatar Rāma führte die Armeen der Rechtschaffenheit in einem großen Krieg gegen die dämonischen Mächte. Der Avatar Krishna war in den Holocaust des Mahābharata-Krieges verwickelt. Die Prophezeiungen sagen noch schrecklichere Kriege in der Zeit des Kalki-Avatars und des Eroberers des Heiligen Johannes voraus.

Selbst wenn die alten Prophezeiungen und die heiligen Visionen korrekt sind, kann es sein, dass der Mensch sie nicht richtig interpretiert. Im günstigsten Fall erhaschen wir einige Strohhalme im Wind und stellen Vermutungen an. Die kosmische Sprache ist eine Barriere für leichtes Verstehen und sichere Berechnungen.

Viele Menschen haben das Gefühl, dass die Zeit nach einem großen, epochemachenden Avatar ruft. Aber ob die Errichtung des Königreiches Gottes unmittelbar bevorsteht oder etwas für zukünftige Jahrhunderte ist, wer weiß? Kein Mensch kann dies mit Sicherheit wissen noch ob Sai Baba selbst der Eroberer aus der Offenbarung oder der Kalki-Avatar ist oder jemand, der den Boden für eine zukünftige göttliche Inkarnation vorbereitet. Nur die Zeit, welche die Fehler in der Beurteilung und die Fehlbewertungen der Wahrheit entfernt, kann dies sagen.

Viele Gerüchte kursieren darüber, was Swami über beängstigende weitreichende Ereignisse und Zustände in der nahen Zukunft gesagt haben soll. Aber wenn ich oder jemand anderer in meiner Anwesenheit ihn wegen dieser Dinge befragte, hat Swami nie gesagt, dass umwälzende Kriege mit totaler Zerstörung unmittelbar bevorstehen. Aber, so fragt man sich, würde er es sagen, selbst wenn er es wüsste, dass derartige erschreckende Ereignisse in unserer Zukunft lauern? Eine solche Erklärung seinerseits hätte eine verheerende Wirkung. Und ferner würden die Erwartungen, die mächtigen Gedankenformen vieler Menschen, dazu beitragen, Ereignisse, die nicht notwendigerweise eintreffen müssen, zustande zu bringen.

Wie können wir wissen, was vorbestimmt ist und was nicht? Wir können mit Shakespeare glauben, dass „es da einen Gott gibt, der unser Ende gestaltet, diese grob nach unserem Willen entwirft.“ Aber in unserem Rohentwurf können wir schreckliche Ereignisse zustande bringen, die nicht unbedingt ein Teil in Gottes Gesamtplan sind.

Der große Dramaturg kennt, wie die geringeren menschlichen Dramaturgen, den Anfang, das Ende und vielleicht die Hauptereignisse Seines Kosmischen Dramas. Aber als Teil Seines Planes erschuf Er Charaktere mit freiem Willen. Daher wird Er sie nicht wie unverständige Marionetten hin und her bewegen. Würde Er das tun, wären sie farblose Charaktere ohne Bedeutung, und überdies würde Seine Absicht für die Charakterentwicklung hinfällig sein. Wie die menschlichen Dramaturgen, die Ihm folgen, erschafft der große Archetypische Dramaturg aus Freude, aber Er erschafft auch, so glaube ich, für einen Zweck.

Wenn das Ende der kosmischen Geschichte vorbestimmt ist – und ich glaube, dass es das ist –, dann gibt es gewisse Richtlinien, denen die Charaktere folgen müssen, damit das göttliche Ziel Form annehmen kann. Aber während der Spielhandlung können die sich entwickelnden Charaktere entsprechend dem Grad ihres freien Willens die Angelegenheit übernehmen – so wie es die Darsteller in den Geschichten menschlicher Schöpfer tun.

Missverständnisse, Probleme, Kämpfe, Schlachten, Leiden und all die Not, denen das Fleisch unterworfen ist, werden von solch menschlichen Waffen wie blindem Verlangen, Selbstsucht, egoistischem Ehrgeiz, Lust nach Aufregungen, Furcht, Hass und Unwissenheit hervorgebracht.

Weiß der große Autor, was Seine Darsteller mit eigenem Willen in jeder Situation tun werden – welche phantastischen Tricks sie, bekleidet mit ihrer „kurzlebigen Autorität“, spielen werden? Die beobachtenden Engel weinen oftmals über die schrecklichen Tragödien, die wir uns selbst zufügen, aber kennt der Autor im voraus alle Ereignisse, die sich im Dampfkessel einer fiebernden Menschheit heranbilden? Vielleicht, vielleicht nicht.

Aber die Darsteller in dem Schauspiel sind in Wirklichkeit Seine eigenen Kinder, die aus Seiner göttlichen Substanz hervorgehen. Sie werden weiser und stärker durch die Kämpfe, die sie für sich selbst in dem großen Lebensdrama inszenieren. Gott liebt sie alle – jeden, einzeln und kollektiv –, wie Swami zeigt. Am Ende, wenn der letzte Vorhang fällt, wird Er die ganze Truppe zurück zu Seinen Füßen bringen – zu göttlichem Sein in vollem Bewusstsein und in ewiger Glückseligkeit.

Die Analogie mit dem menschlichen Dramaturgen kann uns helfen, einen flüchtigen Blick zu erhaschen, ein bisschen zu verstehen, denn wie die Okkultisten sagen: „Wie oben, so unten“. Die Wahrheit von all dem – Leben, Menschheit, dem Universum, Gott – liegt zu tief für den Spaten des Denkens, zu weit entfernt für den Käfig der Worte. Dennoch sind das Oben und das Unten eng miteinander verwoben, wie der Dichter Tennyson spürte, als er die kleine Blume von einer hohen Mauer pflückte und mit ihr sprach: „ ... wenn ich verstehen könnte, was du bist, Wurzel und alles, und alles in allem, wüsste ich, was Gott und Mensch ist.“

Wir wissen nicht, wer wir selbst sind, wie Baba es aufzeigt; wie können wir dann das Mysterium Gottes und des Gottmenschen verstehen. „Niemand kann das Mysterium verstehen; das Beste, was ihr tun könnt, ist, euch darin zu versenken. Es hat keinen Zweck, um das Für und Wider zu argumentieren; taucht hinunter und erkennt die Tiefe; esst und erkennt den Geschmack.“ Es macht nichts, wenn ihr niemals die Tiefe und den Geschmack beschreiben könnt. Ihr könnt sie erfahren, und die Freude daraus.

Dann, wenn ihr das Königreich Gottes gesucht und gefunden habt, mit seiner Wahrheit, Reinheit und Liebe, wenn ihr wahrlich in den Wassern dieser Erfahrung getauft seid, „braucht ihr nicht einmal zu mir zu beten, damit ich euch dieses und jenes gewähre“, sagt Swami, „alles wird euch hinzugegeben werden, ungebeten.“

15. Sein Angesicht schauen

DIESES LETZTE KAPITEL ist eine Antwort auf Fragen, die mir häufig von Menschen gestellt werden, die ihren ersten Versuch planen, Shrī Sathya Sai Baba leibhaftig zu sehen. Besonders für Besucher aus dem Westen scheint das Unternehmen, einen großen spirituellen Lehrer in Indien zu besuchen, mit einer ganzen Menge an Geheimnissen und vielen Problemen verbunden zu sein. Braucht man eine Erlaubnis? Was ist mit der Beförderung, Unterkunft, Verpflegung, Kleidung? Wann ist die günstigste Reisezeit? Wie lange soll man bleiben? Wo wird sich Swami aufhalten? Wird er sie sehen? Werden sie ein Interview bekommen? Dieses sind die Hauptfragen, die wir eine nach der anderen behandeln wollen.

Benötige ich eine Erlaubnis? Als Avatar ist Shrī Sathya Sai Baba der Lehrer für die ganze Menschheit und der Sadguru aller, die bereit sind, seine spirituelle Führung zu empfangen.

Er hat jedoch gesagt, dass niemand zu ihm kommen kann, bevor er ihn nicht gerufen hat. Dieser Ruf ist nicht etwas, was man mit der Post oder durch einen Boten empfängt. Es ist ein innerer Ruf des Geistes. Wenn du einen starken Drang hast, zu fahren und Sai Baba zu sehen, ist es wahrscheinlich, dass du den inneren Ruf bereits erhalten hast. Es bedeutet auch, dass du entweder bereit bist oder dich auf dem Weg befindest, bereit zu werden, das zu empfangen, was er dir zu geben hat.

Jedoch scheint es zuweilen, dass der Ruf kommt und du auf der physischen Ebene Kontakt aufnimmst, bevor du bewusst ganz bereit ist. Vielleicht hat er dich gerufen, bevor du gehört hast, bevor deine schlafende Seele berührt wurde, wie ein Psalmist den göttlichen Ruf beschrieb.

So geschieht es, dass manche Menschen entweder halbherzig sind oder sich Sai Baba bei der ersten Begegnung geradezu widersetzen. Aber wenn sie ihm eine faire Chance geben, dauert es gewöhnlich nicht lange, bis die innere Türe aufschwingt und das Licht und die Liebe hereinströmen. Ich spreche aus Erfahrung.

Auf der äußeren Ebene jedoch benötigst du keine schriftliche oder mündliche Erlaubnis, um den einen oder anderen von Babas Ashrams in Indien zu besuchen.

Wo wird er wahrscheinlich sein, wenn ich hinfahre? Sein Haupt-Ashram ist Prasanthi Nilayam, direkt angrenzend an das

Dorf Puttaparthi. Dieses befindet sich im Staat Andhra Pradesh, etwas mehr als 160 Kilometer nördlich von der Stadt Bangalore. Er hat eine zweite Residenz, genannt Brindavan, in der Nähe von Whitefield, wo er Darshan gibt. Sie befindet sich in der Nähe der Bahnstation Whitefield einige Kilometer östlich von Bangalore auf der Strecke nach Madras.

Baba verbringt die meiste Zeit an dem einen oder anderen dieser beiden Orte. Er ist wahrscheinlich häufiger in Prasanthi Nilayam, seinem Hauptashram, als in Brindavan.

Gelegentlich geht er auf Reisen in andere Teile Indiens, aber er war bis zum Zeitpunkt dieser Niederschrift (1983) niemals mehr als zwei oder drei Wochen von der einen oder anderen seiner Residenzen abwesend. Du kannst über den Public Relations Officer, Prasanthi Nilayam, 515134 Anantapur District, Andhra Pradesh, Indien, herausfinden, wo er sich tatsächlich aufhält. Aber du kannst nicht mit Sicherheit erfahren, wo Baba sich in der nahen Zukunft aufhalten wird. Niemand, nicht einmal sein eigener Schatten, weiß das.

So besteht immer die Möglichkeit, dass du eine kleine Weile warten musst, um ihn zu sehen. Da Bangalore der Knotenpunkt für beide Orte ist, kannst du in dieser Stadt bequem warten, oder in Prasanthi Nilayam, wo du auf irgendeine seltsame Weise lernen wirst, während du wartest.

Wie ist es mit der Beförderung, Unterkunft und Verpflegung? Von Bangalore aus kannst du nach Prasanthi Nilayam per Auto, Taxi oder Bus reisen. Das letztere Mittel ist billig, dauert aber ungefähr fünf Stunden und es ist, wenn auch ein interessantes Erlebnis, gewiss nicht bequem. Taxis brauchen für die Strecke von Bangalore etwas mehr als drei Stunden. Die Straße ist jetzt fast die ganze Strecke geteert.

Es sind viele Wohneinheiten errichtet worden und weitere werden gebaut, um in Prasanthi Nilayam die Besucher unterzubringen. Es wird ein bestimmter Betrag erhoben, um die Kosten für Elektrizität und Reinigung zu decken.

Während es in den einzelnen Einheiten fließendes Wasser, Toilette und Dusche gibt, sind die meisten nicht möbliert; daher ist es klug, eine Unterlage, Bettlaken und Decken mitzubringen. Manche Besucher nehmen im Koffer eine dünne Matratze mit, einige eine Luftmatratze, andere Campingbetten. Auf jeden Fall hat man im Ashram mit einigen Härten zu rechnen. Niemand sollte dort hingehen und westlichen Komfort und Annehmlichkeiten erwarten.

Wenn im Ashram selbst keine Unterkünfte frei sind, können Besucher gewöhnlich Zimmer mit einfacher Ausstattung in einem der kleinen Hotels im Dorf außerhalb des Ashrams finden.

Die einzige Zeit, in der es mit der Unterkunft sehr schwierig ist, ist die der großen Feste. Die beiden großen Feste, die noch immer in Prasanthi Nilayam gefeiert werden, sind Dasara und Swamis Geburtstag. Das erste findet im Oktober an einer Reihe von aufeinanderfolgenden Tagen statt; der Zeitpunkt des Beginns hängt von den Mondphasen ab.

Das zweite beginnt gewöhnlich einige Tage vor Swamis eigentlichem Geburtstag, der am 23. November ist. Die Feiern schließen meistens eine Konferenz ein, die entweder in ganz Indien oder weltweit einberufen wird, und werden einige Tage nach dem Geburtstag fortgeführt. Erfahrungen haben gezeigt, dass während jedem großen Fest in Prasanthi Nilayam die zur Verfügung stehenden Räumlichkeiten schnell bis zum Überfließen voll sind und dass Tausende im Freien auf dem Boden schlafen.

Indische preiswerte vegetarische Mahlzeiten können in der Ashram-Kantine eingenommen werden. Manche Menschen ziehen es vor, sich Gemüse im Dorf zu kaufen und sich auf dem Petroleumkocher oder einem anderen tragbaren Kocher, den sie hierfür mitbringen, selbst die Mahlzeiten zuzubereiten. Andere Besucher ziehen es vor, ihre Mahlzeiten in einem der kleinen Restaurants im Dorf einzunehmen. Eins oder zwei davon stellen sich inzwischen auf westlichen Geschmack ein.

Wenn Sai Baba in seinem Wohnsitz in Brindavan bei Whitefield ist, wohnt die Mehrzahl der Besucher in einem Hotel in Bangalore und fährt jeden Tag hinaus, um ihn zu sehen. Es gibt eine große Auswahl an Hotels, von solchen mit internationalem Luxusstandard bis zu bescheideneren und preiswerteren Plätzen.

Obwohl Brindavan recht nahe am Bahnhof Whitefield liegt, halten nur wenige Züge aus Bangalore dort. Obwohl häufig Busse am Ashram vorbeifahren, sind diese überfüllt. Deshalb reisen viele Besucher von Bangalore mit dem Taxi an. Eine weitverbreitete Gewohnheit ist es, dass eine Gruppe von Besuchern sich ein Taxi teilt; es wird vereinbart, dass es in Brindavan auf sie wartet, bis Swamis Darshan vorüber ist, und sie dann wieder mit nach

Bangalore zurücknimmt. Die Kosten dafür sind – aufgeteilt auf mehrere Personen – nicht zu hoch.

Besucher, die jedoch nicht die Ausgaben für Hotels und tägliche Taxifahrten möchten, finden Unterkünfte – gewöhnlich einfach und primitiv – im nahen Dorf Kadugodi oder in Häusern außerhalb der Mauern von Brindavan selbst. Einige wohnen in der kleinen Stadt Whitefield; aber diese befindet sich nicht in angenehmer Gehentfernung von Brindavan. Busse fahren unregelmäßig, Taxis sind gewöhnlich nicht verfügbar.

Welche Art Kleidung sollte ich mitnehmen? Für die Pilgerreise zu Sai Baba wird leichte Sommerkleidung benötigt. Ich selbst habe weder in Puttaparthi noch in Bangalore jemals erlebt, dass es so kalt war, dass man Winterkleidung gebraucht hätte.

Frauen, die zu Swamis Darshan gehen, tragen gewöhnlich Saris. Aber einige wenige Westler, die es schwierig finden, mit einem Sari umzugehen, tragen lange Röcke, die bis zu den Knöcheln reichen, oder Kaftans, die am Ort zu haben sind. Bescheidenheit in Bezug auf die Kleidung ist der wesentliche Grundgedanke, wenn man den Avatar besucht.

Männer finden es am bequemsten, eine leichte Hose und ein Hemd zu tragen, die entweder aus Baumwolle oder einer Mischung aus Baumwolle und Synthetikfasern sind. Wäschereien sind in genügender Anzahl vorhanden und relativ billig, so dass von den meisten weiße Kleidung bevorzugt wird. Diese sorgt nicht nur für Kühle, sondern erscheint auch als die angemessenste. Jacketts werden selten getragen, obwohl es angeraten ist, eine Strickjacke oder einen Pullover für die Abende in den kühleren Monaten dabei zu haben.

Wie lange ist es ratsam zu bleiben? Wenn man die lange Reise von Übersee oder aus entfernten Gegenden Indiens macht, sollten Besucher, falls möglich, wenigstens einen Aufenthalt von einigen Wochen einplanen. Lediglich für einen oder zwei Tage „hereinzuschauen", um Swami zu sehen, gibt dir nicht die Gelegenheit, die göttliche Erfahrung, die innere Wandlung, das Emporheben von Herz und Geist zu erreichen, die der Avatar dir bringen kann. Diejenigen, die aus reiner Neugierde zu einem kurzen Besuch kommen, gehen vielleicht weg und sagen, dass sie nichts gesehen haben außer einem Mann in einem roten Gewand, mit einer buschigen schwarzen Haarkrone. Aber das ist sicherlich nicht das, weswegen du dorthin gehst.

Swami kann deinen Aufenthalt beschränken und dich wissen lassen, wann du abreisen solltest, oder auf der anderen Seite kann es sein, dass er dich länger da behält, als du zu bleiben vorhattest. Er weiß am besten, wie lange du seine Gegenwart benötigst, um das zu erreichen, was du zu diesem Zeitpunkt zu erreichen in der Lage bist. Sei daher darauf vorbereitet, auf ein Zeichen vom ihm hin abzureisen oder – wenn es die persönlichen Umstände erlauben, was normalerweise der Fall ist – zu bleiben.

Einstellungen und Interviews

Geh voller Hoffnung zu Sai Baba, jedoch ohne spezifische Erwartungen. Der Nutzen, den du aus dem göttlichen Kontakt ziehst, ist fast immer ganz anders als das, was du erwartet hast. Vor allem geh nicht in der Erwartung hin, zu einem Interview gerufen zu werden. Die Menschenmengen, die aus allen Teilen der Welt zu Swami kommen, haben ein solch großes Ausmaß angenommen, dass das persönliche Interview nun notwendigerweise eine Seltenheit ist.

Baba verbringt viele Stunden seines langen Arbeitstages damit, Gruppeninterviews zu geben. Eine Gruppe mag aus einer Anzahl Menschen bestehen, die zusammen von einem bestimmten Ort angereist sind. Oder Baba mag einzelne Menschen aus der Menge rufen und sie zusammen mit in seinen Interviewraum nehmen. Nachdem er zu ihnen eine Zeitlang als Gruppe gesprochen hat, mag er oder mag er nicht Einzelne in einen anderen Raum mitnehmen, um ihnen privaten Rat und Hilfe zu geben.

Nur Swami weiß, warum er bestimmte Menschen zu einem Interview ruft. Viele Leute haben abenteuerliche Theorien zu dieser Frage; aber nur Swami weiß die Antwort. Da er die Vergangenheit eines Menschen sieht und die gegenwärtigen Probleme, die in die Zukunft hineinreichen, wie er es vermag, weiß nur Lord Sai, wann ein Interview nötig ist und wann es für das Wohlergehen des Menschen, sowohl zeitlich als auch spirituell, am nützlichsten ist. Manchmal mag ein Interview nicht nur unnötig, sondern vielleicht sogar nachteilig sein.

Ein ernsthafter junger Sucher aus dem Westen saß viele Monate in den Darshan-Reihen, ohne jemals zu einem Interview gerufen zu werden. Am Ende begann er, das als Segen anzusehen. Er sagte:

„Wenn Swami plötzlich in seinem rotorangefarbenen Gewand erscheint, auf uns zuschwebend, um Darshan zu geben, stehen meine Haare zu Berge. Für mich ist es Gott selbst, der sich nähert. Vielleicht würde ich die menschliche Seite von ihm sehen, wenn er mich zu einem Interview mit hereinnähme und ich würde dieses wunderbare Erlebnis beim Darshan verlieren."

Als eine junge Frau aus Australien nicht zu einem Interview gerufen wurde, nachdem sie mehrere Wochen in der Menge gewartet hatte, waren diejenigen, die sie kannten, überrascht. Sie hatten gedacht, sie sei so super-spirituell, dass Swami sie sofort rufen würde. Jedoch ihr eigener Kommentar war: „Sai Baba ist mein Meister. Als solcher wird Er wissen, ob und wann ich ein Interview brauche. Darum überlasse ich es gänzlich Ihm."

Das ist sicherlich die weise Einstellung, die alle haben sollten. Selbstverständlich ist es nur menschlich und natürlich, dass Menschen sich den persönlicheren Kontakt in einem Interview wünschen. Aber wenn dem zuviel Bedeutung beigemessen wird, kann das zu vielen unproduktiven, unspirituellen Effekten führen. Aus den niederen Ebenen des Geistes mögen Neid und Eifersucht gegenüber anderen hochsickern, ein Gefühl der Unsicherheit und der Zurückweisung, eine Neigung, diejenigen, die Swami vor uns ruft, zu kritisieren und abzulehnen.

Sicherlich gehen wir nicht zu Sai Baba, um solch allzu vertraute, schädliche Gefühle zu erfahren. In der Tat sind wir auf dem spirituellen Pfad bemüht, sie auszuradieren. Dennoch kommen sie, steigen hoch wie Wasser in ein leckes Boot.

Bob Najemy aus Athen in Griechenland erzählt, wie er die anstrengende Zeit, auf ein erhofftes Interview zu warten, nutzte, solch negative Gefühle und Einstellungen zu überwinden.[31] Eine seiner Methoden bestand darin, absichtlich die entgegengesetzten Gefühle zu entwickeln. Er pflegte zum Beispiel Neid und dessen Vetter durch Liebe für die betreffenden Personen zu ersetzen und fühlte sich ob deren Glück glücklich.

Häufig schien es, als ob Swami ihn in seinem Kampf unterstützte, indem er absichtlich Menschen auswählte, die Bob gerade in Gedanken kritisiert hatte. Der Schock darüber pflegte ihn an die Sai-Lehren zu erinnern, dass alle Wesen Formen Gottes

31 Siehe Sanathana Sarathi, 12/1979

sind. Wenn er Unsicherheit und Zurückweisung empfand, weil er von dem Großen ignoriert wurde, erinnerte er sich wieder an die Botschaft, dass „wir alle Verkörperungen des Göttlichen Atman sind und nicht der unsichere Verstand." Dies, sagte er, half ihm, seine Abhängigkeit von der Form bis zu einem gewissen Grad zu überwinden und sein eigenes Okay-Sein als Atman wieder zu bekräftigen.

Solche wichtigen Lektionen, die er lernte, während er saß und wartete, halfen Bob, wertvolle Selbsterforschung zu betreiben und Geduld, Gleichmut und Loslösung zu entwickeln. Vor allem begann er mehr und mehr die große Wahrheit zu erkennen, dass alle Sucher lernen müssen, über die Form hinauszugehen und den Herrn in ihren eigenen Herzen zu finden. Er sagt zum Schluss: „Baba wird bald weltweit als Avatar so bekannt sein, dass Interviews und vielleicht sogar Darshan nicht möglich sein werden. In diesem Licht gesehen würde jeder von uns größten Nutzen daraus ziehen, wenn er sich mehr auf Babas spirituelle allgegenwärtige Natur als unser eigenes inneres Sein konzentrieren würde. Durch die Wiederholung eines Namens Gottes oder heiliger Formeln (japa), Meditation und die Hingabe jeder Handlung an Ihn, können wir ein Augenblick-zu-Augenblick-Interview während des ganzen Lebens haben."

Lasst uns also niemals die Freude darüber, in der Nähe des Herrn zu sein, durch Frustrationen und innere Konflikte im Zusammenhang mit dem „Interview-Komplex" verderben. Lasst uns in stiller, meditativer Geduld daran denken, dass uns großer – vielleicht der größte – Nutzen durch den unerklärbaren inneren Kontakt des Darshan zuteil werden kann. Viele haben es festgestellt.

Murali Engels aus Amerika schreibt in ihrer Beschreibung des Sai-Darshan und seiner Wirkungen: „Er ignorierte mich völlig. Ich sollte sagen, im Äußeren ignorierte er mich, denn im Inneren war ich so wunderbar erfüllt, nur deshalb weil ich Seinen Anblick so dicht vor mir habe. Ich sah in das zarte Antlitz der Liebe." An anderer Stelle sagt sie: „Swami ging still vorbei und ging um den Baum herum und zurück über den Boden zu seinem Haus. Ich schloss meine Augen. Sein Gesicht, sein Haar, seine Gestalt noch immer vor mir. Sein bloßer Anblick war genug. Noch lange Zeit wollte ich mich nicht bewegen und meine Augen nicht öffnen. Im Taxi auf dem Weg nach Hause konnte ich nicht sprechen. Ich konnte nur nach „innen“ gehen zu der Süße, die er mir gegeben hatte.

„Zu Hause angekommen, stieg ich die Treppe zu meinem kleinen Raum hoch, dankbar dafür, dass ich für weitere zwei Stunden mit niemandem reden musste. Ich legte mich auf mein Bett, wiederum in der Liebe Gottes verloren.“[32]

Sogar wenn es scheint, als ignoriere Swami uns, sieht er uns dennoch. Ich glaube, er sieht jeden, der beim Darshan anwesend ist. Und seine Liebe strömt zu allen.

Der Augenblick, der richtige Augenblick mag kommen, wenn er in deine Augen schaut, lächelt, vielleicht spricht. Das ist ein Moment, bei dem viele vor Glück weinen. Niemand kann diese angenehme Woge der Seligkeit erklären, die sie durchströmt.

Wenn du, ohne es zu erwarten in den Interviewraum eingeladen wirst, sieh das als zusätzlichen Segen an. Es ist sicherlich ein wichtiges Ereignis, aber nicht unbedingt das wichtigste auf dem spirituellen Weg mit Sai.

Was wir in der Gegenwart sehen und erfahren, ob im Interview oder sonstwo, hängt von uns selbst und von der Arbeit ab, die wir bis dahin an uns selbst geleistet haben, denn, wie Jesus einst sagte: „Gesegnet sind, die reinen Herzens sind, denn sie werden Gott schauen.“

32 Aus einem Buch von Murali Engels ohne Titel in Manuskriptform

Anhang A
Grundlagen der Theosophie

DREI GRUNDLEGENDE BEHAUPTUNGEN bilden das Fundament der Theosophie.[33]

1. Ein allgegenwärtiges, ewiges, grenzenloses und unveränderliches Prinzip, über das alle Spekulation unmöglich ist, da es die Fähigkeit menschlichen Begriffvermögens übersteigt und durch irgendeinen menschlichen Ausdruck oder Vergleich lediglich geschmälert wird. Es ist jenseits des Bereichs und der Reichweite des Denkens – mit den Worten der Māndūkya-Upanishad „Unausdenklich und Unaussprechlich."

Diese unbegrenzte und ewige Ursache ist die wurzellose Wurzel „alles dessen, was ist, war oder jemals sein wird." Sie ist natürlich ohne jegliche Eigenschaften und ist ihrem Wesen nach ohne irgendeine Beziehung zum manifestierten, begrenztem Sein. Es ist eher „Sein-heit" als Sein und jenseits allen Denkens und aller Spekulation.

2. Die Ewigkeit des Universums in toto ist eine grenzenlose Ebene, periodisch der „Spielplatz zahlloser Universen, die sich unaufhörlich offenbaren und wieder verschwinden", genannt „die sich offenbarenden Sterne und Funken der Ewigkeit".

Das Erscheinen und Verschwinden von Welten gleicht den regelmäßigen Gezeiten von Ebbe und Flut.

3. Die grundlegende Wesenseinheit aller Seelen mit der Universalen Überseele – wobei letztere selbst ein Aspekt der Unbekannten Wurzel ist – und der Zwang für jede Seele zur Pilgerschaft durch den Zyklus der Inkarnationen (oder „Notwendigkeit") gemäß dem Zyklischen und Karmischen Gesetz während des gesamten Zeitraums.

Mit anderen Worten, keine göttliche Seele kann eine unabhängige (bewusste) Existenz haben, ehe der Funke, der von der reinen Essenz der Überseele ausgegangen ist, a. durch jede elementare Form der Erscheinungswelt dieses Zeitalters (manvantara) hindurchgegangen ist und b. Individualität erlangt hat, zuerst durch natürlichen Impuls und dann durch selbstveranlasste und selbstgeplante Anstrengungen (kontrolliert von ihrem Karma) und

33 H. P. Blavatsky, Die Geheimlehre, Adyar-Verlag, Graz, 2. Aufl. 1984, S. 20

so durch alle Grade der Intelligenz aufgestiegen ist, vom niedrigsten bis zum höchsten Manas, von Mineral und Pflanze bis hinauf zum heiligsten Erzengel (Dhyani-Buddha).

Anhang B
Überblick über die Ewige Philosophie

WENN AUCH DIE Konzepte und Erkenntnisse der Ewigen Philosophie seit undenklichen Zeiten existiert haben, entstand der Name selbst durch den Philosophen Leibniz, der den Ausdruck „Philosophia Perennis“ prägte. Ihre Konzepte sind der größte gemeinsame Nenner in den Theologien der höheren Religionen, obwohl ihr Ausdruck im Lauf der Zeit häufig verschwommen und unklar wird. Rudimente der Philosophie des Unvergänglichen findet man in den traditionellen Lehren primitiver Völker in allen Teilen der Welt. Von Zeit zu Zeit bringen mystische Einsichten und offenbarungsähnliche Erfahrungen der Menschheit wieder eine vollständige, reine Aussage dieser zeitlosen Weisheit. Die Vorstellungen und das Verständnis, die der Philosophie des Unvergänglichen zugrunde liegen, könnte wie folgt zusammengefasst werden:

1. Es gibt eine ewige unwandelbare Wirklichkeit hinter dieser vergänglichen Erscheinungswelt, diesem sich ständig wandelnden phänomenalen Universum um uns herum. Der ewigen Wirklichkeit sind die Zeitalter hindurch viele unterschiedliche Namen von verschiedenen Lehrern gegeben worden. Einige sind Brahman, Gottheit, Gott-ohne-Form, der Göttliche Grund, das Void-plenum, das Klare Licht des Nichts, das Absolute und Nirvana. Aber wie wir sie auch nennen, die eine und einzige Wirklichkeit kann direkt erfahren und von menschlichen Wesen verwirklicht werden – unter bestimmten Umständen.

Obwohl diese unbegrenzte Wirklichkeit nicht durch die Konturen der begrenzten Persönlichkeit beschränkt werden kann, hat sie einen persönlichen Aspekt, der zum Beispiel in der Trinität Heiliger Personen in der christlichen und hinduistischen Theologie manifestiert ist.

Wir haben die Tendenz, die Dinge, die wir mit unseren Sinnen erfassen, für wirklich zu halten, obwohl wir wissen oder spüren, dass sie nur Teile eines beständigen Flusses des Wandels sind. Durch die lange Spanne der Zeit haben alle Dinge nur eine relative Wirklichkeit und diese teilweise Wirklichkeit existiert innerhalb und wegen der Absoluten Wirklichkeit, die sie umhüllt.

2. Menschliche Wesen sind mit der Wirklichkeit verwandt. So wie Es alle Dinge umhüllt, so ist Es allen Dingen immanent,

einschließlich der Menschheit. Wir sind von Natur aus fähig, diese Realität wahrzunehmen. Wir können sie durch Schlussfolgerung aus unserer eigenen inneren Erfahrung und der anderer Menschen annehmen, wenn der Saum des Großen Unbekannten sozusagen berührt wurde. Aber wir können sie nur vollständig durch eine spirituelle Fähigkeit jenseits unseres denkenden Verstandes erkennen und erfahren, jenseits der Grenzen des intensivsten und tiefgründigsten Denkens. Dieser Weg des Wissens, zu dem alle Menschen fähig sind, heißt einendes oder intuitives Wissen. Es führt zu einer direkten Erkenntnis unserer individuellen Einheit mit dem Göttlichen Grund unseres Seins.

3. Die Menschen sind in ihrer bewussten Tag-zu-Tag-Existenz auf der Ebene ihres niederen Egos zentriert. Es ist in der Tat dieses Zentrum, auf das wir uns beziehen, wenn wir „ich", „mir", „mich" und „mein" sagen. Aber es ist nur ein zeitweiliges Zentrum und nicht unser wahres ewiges Selbst, das auf irgendeine Weise Teil der Einen Wirklichkeit ist.

Es ist der Hauptzweck unserer Existenz in dieser Welt, dieses wahre Zentrum zu entdecken und sich bewusst mit ihm zu identifizieren. Aber das Finden des Selbst ist keine leichte Aufgabe, weil die Menschen zutiefst in Illusion und Unwissenheit versunken sind. Es erfordert rigoroses und beständiges Bemühen, die auf die Annullierung des sich als Selbst betrachtenden niederen Egos gerichtet ist. Wenn dieses falsche Selbst vollständig annulliert – oder verändert und in das wirkliche Selbst umgewandelt ist –, erreichen die Menschen einen Zustand spiritueller Wiedergeburt, einen Zustand, der als Befreiung, Rettung, Erlösung, Erleuchtung, Verschmelzung mit Gott und unter anderen Namen bekannt ist.

Namen können nur eine schwache Andeutung geben von der Natur jenes Zustandes des totalen Gesegnetseins am Ende der langen Reise zu dem „Land, das nirgendwo ist," der wahren spirituellen Heimat.[34]

34 Für detailliertere Erläuterungen der Ewigen Philosophie, siehe Kap. 7 von Sai Baba Avatar von Howard Murphet, Mirapuri-Verlag, 3. Aufl., 1991. Und für eine vollständige Darstellung mit einer wertvollen Anthologie von Schriften zu dem Thema, siehe Die Ewige Philosophie von Aldous Huxley, München, 1987.

Anhang C
Die Quintessenz des Vedanta

DIE UPANISHADEN DER Veden enthalten kein geordnetes Lehrsystem. Die Notwendigkeit, die Lehren zu systematisieren, brachte die Vedānta-Sūtras oder Brahma-Sūtras hervor. Aber diese kurzen Aphorismen erlaubten unterschiedliche Interpretationen und im Laufe der Zeit haben die Kommentatoren Interpretationen vorgenommen, die in einigen Punkten übereinstimmen und sich in anderen unterscheiden.

Daher gibt es verschiedene Schulen des Denkens, die auf den Vedānta-Sūtras basieren. Die drei wichtigsten sind: Advaita, Vishishtādvaita und Dvaita. Advaita oder Monismus wurde von Adi Shankara verkündet. Vishishtādvaita oder qualifizierter Nichtdualismus ist in den Kommentaren von Rāmānuja enthalten, und die dritte Schule, Dvaita oder Dualismus, stammt von den Interpretationen des Madhava.

Alle diese Schulen stimmen darin überein, dass Brahman, das Spirituelle Absolute, existiert, und dass es auf irgendeine Weise die Ursache des Universums ist. Sie stimmen auch darin überein, dass die Kenntnis von Brahman, die nicht durch reines Nachdenken gewonnen werden kann, zu individueller Emanzipation oder Befreiung führt, was das letztendliche Ziel jedes Wesens ist. Sie unterscheiden sich jedoch bis zu einem gewissen Grad in Bezug auf die Natur von Brahman und in Bezug auf die Beziehung zwischen der individuellen Seele und Brahman.

Shankara behauptet, dass Brahman ohne Eigenschaften ist und dass alle Götter-mit-Form einschliesslich Îshvara, der höchsten manifestierten Form Brahmans, Produkte der Illusion (māyā) sind. Das Universum, sagt er, ist auch eine offenbare Transformation – durch māyā – des eigenschaftslosen Brahman. Die individuelle Seele ist in Wirklichkeit allesdurchdringend und mit Brahman identisch. Wissen (jnāna) ist das Mittel zur Befreiung.

In Rāmānujas Interpretation hat Brahman einen persönlichen Aspekt, da er unendliche segensreiche Eigenschaften besitzt. Individuelle Seelen sind Weisen oder Wirkungen von Brahman, haben aber durch die Ewigkeit hindurch existiert und werden weiterhin so existieren. Wenn die Seele Brahman erkannt hat, geht sie in die höchste Ebene (brahmaloka) ein, von wo aus sie Brahman erreicht und nicht in die Welt der Sterblichen zurückkehrt. Die Welt hat eine relative Wirklichkeit und ist nicht das Ergebnis der Illusion (māyā). Hingabe (bhakti), sagt Rāmānuja, nicht Weisheit (jnāna) ist das hauptsächliche Mittel zur Befreiung.

In Madhavas Dualismus ist Brahman ein persönlicher Gott mit göttlichen Eigenschaften. Er und die individuellen Seelen sind ziemlich unabhängige ewige Wesenheiten. Brahman ist der Schöpfer der Seelen und des Universums, das real und keine Projektion von māyā ist. Das Mittel zur individuellen Befreiung ist Hingabe (bhakti). Swami sagt, wenn er von diesen drei Vedanta-Schulen spricht:

> Monismus, wie er von Shankara auf der Basis der Vedischen Texte verkündet wird, war eine zu einfache Lösung, um das innere Verlangen der meisten Menschen zu befriedigen. Sie hatten in sich das Sehnen nach Verehrung, sich einer höheren Macht hinzugeben; sie konnten die Wahrheit über ihre innere Wirklichkeit, das Eine und Einzige zu sein, schwerlich begreifen. Ihre Emotionen und Aktivitäten mussten durch Disziplin und Hingabe sublimiert werden.

Deshalb kommentierte Rāmānuja die Vedischen Texte und religiösen Schriften von einem neuen Gesichtspunkt aus. Dieses gab dem Advaita eine besondere Prägung. Deshalb wurde er Vishishtādvaita (spezieller Monismus) genannt. Der Pfad der Hingabe wurde festgelegt, um die Menschen zur Verschmelzung mit Gott zu führen.

Völlige Hingabe und das Aufgeben der Individualität sind ebenfalls jenseits dessen, was die meisten Aspiranten erreichen können. Zucker kann von Zucker nicht gekostet und genossen werden; du musst eine Ameise sein, um die Süße dieses Stoffes zu schätzen. Diese Sehnsucht des Menschen versuchte Madhava zu stillen, der erklärte, dass das Individuum für immer vom Universalen getrennt bleiben würde und dass es kein Verschmelzen geben kann.

Im Advaita offenbarte ein Geistesblitz intellektueller Erleuchtung, dass der Atman, der Göttliche Geist, allein existiert und dass alles andere täuschende Erscheinung ist. Vishishtādvaita zeigt auf, dass der Fluss ein integraler Bestandteil des Meeres ist. Dvaita zeigt auf, dass die Reinheit, die aus Anbetung und Verehrung herrührt, ausreichend ist, um die erfüllende Gnade Gottes herabzuziehen.

* * *

Die von den Upanishaden abgeleiteten Doktrinen sind, wenn sie auch widersprüchlich erscheinen, nicht wirklich so. Sie sind Versuche, Wahrheiten auszudrücken, die hinter den intellektuellen Unterscheidungen liegen, die zu der Welt der Gegensätze gehören. Die unterschiedlichen Verständnisweisen, wie sie in den verschiedenen Schulen des Vedanta zum Ausdruck kommen, sind relative Wahrheiten, die auf Menschen in unterschiedlichen Stadien der spirituellen Entwicklung zugeschnitten sind.

Zu diesem Thema schreibt Swami Vireswarananda: „Fast jedes Kapitel in den Upanishaden beginnt mit dualistischer Lehre ... und endet mit einem großen Tusch Advaita. Gott wird zunächst als Wesen gelehrt, das Schöpfer des Universums, sein Bewahrer und auch die Zerstörung ist, in die alles zuletzt eingeht. Er ist der Eine, der verehrt werden soll, der Herrscher, und scheint sich außerhalb der Natur zu befinden. Als nächstes finden wir, wie derselbe Lehrer lehrt, dass Gott nicht außerhalb der Natur, sondern der Natur immanent ist. Und zuletzt werden beide Vorstellungen aufgegeben, und es wird gelehrt, dass alles, was wirklich ist, Er ist; es gibt keinen Unterschied. ... Der Immanente wird zum Schluss als der gleiche ausgegeben, der in der menschlichen Seele ist“.[35]

35 Siehe Swami Vireswaranada, Introduction to Brahma Sutras, Advaita Ashram, Kalkutta, 1970

Bibliographie

Arnold, Sir Edwin, The Light of Asia, London, 1938

Balu, Shakuntala, Living Divinity, London, 1981

Blavatsky, H. P., Die Geheimlehre, Adyar, Graz, 2. Aufl., 1984

Devi, Indra, Sai Baba and Sai Yoga, New Delhi, 1983

Fanibunda, E. B., Schau des Göttlichen, Dietzenbach, in Vorbereitung

Gospel of Sri Ramakrishna, übersetzt von Swami Nikhilananda, Hollywood, Vedanta Press

Happold, F. C., Mysticism, New York, 1963

Meek, George W. (Hrsg), Healers and the Healing Process, Wheaton, Theosophical Publishing House, 1977

Huxley, Aldous, Die Ewige Philosophie, München, 1987

Kanu, Victor, Sai Baba, God Incarnate, London, 1981

Kasturi, N., The Life of Bhagavan Sri Satya Sai Baba, Puttaparthi, Prasanthi Nilayam Press

Sathya Sai Baba – Sein Leben, 4 Bände, Dietzenbach, Band 2, 2. Aufl., 1990, Band 1, 1997, Bände 3 und 4 in Vorbereitung

Mason, Peggy and Laing, Ron, Sathya Sai Baba – The Embodiment of Love, Norwich, 1987

Murphet, Howard, Hammer on the Mountain – Life of Henry Steel Olcott, 1832–1907, Wheaton, Theosophical Publishing House, 1972

– Sai Baba Avatar, Planegg, 3. Aufl., 1991

– Sai Baba und seine Wunder, Dietzenbach, 3. Aufl., 1995

– When Daylight Comes – Biography of Helena Petrovna Blavatsky, Wheaton, Quest Books, 1975

Narada, Narada's Bhakti Sutras, Madras, 1972

Nicholson, Reynold A., The Mystics of Islam, London, 1914

Norelli-Bachelet, Patrizia, The Hidden Manna, Accord, 1976

Purnaiya Nagamani, The Divine Leelas of Bhagavan Satya Sai Baba, Bangalore, 1969

Roberts, Jane, Gespräche mit Seth

Robinson, Dr., and Ruhela, Dr., Sai Baba and His message, A Challenge to Behavioral Science, New Delhi, 1976

Sandweiss, Samuel H., Sai Baba – Der Heilige und der Psychotherapeut, Dietzenbach, 6. Aufl., 1996

Sathya Sai Baba, Sathya Sai Baba spricht, Band 1–11, Dietzenbach

The Oxford Dictionary of Quotations, Oxford, 1955

Shiva Purana, hrsg. von Shastri, J. L., Delhi, 1969

Sri Aurobindo, The Hidden Manner, Pondicherry

Swami Vireswarananda, Introduction to Brahma-Sutras, Calcutta, 1970

Swamiji, H. H. Narasimha, Life of Sai Baba, Madras, 1955

Tibetisches Totenbuch

Howard Murphet wurde zu Beginn dieses Jahrhunderts in Tasmanien, Australien, geboren. Er besuchte das Hobart Teacher's College und studierte an der Universität von Tasmanien. Während des Zweiten Weltkrieges diente er in der Britischen Armee. Sein Beruf als Freier Journalist gab ihm die Möglichkeit, mit seiner Frau durch Europa zu reisen. Murphet ging danach nach Indien, um indische spirituelle Philosophie zu studieren, wo er Sai Baba begegnete und sechs Jahre bei ihm studierte; während dieser Zeit schrieb er weiter über spirituelle Themen. Als er 1970 Indien verließ, half er beim Aufbau des ersten Sai-Buchladens in den USA in Tustin, Kalifornien, und kehrte danach nach Australien zurück, um sich weiterhin schriftstellerisch zu betätigen. Er lebt derzeit mit seiner Frau in Australien.

Auswahl deutschsprachiger Literatur von und über Sathya Sai Baba

Sathya Sai Baba: **Besinnung auf Gott (Dhyāna Vāhinī)**. Über den Prozeß der wirklichen Meditation. 128 S., kart., ISBN: 3-924739-32-3

Sathya Sai Baba: **Strom des Friedens (Prashānti Vāhinī)**. Sathya Sai Baba lehrt uns das Geheimnis des Friedens. 116 S., kart., ISBN: 3-924739-33-1

Sathya Sai Baba: **Lebe die Liebe (Prema Vāhinī)**. Über die höchste Form der Liebe: die gesamte Schöpfung als Einheit zu sehen und sie zu bejahen. 134 S., Lein., ISBN: 3-900790-00-0

Sathya Sai Baba: **Erziehung zur Selbsterkenntnis (Vidya Vāhinī)**. Sathya Sai Baba erklärt die Grundprinzipien des Wissens und weist auf die Verbindung von Erziehung und Geisteswissenschaft hin. 104 S., kart., ISBN: 3-924739-55-2

Sathya Sai Baba: **Mensch und göttliche Ordnung (Gītā Vāhinī)**. Erklärende Ausführungen Sathya Sai Babas zur Bedeutung der Bhagavad Gītā. 216 S., kart., ISBN: 3-924739-60-9

Sathya Sai Baba: **Ewige Wahrheiten (Bhāratīya Paramārtha Vāhinī und Sathya Sai Vāhinī)**. Sathya Sai Baba vermittelt die Weisheit der Veden und ihre Bedeutung für den Erkenntnis- und Lebensweg. 192 S., kart., ISBN: 3-924739-59-5

Sathya Sai Baba: **Die göttliche Urordnung (Dharma Vāhinī)**. Das Bild einer Gesellschaftsordnung, in der jeder an seinem Platz zum Glück des Ganzen beiträgt. 104 S., kart., ISBN 3-924739-63-3

Sathya Sai Baba: **Erfüllung in Gott (Bhāgavata Vāhinī).** Sai Babas Version des berühmtesten der 18 Purānas. 244 S., kart., ISBN: 3-924739-78-1

Sathya Sai Baba: **Antworten (Līla Kaivalya Vāhinī, Prashnottara Vāhinī, Sandeha Nivarinī).** Anworten Sai Babas, die zeitlos, unveränderlich und universal gültig sind. 188 S., kart., ISBN: 3-924739-87-0

Sathya Sai Baba: **Hinführung zum Höchsten Wissen (Upanishad-Vāhinī).** Erläuterung der tiefgründigen Wahrheiten der Upanishaden, die zur Selbstverwirklichung führen. 96 S., kart., ISBN: 3-924739-88-9

Sathya Sai Baba: **Die Geschichte von Rāma – Strom göttlicher Liebe (Rāma Kathā Rasa Vāhinī).** Sai Babas Version des Rāmāyana ist ein Allheilmittel für die Beseitigung all der Krankheiten, die der Verwirklichung des Selbst entgegenstehen. **Bd.1,** 340 S., kart., ISBN: 3-924739-75-7; **Bd.2,** 240 S., kart., ISBN: 3-924739-79-X

Sathya Sai Baba: **Sathya Sai Baba spricht - Bände 1-11**. Reden Sathya Sai Babas zu verschiedenen Anlässen. Kart. **Bd. 1** (Reden 1953-60), 188 S., ISBN: 3-924739-16-1; **Bd. 2** (Reden 1960-62), 176 S., ISBN: 3-924739-48-X; **Bd. 3** (Reden 1963-64), 184 S., ISBN: 3-924739-49-8; **Bd. 4** (Reden 1963-65), 272 S., ISBN: 3-924739-43-9; **Bd. 5** (Reden 64-67). 248 S., ISBN: 3-924739-50-1; **Bd. 6** (Reden 1967-68), 248 S., ISBN: 3-924739-29-3; **Bd. 9** (Reden 1974-75), 208 S., ISBN: 3-924739-07-2; **Bd. 10** (Reden 1975-80), 248 S., ISBN: 3-924739-30-7; **Bd. 11** (Reden 1979-82), 232 S., ISBN: 3-924739-53-6. Übrige Bände folgen.

Sathya Sai Baba: **Sommersegen in Brindāvan (Summershowers)**. Vorträge vor Schülern und Studenten in Brindāvan, die in die Wahrheit und Weisheit der indischen Kultur einführen und in denen Sathya Sai Baba seine Botschaft der Liebe erläutert. Bro. **Bd. 1** (1972), 176 S., ISBN: 3-924739-19-6; **Bd. 2** (1973), 228 S., ISBN: 3-924739-14-5; **Bd. 3** (1974), 180 S., ISBN: 3-924739-41-2; **Bd. 4** (1977), 176 S., ISBN: 3-924739-62-5; **Bd. 7** (1990). 128 S., ISBN: 3-924739-80-3

Sathya Sai Baba: **Bhagavad Gītā**. Vorträge Sathya Sai Babas zur Gītā. Zsgst. u. bearb. von A. Drukker. 304 S., bro., ISBN: 3-924739-42-0

Sathya Sai Baba: **Der Weg nach Innen - Sādhana**. In einer Zusammenstellung wichtiger Auszüge aus Reden Sathya Sai Babas erfährt der Suchende, wie er auf dem Pfad geistiger Übungen (sādhana) göttliches Bewußtsein verwirklichen kann. 256 S., bro., ISBN: 3-924739-15-3

Sathya Sai Baba: **Entdecke die Quelle der Glückseligkeit** - Aussagen von Sathya Sai Baba zur Einführung in seine Lehre und deren Vertiefung. Zsgst von T. Rupflin. 506 S., Loseblatt-Werk im Ordner, ISBN: 3-924739-89-7

Sathya Sai Baba: **Meditation**. Aussagen Sathya Sai Babas zur Praxis der Meditation. 160 S., bro., ISBN: 3-924739-76-5

Sathya Sai Baba: **Der Königliche Weg.** Ansprachen von 1966 – 1990 zum Thema Seva – Selbstloses Dienen. 319 S., kart., ISBN: 3-900790-03-5

Sathya Sai Baba: **Einheit ist Göttlichkeit (Unity is Divinity)**. Auszüge aus Reden und Schriften Sathya Sai Babas. 164 S., Leinen, ISBN: 3-924739-09-9

Sathya Sai Baba: **Sai Baba erzählt**. Kleine Geschichten und Gleichnisse (Chinna Katha). 320 S., bro., ISBN: 3-924739-28-5

Reihe: **„Erziehung in Menschlichen Werten" (EMW)**, Hrsg.: Sathya Sai Vereinigung. Bro. **Bd. 1: Beiträge zur Erziehung**. Eine Sammlung von Ansprachen und Materialien. 56 S., ISBN: 3-924739-72-2; **Bd. 2:** Krystal, Phyllis: **Begrenzung der Wünsche**. Vorschläge zur Arbeit mit diesem Programm. 44 S., ISBN: 3-924739-12-9; **Bd. 3:** Flaig, Beatrice A.: **Für das Leben lernen**. Erfahrungen einer Lehrerin mit der charakterlichen Erziehung von Kindern. 32 S., ISBN: 3-924739-84-6; **Bd. 4:** Kalinowski, Petra von: **Wer bin ich?** Eine Annäherung an die Frage unseres Lebens. Vorschläge für den Unterricht. 80 S., ISBN: 3-924739-04-8; **Bd. 5:** Jumsai A./Burrows L.: **Handbuch für Lehrer**. 128 S., ISBN: 3-924739-65-X; **Bd. 6:** Burrows, Loraine: **Unterrichtsbeispiele**. Materialien für die Altersstufe von 6 - 10 Jahren, 200 S., ISBN: 3-924739-66-8; **Bd.8: An die Studenten,** 52 S., ISBN: 3-924739-68-4; **Bd. 9: Texte für den Studienkreis,** 112 S., ISBN: 3-924739-69-2; **Bd. 10: Sathya Sai Erziehung in Menschlichen Werten,** 128 S., ISBN: 3-924739-70-6

Baskin, Diana: **Kostbare Erinnerungen – Sathya Sai Baba (Divine memories).** Geschichte über die Jahre, in denen die Autorin in Sai Babas Haus lebte. 244 S., bro., ISBN: 3-924739-77-3

Bokelmann, S.: **Hingabe - Wesen der Liebe**. Diese Zusammenstellung von Aussagen Sathya Sai Babas und Jesu Christi verdeutlicht die Einheit ihrer Botschaften. 120 S., bro., Best. Nr. 1016

Bokelmann, S.: **Liebe - Wesen und Botschaft eines Avatars**. Aussagen Sathya Sai Babas über die transformierende Kraft der Liebe. 112 S., bro., Best. Nr. 1017

Chibber, M. L.: **Sai Babas Mahavakya über Führung** – Ein Buch für die Jugend, Eltern und Lehrer zur „Erziehung in Menschlichen Werten". 220 S., bro., ISBN: 3-924739-90-0

Drucker, A.: **Ich bin. Der Weg zur höchsten Wahrheit**. 64 S., bro., ISBN: 3-924739-45-5

Fechner, E.: **Überwindung der Krise (Turning the tide)**. Der Autor stellt allgemein verständlich dar, was Sathya Sai Baba uns lehrt, ohne sich direkt auf ihn zu beziehen. Ein besonders schönes Geschenk für Interessierte auf dem spirituellen Weg. 94 S., bro., ISBN: 3-924739-17-X

Flach, M.: **Meine Begegnung mit der Liebe Gottes**. Als Christin berichtet die Autorin über ihre zutiefst bewegenden Erfahrungen mit Sathya Sai Baba. 48 S., bro., Best. Nr. 1022

Friedrich, A.: **Weg und Ziel**. Sammlung von Aussprüchen Sathya Sai Babas über Ziele, Aufgaben und Regeln der Sathya Sai Organisation. 1991, 46 S., bro., Best. Nr. 1095

Friedrich, R.: **Horizonte, Grundlagen-Studienkreise**. Eine Anleitung mit Textsammlung. 158 S., bro., Best. Nr. 1090

Gandhi, C. L.: **Sai Avatar - Band I**. 365 Aussprüche Sathya Sai Babas zur Göttlichkeit des Menschen und zur rechten Lebensweise. 184 S., bro., Best. Nr. 1062

Hislop, J.: **Gespräche mit Sathya Sai Baba (Conversations with SSB)**. In Gesprächen mit Dr. Hislop und anderen beantwortet SSB viele uns bewegende Fragen. 160 S., bro., ISBN: 3-924739-02-1

Hislop, J.: **Mein Baba und ich (My Baba and I)**. Bericht eines gottsuchenden amerikanischen Geschäftsmannes über den Weg, den Sathya Sai Baba ihm und anderen zum inneren Gott weist. Mit Faksimile-Briefen von Sathya Sai Baba. 318 S., bro., ISBN: 3-924739-20-X

Kasturi, N.: **Die Girlande aus 108 Edelsteinen (Garland of 108 Precious Gems)**. Die Bedeutungen von 108 Namen Sathya Sai Babas werden erläutert. 136 S., Lein., ISBN: 3-924739-61-7

Kasturi, N.: **Sathya Sai Baba. Sein Leben Bd. 2 (Satyam, Shivam, Sundaram)**. Biographie Sathya Sai Babas. 246 S., kart., ISBN: 3-924739-22-6; Bd. 1, 3, 4 folgen.

Kasturi, N.: **Easwaramma**. Über den Weg der „Mutter" Sai Babas von der religiösen Dorfbewohnerin zur befreiten Seele. 192 S., bro., ISBN: 3-924739-74-9

Krystal, P.: **Sathya Sai Baba - Ziel aller Reisen (The Ultimate Experience)**. Weg einer Amerikanerin zu Sathya Sai Baba u. mit seiner Führung zu ihrem Selbst. 260 S., bro., ISBN: 3-924739-21-8

Kunz Bijno, M.: **Der Avatar unserer Zeit**. Ein Avatar gilt als göttliche Verkörperung auf Erden. Zitate Sathya Sai Babas über Zweck und Ziel seiner Inkarnation. 88 S., bro., ISBN: 3-924739-37-4

Kunz Bijno, M.: **Es gibt nur einen Gott**. Aussagen Sathya Sai Babas zur Einheit der Religionen. 80 S., bro., ISBN: 3-924739-85-4

Liederbuch: **Wir singen Deine Namen.** Liederbuch mit Noten zur Einheit der Religionen. 220 S., Best.-Nr.: 1056

Malina, H.: **Sai Bhajans**. Sammlung von 108 Lobgesängen (Bhajans) mit deutscher Übersetzung. 200 S., bro., Best. Nr. 1030 - **Bhajan-Tonbandkassettensatz** zum Liederbuch, 7 Kass., Best. Nr. 2502

Malina, H.: **Einmal Puttaparthi und zurück**. Hinweise und Tips für eine Reise zu Sathya Sai Baba. 83 S., bro., ISBN: 3-924739-73-0

Mavinkurve, B.: **Die Wiederholung des Namen Gottes (Nāmasmarana)** Zitate Sathya Sai Babas über die Bedeutung dieser Übung. 56 S., bro., Best. Nr. 1070

Mittwede, M.: **Spirituelles Wörterbuch Sanskrit-Deutsch**. Über 3000 Sanskritwörter aus den Bereichen Religion, Philosophie, Gottesnamen, Yoga, Vedānta etc. 280 S., bro., ISBN: 3-924739-56-0

Murphet, H.: **Sai Baba und Seine Wunder**. Neben Wissenswertem über Biographie, Sendung und Lehre des Avatars Sathya Sai Baba enthält dieses Buch eine Fülle von Berichten über seine Wunder, mit denen er Menschen segnet, beschenkt und heilt. 272 S., bro., ISBN: 3-924739-86-2

Murthy, M.: **Schöpfer und Schöpfung (Nature, God and Man)**. Vorträge über die Beziehungen zwischen Natur, Gott und Mensch. 40 S., bro., ISBN: 3-924739-39-0

Murthy, M.: **Wer ist ein Jünger des Herrn? (Who is a Devotee of the Lord?)**. Diese Vorträge behandeln die in der Gītā beschriebenen Eigenschaften und Qualitäten eines wahren Suchenden. 32 S., bro., ISBN: 3-924739-38-2

Murthy, T. S. A: **Leben und Lehren von Shrī Sai Baba von Shirdi.** Biographie der vorherigen Inkarnation Sathya Sai Babas. 208 S., bro., ISBN: 3-924739-82-X

Ralli, Lucas: **Sai Botschaften für Dich und mich (Sai Messages for you and me)**. Die Botschaften offenbaren, dass es für die Menschheit nur eine Religion gibt: die Religion der Liebe und nur einen Weg: den Weg zu Gott. Bro. **Bd. 1**, 160 S., ISBN: 3-924739-23-4; **Bd. 2**, 184 S., ISBN: 3-924739-44-7; **Bd. 3**, 176 S., ISBN: 3-924739-58-7

Roof, Jonathan: **Wege zu Gott (Pathways to God)**. Eine Anleitung zum Verständnis der Lehren Shri Sathya Sai Babas. 200 S., bro., ISBN 3-924739-83-8

Safaya, R.: **Die fünf Grundprinzipien der Sathya Sai Lebensphilosophie**. 26 S., bro., Best. Nr. 1098

Sandweiss, S. H.: **Der Heilige und der Psychotherapeut (The Holy Man and the Psychiatrist)**. Die innere Entwicklung eines amerik. Psychotherapeuten von Hilflosigkeit und Zweifel zur Erkenntnis der alles durchdringenden Liebe Gottes. 272 S., bro., ISBN: 3-924739-36-6

Sandweiss, S. H.: **Weg zu Gott durch Heilung der Seele (Spirit and Mind)**. Über die Bedeutung der Spiritualität für die Psychotherapie. 344 S., bro., ISBN: 3-924739-64-1

Thomas, Joy: **Das Leben ist ein Spiel – Spiel es! (Life is a game – play it!).** Das erste von vier Büchern über den Transformationsprozeß der Autorin als Devotee Babas. 296 S., bro., ISBN: 3-924739-81-1

Thomas, Joy: **Das Leben ist eine Herausforderung – Begegne ihr! (Life is a challenge – meet it!)**. Die Autorin macht durch die Beschreibung ihrer eigenen Transformation deutlich, wie Sai Baba jeden einzelnen seiner Anhänger auf ganz spezielle Weise auf seinen persönlichen Weg führt. 190 S., bro., ISBN 3-924739-71-4

Sathya Sai Philosoph. Vereinigung Wien: **Der Mensch auf dem Wege zur Vollkommenheit**. Über die fünf menschlichen Grundwerte u. ihre Bedeutung i. d. Erziehung. 46 S., bro., ISBN: 3-900790-01-9